一本改变婚姻命运的生活智慧书

婚姻捍卫战

告诉你婚姻需要捍卫

金金◎编著

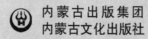

内蒙古出版集团

内蒙古文化出版社

图书在版编目(CIP)数据

婚姻捍卫战 / 金金编著. —呼伦贝尔：内蒙古文化出版社，2010.12

ISBN 978-7-80675-883-0

Ⅰ.①婚…Ⅱ.①金…Ⅲ.①婚姻—通俗读物Ⅳ.① C913.13-49

中国版本图书馆 CIP 数据核字（2010）第 251176 号

婚姻捍卫战
HUNYIN HANWEI ZHAN

金金　编著

责任编辑　吴桂荣
装帧设计　书心瞬意

出版发行　内蒙古文化出版社
地　　址　呼伦贝尔市海拉尔区河东新春街4 – 3号
直销热线　0470 – 8241422　　邮编　021008

排版制作　北京鸿儒文轩文化传播有限公司
印刷装订　三河市华东印刷有限公司
开　　本　710mm × 1000mm　1/16
字　　数　293千
印　　张　18
版　　次　2011年1月第1版
印　　次　2022年4月第2次印刷
印　　数　8001—13000 册
书　　号　ISBN 978-7-80675-883-0
定　　价　52.00元

守卫得来的大多是苦涩，捍卫争取来的往往是甘甜！

对于婚姻，一味被动防守并不牢靠，需要主动去捍卫！

婚姻是人际关系中最错综复杂的关系之一，有时候需要以一往无前的勇气与精神来捍卫它。

所有的婚姻，实质上都是一次赌注，赌的是未来。因为婚姻的期限可长可短，可以是一天，一月，一年……甚至一辈子。两人结婚后才能知道是否合适，但即使觉得合适了也并不一定能长久，谁敢保证在一年四季的时间里，对方经得起各种各样的诱惑呢？何况是一年又一年！

外人觉得般配的不一定般配，外人觉得不合适的，反而可能过得融洽，毕竟鞋子合不合脚，只有穿的人体会最深。

在婚姻中，更该考虑的是双方的感受，而不是别人。只要双方有信心，相信自己的选择，其实别人的眼光根本无关紧要。毕竟生活是自己的，如果每天生活在别人的眼光里，只会让婚姻的红灯越来越亮。

婚姻这条路不好走，因为生活远比我们想象中要琐碎得多。

年轻的时候，人们总是童话般设立很多爱情中所要经历的浪漫；又总是想象出许多婚姻生活的幸福瞬间和感动时刻。然而，生活中的琐碎会让人变得麻木，真正的婚姻生活是漫长、艰辛而平淡的。那些琐碎中的感动与平淡中的幸福，往往容易让人忽视。

女人们既要幸福家庭，又要成功事业，欲望越来越多，却面临失去女性天然特质的危险；男人们都希望妻子出得厅堂、下得厨房，既是贤妻良母，又要经济独立，男子汉的地位却遭到空前的威胁和挑战。

不仅如此，外遇、性不和谐以及双方亲朋方面的羁绊，也是当下社会流行的婚姻通病。总而言之，欲望与控制成为人们的主要对手。

比如在外遇这场战争里，没有人是真正的赢家。短暂的刺激过后，剩下的只有负面情绪与糟糕的局面。受伤方如何从深切的痛苦和失落中走出来？出轨方如何在旧爱新欢间抉择，又如何应对内心的愧疚和罪恶感？即便做出了复合决定，作为受伤方，如何能原谅对方的背叛，并确信对方不会再次出轨？作为出轨方，又如何确保获得对方真正的宽恕？外遇之后的婚姻，还要不要继续，还能不能继续？这些问题都需要仔细斟酌。

当美好的婚姻蒙上了各种各样的阴影，该如何摆脱才能拥有一个快乐、幸福、美满的家庭？婚姻已经亮起了红灯，还能够怎样去捍卫它？

首先，应该把以下这条作为首要指导原则——即婚姻能原配千万别二手，更不要轻言离婚。离婚不是简单的事。婚姻和爱情不一样，爱情只有两个人，一个世界；而婚姻关系到很多人，整个世界。爱情输得起，婚姻输不起。一对风雨同舟、同床共枕的人不得不分道扬镳、各不相干，的确是一件让人伤感的事情。离婚是婚姻之路上最后的选择，是万不得已时的下策。

其次，要有捍卫的意识与行为。因为，假如对方的欲望与控制脱离了正常范围，指望对方的自我修正是不现实的，只有自己奋起捍卫，才有可能让对方一步一步清醒。

婚姻、事业、生活，都需要人们用心去学习，需要管理好自己的方方面面，但真正能做到的人又有几个？首先要有自己认识，即婚姻是修炼，生活也是修炼，没有任何人会负责你的人生，只有你自己可以。那些拥有美好事业又兼顾幸福家庭的围城男女，他们一定是非常聪慧、EQ很高的"捍卫高手"，也一定经历过很多风雨才走过来的，没错，这就是生活，需要捍卫才能争取到的美好生活！

不需要怀疑，婚姻意味着责任和信任，但更意味着要时刻捍卫！

目 录

第一章 婚姻是一种信仰 神圣不可亵渎

第二章 破译"Ta",征服"Ta"

第三章　悍然出击，掌控婚姻方向盘

第四章　千万别丧失你的个人优势

第五章　改变能改变的

第六章　用吵架促进和谐

第七章　学会理财,让你的婚姻"利滚利"

第八章　当事业和婚姻短兵相接

第九章　让婚外恋成为别人的传说

第一章

婚姻是一种信仰　神圣不可亵渎

谢天谢地，你们已经结婚了

小的时候，我们总是喜欢和一些合适的伙伴一起玩过家家，并且也总会全身心地投入进去，从那个时候开始，我们就喜欢上了和伙伴一起玩的感觉。可是如今很多人选择单身，单身已经不是人们羞于启齿的事了，而是人们个性飞扬的一种方式。单身的人们之所以单身也不是外在的经济等方面的原因，而是因为个人认为一个人照样能生活得很好。一些刚结完婚的人，也会后悔，认为还是不结婚一个人过日子更好。

但是俗话说"男大当婚，女大当嫁"，男人和女人结婚是一件古老而又不断被更新的事，说它古老是因为婚姻伴随着人类的产生而产生，早在原始社会时期，婚姻就已经因生存和繁衍而存在，随着人类社会的发展，婚姻被确立为制度，并逐渐发展起来。人都是感情动物，没有人能不去爱别人，或者不被别人爱。婚姻是人生的一个阶段，人们因为有了婚姻才会变得更加完整。

安白说，结完婚后，自己的身价是一跌再跌。就在几年前，她是同学之中样貌最出众的那个，当时真是被男人捧在手心的那个"宝"，总有看不完的情书和插不下的玫瑰花。后来，她嫁给了一个能在天冷的时候把她的双手捂在胸前温暖的男生，霎那间的温馨和感动，使得安白放弃了那些浪漫，心甘情愿地嫁做人妇。而今，她已经是两个孩子的母亲了，往昔苗条的身形有点走样了，美若桃花似的容貌也开始凋零。

有时瞧着镜子中的自己，安白偶尔会走神。她想，要不是婚姻，也许她会美丽依然，也许还会有数不清的玫瑰花按时送到自己的家里，也许她可以随心所欲地花上很多的时间给自己精心挑选一套衣裳，而不像现在每天围着两个孩子和一大堆做不完的家务打转，一直到耗尽自己最华丽的岁月。

这就是婚姻所带来的，把一个如花似玉的美人彻底作弄成一个不折不扣的黄脸婆。安白总是这么向自己的妹妹抱怨。

安白的妹妹反驳道，如果到了这个年纪还不结婚，那就被剩下了。当剩女容易啊？剩女最害怕老去，最怕别人在背后说三道四，把要求降了再降，就是因为怕赶不上婚姻的"末班车"。婚姻有婚姻的不如意，但再不如意也是两个人，吵架的时候还有个对象，剩女的不如意和谁说去，自个儿憋着，想吵架也没个人，这年头，能不被剩下，你就偷着乐吧。

人一结婚，之前的一切可炫耀的青春，就都要变成一种自然而然的适应，这样的适应无关青春的虚荣和花样年华逝去的苦痛，而是一种冲出青春迷雾的神气，用婚姻促成你的华丽转身，你依然可以保持你最美丽的梦，只是此时的你更多了一分气定神闲和从容不迫。不是婚前的无拘无束，而是时时被人牵挂和牵挂人的幸福。

婚姻有一种力量，就是把两个人凝聚在了一起，在这个世界上有这么一个人，愿意为你献上自己的力量，将一生的承诺交给你，愿意和你一起担当生活中的一切，应对惊涛骇浪，陪你看日出日落，携手走过每一个春夏秋冬，难道你不应该感恩吗？

婚姻中的爱情随时可能会因遭遇平淡而搁浅，可是当它分裂为亲情、友情、爱情时，热烈的相爱潜移默化在生活的点点滴滴之中，融入相濡以沫的时刻，荡漾在相互扶持的瞬间，难道你不应该感恩吗？

黑格尔说："婚姻实质上是伦理关系。婚姻是具有法定意义的伦理性的爱。"有人说，婚姻是你爱的人对你的最大赞赏。很多人会有 N 个不结婚的理由。他们会说，只要两个人感到快乐就够了，自己是从经济到人格都是独立的！在他们眼里结婚只是种形式，感情好才是最重要的！他们不需要把自己的幸福只是寄托在一张纸上，从这样的观点出发，对待感情的态度固然是真诚的，对待生活态度固然是乐观的。

但是你是否考虑过，婚姻之所以存在了，是因为逃脱不了作为社会一份子的责任。婚姻不仅仅是一纸婚书而已，还有你被认可的诚意！只有获得了被认可和尊重的身份，才会使你感受到婚姻带来的温暖，所以，感恩你们已成婚吧！

婚姻和爱情是两回事

爱情和婚姻常常被人们放在一起说，普遍的观点是：爱情是奔着婚姻去的，婚姻是爱情的最终目的。但是，经历过爱情的人都知道，其实它们不是一回事，从一定的意义上来讲，它们根本就是两回事。

这种说法在一般人看来不可思议，尤其是女人，但是在大部分男人眼中却是合情合理。爱情中只要感觉对了，就足以使双方共浴爱河了。在这里，爱情完完全全是两个人的事，与其他任何人和事均无关，小小的二人世界就是整个世界，爱情高于一切。贫富贵贱，门当户对，在这里统统作废。

可是，有不少人到最后要娶或要嫁的都不是原来他们海誓山盟"非君不嫁，非卿不娶"的恋爱对象。婚姻是人们相守相伴一生的承诺，于是很多在爱情中不需要你多费神的事情就会接踵而来，你不得不站在婚姻离开爱情的距离上来重新审视你很远的爱情以及你的恋爱对象，比如 Ta 的性格、家庭，你们的志趣是否相投，Ta 有无足够的能力承担起你对家庭生活的要求等等。

也许有的人说，我可以什么都不在乎，我只想用婚姻成全我的爱情。你能这么说当然无可厚非，也说明你有足够的勇气对你的爱情负责。

以冬和艾明是大学的同学，在大学时，沉默寡言的艾明在以冬眼里比别的能说会道的男生更加内敛稳重。两人自然而然地走到了一起。相处一段时间之后，以冬更是发现艾明不是那种整天在小事中和人过不去的人，遇到烦心事他也不会絮絮叨叨地告诉以冬，以冬觉得这个男人真是宽厚善良。可是结婚不到一年，以冬就发现她和艾明不是那么合适。以冬是个表面上看挺外向的人，其实有什么事情都往肚子里吞，连老公那都不爱说。以冬的好友不止一次地说，怎么两口子过日子连自己的丈夫都有事瞒着，有话不说？那还叫夫妻吗？是不是怕他，有话不敢说？其实也不然，以冬和艾明在一起那么多年，以冬总是事事不想让他为难，尤其是大事上，可他小事基本也没怎么操心。以冬总是觉得爱情和婚姻都一样，只要两个人感情在就一切都没关系了。结婚的时候以冬还庆幸，他们大学时候的那些恋人有几个能最终结婚啊。可是她发现自己越来越累了，结了婚，婚姻生活，婆媳关系，大大小小的事艾明从来不多关心，以冬只好自己憋着。他们似乎也习惯了有点什么事都避开不说，空下来就是聊新闻也不聊那烦心的事。能避就避了，避不了的话以冬也只好私下解决了，要么他私下解决了。所以两人表面看上去都是感情挺好，从来没吵架的时候。可是一旦碰着个事，艾明也不提、以冬也不说。不过如果碰着让艾明为难的事了，以冬就算是说了也解决不了，必须得郑重地在一起商量，艾明才可能有点反应，艾明还是希望以冬能迁就他，即使不迁就能拖着不提就不提，让它去。也许以前恋爱时碰着的事还不多，可结完婚事情就一件接着一件，艾明也不会观察到以冬有什么不开心的。老是要等到以冬被一件件事压得实在压不过去了，由一件小事爆发开了，发脾气，冷战了艾明才开始问为什么，为什么以冬会为了件小事而发那么大的脾气？是以冬不该什么事都往肚子里憋着而应该有点小事就跟丈夫说明了呢，还是他们其实真的不那么合适，两个内向的人不该走到一起，或者是以冬不够信任艾明，不愿意跟他说。以冬真的有点想不明白了，现在只觉得好累。

由上面的事例可以看出，婚姻和恋爱不同，恋爱只要守卫两个人的爱情就可以了，婚姻则是两个人的生活。爱情总是伴随着想象力，而想象的事情总是美好的、理想化的。可是婚姻则和这种想象力相悖，它呈现出来的是真实的一面，当现实取代了你对生活的念想，真实中又有多少能符合你当初的想象呢？当爱情中的山盟海誓变成婚姻中的柴米油盐时，谁能抚平理想的高楼坠入现实的平地似的疼痛？一个人的爱情可以追求极致，轰轰烈烈、跌宕起伏、柔肠百转，能维系两个人之间的恋爱关系的只有爱情就足够了，可是仅仅是爱情却不足以维系两人的婚姻，而婚姻中也没有极致的完美。婚姻在时间上比爱情要来得长久，没有一个人的爱情可以在时间上永恒，可是婚姻却可以。所以，婚姻和爱情是完全不同的，一个人结婚之前可能已经有过多个恋爱对象，但是最后能一起携手许下婚姻誓言的就是那最适合的一个。

在当代，人们在婚姻的观念上通常秉持自由的观念。结婚自由，离婚自由。据北京市统计年鉴公布的数据显示，早在 2002 年北京市的离婚总数就达到了 38756 对，当年户籍人口为 1136.3 万，粗离婚率达到 6.82‰；当年的结婚对数为 76136 对，由此计算的离结率高达 50.90%。也就是说，2002 年在北京平均每天不到两对夫妻结婚就有一对夫妻离婚。而我国近些年来的离婚率是有增无减，已经超过韩国、日本，和新加坡居于亚洲离婚率榜首。

出生于 20 世纪 40 至 50 年代的人群中很多这样的夫妇，只是婚后某一阶段有过很长一段时间的矛盾，并且有的分居过，而最终又度过一生。出生在 60 年代的人的离婚率大于 40 至 50 年代的，出生于 70 年代的人离婚率大于 60 年代的，80 年代以后出生的人的离婚率达到了空前的高峰期。

婚姻岂是儿戏，爱情和婚姻怎么能相提并论。用爱情的自由等观点来要求婚姻，把婚姻等同于爱情，婚姻本身的内涵意义消失了，那么婚姻就会变得脆弱，原本的美好也会黯然失色。如此一来岂不是又和当初想用结婚给自己的爱情以一个完美落幕的初衷相反吗？

婚姻和爱情是两回事，婚姻需要了解，不仅要了解你的结婚对象，还要了解自己对婚姻的各方面的期望，适合才是与爱情最大的区别，也是婚姻之道。

围城内的风景

婚姻是盛开在伊甸园的各种各样的花朵，有的花朵芳香馥郁，持久迷香；有的花朵经不住风雨来袭，过早地凋谢了；有的花朵外面看上去没什么问题，照样也是光鲜亮丽，可是里面却爬满虫子，岌岌可危。婚姻之花开得怎么样，全靠它的营养是不是到位，根扎得深不深，栽在什么样的土壤里。

当一对男女签下一纸婚书，那么一个新的社会"细胞"就形成了。这时，无论是男方还是女方都面临着角色的转变。在"婚姻"还是由父母做主的年代里，但凡三从四德的女人，在家庭之中，都是男人的附属品，没有什么地位可言，而男人无论如何都是家里的主人，如此一来，除了分工明确之外，就谈不上什么角色的转变。但是，如今社会，女人已经撑起半边天了，凡事都能独当一面，婚后，不管是男主外女主内，还是女主外男主内，以及常见的男女都在外，这都是一种转变。你只有尽快地进入角色，才能保证你的婚姻能驶向正确的航道。

要是你觉得结了婚就"大功告成"，那是大错特错的。夫妻结合的牢固性随时都经受着大考验。

结婚后，也许你会发现，生活是平庸无奇、单调乏味的，妻子们会觉得丈夫下班回来，对自己不再像婚前那样热情；丈夫们觉得妻子不再像从前那样干净利落，而是蓬头垢面、十指不洁。

其实男人之于婚姻，尽管在恋爱阶段也有过沉迷，但是对于婚姻的认识比女人来得清醒。他们通常站在社会目的的角度，希望通过婚姻，让自己更加成熟，同时想表明自己已经具备了承担家庭责任和养家糊口的能力。从一定的意义上来说，男人是通过婚姻来昭示自己的成人身份，彰显其魅力的。

而女人结婚，情感目的是摆在第一位的。她希望自己心有所依，情有所寄，希望自己能有一份牢靠的感情来建立一个家庭，女人骨子里的柔情和母性是无师自通的，她无需旁人的提点就会主动去捍卫自己的家庭，在作为妻子和母亲的角色中完成自己的使命，以此来延续自己对家庭的爱和期望。

结婚之后，男人的重心还是会放在工作上，因为男人的成就感来自于职位的不断升迁，薪金的不断增加，社会地位的不断提高，以及个人身份的不断提升。工作会让他们得到满足，得到众人的瞩目和赞许，会让他们朝着成功一步一步地迈进。

而结婚之后，女人的重心不由自主就往家庭方面倾斜。即使她们投入到工作中，也会留一份心思考虑为家人做什么饭菜，添置什么衣物，如何让家人生活得更舒适。这一方面是和她们对家庭的情感需求紧密联系的，另一方面，家庭的和谐快乐会给她们带来比工作表现更大的成就感。看到家人的笑脸，会让她们觉得自己的付出得到了最好的回报。更有一些女人情愿在家做一个全职太太，专心相夫教子，为一心扑在事业上的丈夫当好贤内助。

男人对待感情的态度，婚前会对女朋友百般讨好，百般容让。一旦结婚之后，就觉得把老婆牢牢拴住了，不再像婚前那样为老婆跑前跑后。他们觉得婚后甜言蜜语很费事，所以干脆不说了。

女人对待感情的态度，是一旦选择了就轻易不撒手。她们把结婚看成是自由时光的终止，也希望丈夫和自己对婚姻抱有同样的态度。结婚前她们可能还很娇纵，一旦结婚之后，便总想把丈夫紧紧抓在自己身边，害怕他们对自己不忠。如果说婚姻是一双鞋子，那么即使鞋里有沙，女人也会忍耐着，就算受伤流血，也不愿意把鞋脱掉。

男人想要孩子，是想要一个酷肖自己的人，陪自己游戏，成为自己的同盟和支持者，完成自己未尽的理想。

女人想要孩子，是想要制造一个融合两人优点的完美的人，能让家庭更加完整，夫妻之间联系更紧密，去创造一番全新的事业，给家族带来荣耀。

所以说，结婚对于男人和女人的意义是不尽相同的。

刘菲和海明是经人介绍认识的，刘菲在一所学校当班主任，经常站着讲课的她，回到家里双脚常常就肿了。在恋爱那会儿，海明细心地托人从大药店里买了中草药，等刘菲一回家，就端来热水给她泡脚，这一爱的举动居然治好了腿肿，也就在这个时候，刘菲答应了海明的求婚。婚后，海明给刘菲泡脚的习惯也一直延续下来，这使得刘菲感到自己嫁了天底下最好的男人。可是不知道从什么时候开始，这个习惯有点接不上了。海明吃完饭便半躺在沙发上看无休无止的新闻、球赛，有时甚至还喝得醉熏熏的，不用说帮刘菲洗脚。刘菲心里涌过一阵悲哀，婚姻果然是爱情的坟墓，爱情终究敌不过岁月的无情！这个厚道的男人对她的爱淡了，或者干脆不再爱她了。

刘菲心情不好，就去了奶奶家，晚上临睡前看到奶奶那双层层干裂的脚，不由地问："爷爷给你洗过脚吗？"奶奶淡淡地说："我为他洗了一辈子的脚，他连我的脚是什么样子都不知道的。"刘菲有点惊愕。奶奶随后笑着说："可你爷爷那样粗心的一个人，也知道赚钱给我买金手镯呢。"奶奶从柜子里取出那老式的手镯，布满皱纹的脸笑成一朵菊花。奶奶意味深长地对刘菲说："男人啊，担着一个家的责任，你不能要求他面面俱到……两个人的生活，可不是一个人和另一个在一起过日子那么简单啊……"

刘菲猛然醒悟，他送她上下班，端洗脚水，处处为她着想，她又几时为他做过什么呢？婚姻里的爱就像一场长跑，如果只是一个人跑，很容易就累了、倦了。哪怕是为他擦把汗、加点油，也会鼓舞他继续往前跑的，何况一直跑，没有观众、没有喝彩，谁还愿意跑下去呢？两个人的世界不就是你疼我爱，你怜我惜吗？就像爷爷和奶奶，没有什么山盟海誓，没有什么甜言蜜语，还是你情我愿，风风雨雨地过了一辈子。

刘菲回家后，每晚都像丈夫以前那样打一盆温水，然后把他的脚泡在里面，细细揉搓按摩。她第一次发现丈夫的脚是那样的宽厚粗糙。

刘菲后来知道那段时间里，海明所在单位临近倒闭，他已经下岗，每天辛苦地到附近的工地打零工。后来，海明找到了一份工作，几年后终于有了自己的一家公司。海明后来说："那段时间我很苦闷，可能也因此忽略了你，请原谅！我那时担心我们的未来，每天又累又怕，我只好拼命干活，努力向他人学习专业知识。真累啊！"

说到这里感激地握住刘菲的手说："最难的时候，你每晚都给我洗脚，是你给了我温暖和勇气……"刘菲很庆幸，庆幸日子再怎么平淡，可是婚姻是两个人的事，不是他一个人的，也不是她一个人的。

婚姻是两个人的共同体，无论在婚姻问题上男人和女人的认识有多么的不同，它都需要两个人共同努力，努力扮演好自己的角色。如果婚姻中只剩下一个人在付出，而另一个人却在消遣，那么这个结果就可想而知了。爱情可能随着生活的平淡变得浅了，有时候爱似乎是变淡了，但是如果你用心就会发现，爱只是以另外的方式潜藏，热烈的相爱其实只是变成了骨子里的相依相扶、相濡以沫。幸福的秘诀就是把你曾经得到的爱加倍还给 Ta，婚姻的幸福才会永远与你相偎相依。

婚姻是一种交换

婚姻是一种交换，这样的说法很多人都听过，也能理解。对于婚姻，人们首先要懂得付出，这样的付出不仅仅带给 Ta 满足，同时，也是你作为婚姻中一份子的满足，也就是说，你的婚姻需要你，没有你，你的婚姻就难以圆满；同时，婚姻中的男人和女人对婚姻都有所期望，一如你在择偶时的要求一样，也有索取，这就是所谓的婚姻中的交换。

婚姻没有单方面的给予，一直给予不收获，行吗？也绝不存在单方面的获取，只得到好处，没有任何付出，行吗？当然这都是不行的。那么在婚姻中，夫妻之间交换都有哪些呢？

1. 婚姻交换爱。

婚姻中爱的交换是最基础的，在感情交换时，双方都付出了感情，也收获了感情，感情是维系婚姻的纽带，这场看似没有什么意义的交换，对于夫妻双方来说都是十分重要的，在给予爱的同时也获得对方的爱，是一种实实在在的交换。有时候得到爱是一种收获，是一种情感需要；有时候给予爱也是一种收获，是一种情感需要。

2. 婚姻交换尊重。

自尊感的获得有相当一部分在家庭中实现。夫妻间的相互吸引首先是相互欣赏与尊重，这也是幸福感的重要来源。美好的婚姻成全完整的自尊感。

3. 婚姻更深层的交换，涉及到无所不及的心理支持。

婚姻就是两个人在人生道路上相依为命，共同走过人生的沼泽。有些婚姻可能已经超越物质的互助或者人生互为保险的交换层次，夫妻间提供了他人所无法提供的深入理解与心理安慰。

4. 婚姻中男女分工与能力的互补。

一个人单独生活，必须在社会中做全活儿：挣钱，应对人际关系，照顾自己，安排生活的方方面面。组成家庭后，男女优长不同，彼此有所分工。传统模式是男的本事大，在外挣钱，女的贤惠并主持家务。这种互补有时可能比单干更能发挥优势。

　　有一对夫妻，妻子抱怨自己整天工作辛苦，一天天忙个不停，自己在这个家庭中付出的多；丈夫则抱怨自己的工作压力大，经常要看上司的脸色，自己为这个家庭付出的多。为此他们经常争论不休，他们的争吵被万能的上帝听见了，上帝决定把他们的角色互换过来。第二天醒来，妻子发现自己变成了丈夫的模样，丈夫发现自己变成了妻子的模样。于是妻子就欢天喜地上班去了；丈夫则高高兴兴地留在家里了。可是一天下来，妻子发现原来丈夫的工作并不是那么好胜任的，由于自己的客户被竞争对手挖去了，被老板劈头盖脸地臭骂一顿；而丈夫呢，发现在家的妻子也不是想象中那么清闲的，从一大早就开始忙，一直忙到晚饭之后，还一直在忙个不停。自此他们终于明白，双方担任的角色都不容易，双方都在付出，而自己的优势恰恰在于自己经常抱怨的工作上。

其实婚姻是交换，几乎每个已婚之人都会有同感。在婚姻中，男人和女人都会得到自己想要的，当然，他们也需要付出，满足对方的需要，让对方得到他们想要的，这就是所谓的交换。交换的内容很多，不同的夫妻也会有一些差别，但通常来说，交换的内容越多，两个人的婚姻就会越和谐，越美满。如果两个人的婚姻没有任何交换，或者是很少有交换，那么这样的婚姻就是非常失败的，可能已经濒临破裂了。也就是说，只有能彼此满足对方需要的两个人才是最合适的，这样的婚姻才是美好婚姻。

如果想拥有美满的婚姻，就要努力寻找交换的内容，记住，你们之间的交换越多，你们的感情就会越好，你们就越离不开彼此。当然，找到一个能够满足自己需要的人也是非常重要的。如果你的另一半不愿意或者不能满足你的大多数需要，那么你当初的选择就是错误的。婚姻必须要现实一些，你应该时刻提醒自己，自己要找的是愿意和你作交换的人，那才是自己的真爱。

婚姻需要共同成长

婚姻关系一旦达成，并不表示自我完善、自我成长的过程已经结束。在婚姻中，自我完善的过程是在向对方付出的过程中不断地自我挖掘和自我发现，去除彼此人性的盲点和弱点，以期待共同地完善，使得你的婚姻更加持久弥新。

如果婚姻中只有一方意识到这种成长的必要性，而不是同步的话；或者这一方去引领另一方成长；或者一方对另一方异常失望，那么这种婚姻必然是危险的。

小萌是一名多才多艺的美编，喜欢文学的她希望自己的另一半能和自己有共同的爱好。这时比小萌大三岁的小米就出现了，小米是出版社编辑，很有才华，小萌感动于小米的热情与执着，又想到他比自己大三岁，还能照顾自己，就做了他的新娘。

结婚后，小萌才知道那个会写情诗的小米和现实中的小米完全是两码事，根本就指望不上他照顾她疼爱她，因为小米本身还像个大孩子似的需要人照顾。想到小米平时上班挺累，小萌主动多承担一些家务。但是休息天的时候，小米却不会主动分担哪怕一点点事情，而是躺在沙发上悠然自得地看电视。小萌气喘吁吁拎着大包小包爬上楼，见他这副懒散的样子就气不打一处来："你没看见我都忙成这样，你也不愿意动半根手指头啊？"面对小萌的怒容，小米却一脸茫然，不知自己什么地方惹怒了妻子。

更让小萌怒不可遏的是，小米完全不懂得怜香惜玉。有一回，小萌因出差回来，没睡好觉，想躺在床上补个觉。正好电脑出了点问题，小米便旁若无人地闷头修理，几个小时过去了，小米还是在那里拍拍打打。后来来了一个电话，说是同学聚餐，抬脚便走，全然不顾躺在床上的她累不累，晚上要吃点什么，随手将门"砰"地一声关上，小萌越想越气，怎么睡也睡不着了。

这样的事发生的次数多了，小萌不再觉得丈夫只是孩子气，没学会关心照顾别人，而是认为他对婚姻根本没有责任感。

从此以后，两人很少说话，烦起来，小萌要么生闷气，要么大吵大闹。可是这样还是没有解决问题，小萌甚至认为丈夫爱的只是他自己，心里根本没有她，小米委屈得几乎跳起来："我心里怎么没你啦？我下班就急着往家赶，你出差在外，我每天起床后的第一件事就是打电话给你，知道你在外面平安无事我才放心！"

吵完架之后，两人达成协议，小米在小萌的指导下开始做家务。

正当小萌对小米的进步大加鼓励，期待他再接再厉时，新麻烦又来了。小米的一个大学同学到小米家玩，闲来无事，两人就玩起了网络游戏。

从此，网络游戏拴住了小米的心，一下班，小米就心无旁骛地开始玩，家里再脏再乱，他也熟视无睹。小萌感到自己的忍耐快要到了极限。她开始觉得，网络游戏完全是他们婚姻中一个可恶的"第三者"，勾走了丈夫的心。

一次，小萌和小米又为网络游戏的事大吵一架，随后他们开始进入冷战。

偶然有一天，小萌整理东西时翻出了几年前小米写给她的一大摞情诗。看着那些曾经令她心动不已的句子，她不禁号啕大哭，为什么理想和现实会有如此大的差距，爱情和婚姻真的不是一回事吗？恋爱到结婚的点点滴滴，不断在小萌的脑海里闪现……平心而论，小米也有不少优点，他爱这个家、爱自己，有好吃的都是省给她吃，也没什么其他恶习。他除了被网络游戏勾了魂，对家庭并无二心。仔细想想，网络游戏总比其他许多嗜好强多了，有的人下班后就吆五喝六地喝酒或搓麻将，不到深更半夜不回家。这样一想，小萌决定换个方式和小米过招。又到双休日，早上，小米打开电脑，小萌就对丈夫说："好不好玩啊？我也想试试。"小米惊呆了，过了一会儿连声道："好玩好玩，我们一起玩吧！"然后又说："老婆，其实游戏很锻炼人的智商，并不是所有的游戏都是纯粹的浪费时间。"

过了几天，小米向小萌说起，自己想和朋友合作，研发一个网络游戏，小萌听了很吃惊，但是她很快表示了同意，她觉得男人就是要有闯劲。为了感谢妻子的支持和理解，小米决定用行动表示，做大扫除，擦地板，洗衣服。晚上，小米会隔三岔五地下下厨，像模像样地做了土豆烧牛肉、鱼香茄子和酸菜粉丝汤。三样菜一端上来，小萌便有了想落泪的感觉。

男人女人都是人，都有自己的个性，共同生活的困难常使配偶感到极度的惊异，夫妻在发生矛盾纠纷时常常会听不懂对方讲的话。主要原因是两性之间在思维方式上，在生活习惯上天生就是冲突的。婚姻就是一对新生儿共同成长的过程，夫妻双方都需要在成长的过程中不断地学习、提高，直至达到默契、和谐。婚姻中的夫妻是需要同步成长的。虽说爱情是自己的，但婚姻却不是一个人的。婚姻不仅需要双方共同成长，而且夫妻间的默契也需要合拍。如果夫妻一方过于"强势"，这对和谐的夫妻关系是有害的，因为夫妻一方的"强势"会无形地弱化另一方的家庭地位。

在和对方一起成长的过程中重新省视自己的婚姻，从对方的优点中寻找自己的不足，用自己的优点包容对方的不足。生活很忙碌，但是，不管多忙、多累，夫妻之间都应该建立一种密切"联系"的方式。不太累的时候，可以一边做家务一边唠嗑；太累了就斟两杯清茶，依偎在沙发上聊天。或诉说委屈，寻求帮助，或感慨生活，畅谈未来。有时也许会发生针锋相对的争吵，但是，不管怎么样，在这期间，他们都能感受到对方温暖而有力的支持与爱，都能从中采集能量，积蓄动力。

婚姻有时会触礁

婚姻有些时候是没有原因的，两人的关系看似简单，其实很复杂。世界上最简单同时也最复杂的关系正是夫妻关系，他们彼此要扮演许多角色，甚至包括做敌人，这些角色是互动的。复杂的夫妻关系在它诞生的时候就有一种慢慢被固化的色彩，生活的越久，模式化的东西越多，夫妻关系趋向就越来越简单，互动的能力也越来越弱。婚姻就像一条船，婚姻的航船在行驶中并不是一帆风顺，会遇到狂风暴雨，也有随时触礁的危险。婚姻触礁看似偶然实际是必然的。婚姻并不是爱情的保险箱，每个婚姻都危险。

在三年前的一次聚会中，小云认识了尚冰，席间，小云的一个电话让她突然冲了出去。由于她的一个客户被一位要好的同事抢走了，她返回餐桌时已哭得梨花带雨，尚冰撇下朋友，拉着她去了附近一家咖啡馆。那一晚，尚冰只是静静聆听，甚至没有只字片语的安慰，却无形中感动了小云。短暂的交往之后，小云和尚冰结婚了。可是这些甜蜜的过往对于小云来说已经是过往的烟云了。上个星期，两人一起去参加朋友的婚礼，却貌合神离。"我们的婚姻是组合，不是结合。"这是小云对自己婚姻所做的注解，如今，他们的婚姻小舟正面临"触礁"的危险。

"为什么当时要和我结婚？你到底爱不爱我？"婚后，小云不止一次质问尚冰。"那时的你很柔弱，需要保护。"尚冰说。婚后，小云的"强势"却打破了尚冰对这个女孩最初的认识。

婚后的两人也缺乏在一起的时间。小云在一家银行工作，尚冰是一名辖区民警，工作性质导致他经常彻夜值班，睡在宿舍。这样一来，夫妻的生活交集越来越少。

即便是在一起时，小云与尚冰亦缺乏相互间基本的肢体语言，连一次默契的牵手都难，双方的朋友都感叹："他们看上去真不像夫妻。"

小云也试图为婚姻增温，就想在尚冰工作单位附近租间房子，方便夫妻相聚。"不用吧，我觉得现在这样挺好的。"尚冰否决了她的提议。

新婚时，小云和尚冰有一辆车，小云早上 8 点上班，尚冰上班晚一些，但每天尚冰都陪小云 6 点起床，然后开车送她到公司。温暖的时光近得就像在眼前。可是就在前几天，尚冰向小云突然说要离婚，说自己已经不爱小云了，小云觉得这只是结果而并不是原因，小云问尚冰，尚冰却什么也不说。无奈之下，小云只好找朋友帮忙。从朋友那里小云得知了尚冰的想法，尚冰说，觉得当初结婚就有点仓促了，自己也仔细想了想，看看自己在单位这一段时间会不会想她，但是结果尚冰觉得真的不爱小云了，自己觉得回不回家都无所谓，也不想和她多说话。当然尚冰说自己也不想拖累她，凑合过下去对她不好，对自己也不会好，只会两个人都痛苦。小云了解情况之后，觉得自己的婚姻真是已经走进死胡同，回头无望了。

当人们在议论自己对婚姻满意不满意的时候，实际上是在说自己对配偶满意不满意。那么人们通常根据什么来判断对婚姻满意不满意呢？这并不仅仅是"跟着感觉走"，即使是文化水平很低、思维能力最差的人，也是根据配偶在婚姻生活中各个方面的表现，得出来自己对对方满意不满意。婚姻触礁的原因有很多，比如夫妻性生活、教育子女、体贴、做家务事的能力、生活的习惯、社会地位、为人处世、经济收入、生育、第三者、暴力等方面。这些方面不满意意味着婚姻生活的航船内部零件有损坏，需要修理，否则很容易造成婚姻触礁。而婚姻触礁的后果就是婚姻解体。婚姻解体首先受到伤害的是孩子。同时，家庭的解体使双方的感情受到伤害，这种伤害造成的伤口对人来说恐怕终身难以愈合。那么，怎样才能避开婚姻之船的礁石呢？

1. 不要试图寻找婚姻问题的是与非。

在日常生活之中，有许多面临婚姻危机的夫妇都在相互抱怨，怪罪对方将矛盾激化，并且试图寻找婚姻问题的是与非，将其化解和弥补。其实，这种寻找是与非的做法不仅是徒劳的，而且还会将婚姻的矛盾扩大化。不要简单地将婚姻归结到是与非之中。

2. 请亲朋好友介入反而越来越糟。

相当一部分人在婚姻危机到来的时候，采取不断地找亲朋好友诉说的方式，结果反而越来越糟，这是为什么呢？因为这种倾诉促使自己对于夫妻关系越发有偏见，一遍又一遍地诉说，哪个亲朋好友还会不偏袒倾诉的一方？于是帮你讨伐对方反而使得火上浇油。

3. 不要效仿别人的办法解决婚姻危机。

当面临婚姻危机时，在选择解决问题的办法上，不可以效仿他人的办法。因为每一个家庭的类型是不同的，没有一模一样的矛盾，很可能有一种放之四海而有效的方法却只是不适合你一人，所以如何寻找自己婚姻甚至是恋爱时候的"好时光"显得很有必要。

4. 不要试图用婚外恋冲淡婚姻危机。

有这样一位妻子，她在丈夫留学期间尝试了婚外恋，以婚外情冲淡婚姻的危机，结果她进入这样一个误区，婚外情的激情和暂时的幸福感并未能满足她最终的需要，结果付出了结束第一次婚姻的代价。

5. 寻找积极的冲突。

更多的家庭应该学会积极的冲突，这也许是解决婚姻危机和缓解婚姻矛盾的良方。积极的冲突就是最终结果没有对双方造成极大的伤害，只是一种激烈的磨合方式和沟通方式，冲突以后反而解决了许多问题，有助于双方的了解。

婚姻的航船并不总是行驶在风平浪静的大海上，它要面对暴风骤雨，也要防范航道上的礁石，只要我们有心理准备，就会避免触礁，把握航向，驶向幸福的港湾。

分清爱与不爱

结 婚之后，你是不是曾经埋怨对方生日啊情人节啊 Ta 都视若无睹，你再三要求换来的巧克力蛋糕，也没了以往的香甜，于是你开始怀疑对方是否还爱你。

　　有一位怀孕六甲的妻子，拖着 3 岁的女儿，苦苦寻找失踪 4 个月的丈夫，他在外面已经和人非法同居了。妻子声泪俱下的哀怨，她声声喊："老公，你舍得扔下我们娘儿俩？"她叫"老公"的口气，没有愤怒，只有乞求，但是她老公则是一脸淡漠、烦躁。他明白地说："除非我死，要不我是不会回去的。"那妻子仍然口口声声说："不，我老公是爱我的，我们有 4 年的感情，一定是有什么把柄被外面那女人控制着，才口是心非、言不由衷。"朋友劝她："他都已经表明心迹了，你应该知道他真实的想法了！"妻子仍然坚定不移地哭着："不，我老公绝对不是那样的人，他一定有什么苦衷。"然后以迅雷不及掩耳之势，冲到丈夫面前，她跪下来，仰头破着声音哭喊："老公，你是爱着我的，我知道的，我们一起回去。"不容她说完，丈夫极端不耐烦甚至厌恶地推倒她，起身走了。

　　这样的傻女人连自己老公不爱她了都不知道，那么深切的不爱，都看不出来，她居然什么也看不到，一厢情愿自作多情偏执地认为他有多么好、多么的无辜！美国电影《阿甘正传》里的一句台词："虽然我不聪明，但是我知道什么是不爱！"其实，很多人想挣脱不爱的人都有过这样的内心挣扎，然后得过且过，最后，急性病变成慢性病，伤口变成伤痛，潦草后半生。我们常常可以为了爱，变得勇敢；但是，在不爱的时候，反而懦弱起来。

　　当爱还在的时候，千万别轻言放弃。

　　还有一位妻子对丈夫提出离婚，丈夫沉默一会儿说："不离行吗？"他表示自己还爱着她，她忍住眼泪，使劲摇头说"不行"，然后就抱住他大哭起来，"因为我不爱你了"，丈夫知道妻子离不开那个男人——外面的男人，自己在深夜里一次次等待换来的居然是这样的结局，因为"爱"，所以他"选择成全"，那也是他想了许久才下的决定。下楼的时候，她突然觉得腿都软了。他在前面用一种复杂的眼神看着她，伸出手要扶她，但是她坚定地回绝了！到了法院才知道户口本没有带，只好回家，就这样一缓冲，她坐下来，发现丈夫每天夜里等她回家时，翻的杂志居然都是同一本，杂志快被翻烂了。她突然流下泪来，这个宽厚的男人一直是爱着她的，这么多年用夜里的一盏灯告诉她，家里有人盼着她回家，而自己居然熟视无睹，滚烫的泪水，也在提醒着她，自己从心里对丈夫还是有留恋的，她不敢想象，没有丈夫的日子会变成怎样。于是不离了，理由是："还有滚烫的泪水，还有爱。"

　　婚姻中，因为习惯了关怀，习惯了依赖，也就忘记了婚姻中还应有适当的感激和回报。常常用一种理所应当的享受方式，接受着对方的付出，当感情疲惫的时候，就把触角伸出婚姻以外，而本意未必就是想背叛婚姻，只是忘记了感激那个一直为你默默付出的婚姻中人。一旦幡然醒悟：这个世界上最值得你付出爱的人就是那个一直默默守候在你身旁的爱人，你就会明白，爱情其实一直被你拥有着。

　　当 Ta 不再爱你了，请不要在 Ta 面前没出息地失态！要知道，只有爱你的人，才会打心眼里心疼、珍惜、呵护你，千万别忘了爱情的美只美在相爱那时！一个主动离开你的人，别指望 Ta 会真正关心、照顾、牵挂你，顶多是旁观者的同情和怜悯。你需要这个吗？

　　当 Ta 不再爱你了，你的爱就是 Ta 的负担了。一句话，你不是 Ta 的"宇宙中心"了。既然天意如此，各自滑向各自的轨道吧。请不要计较自己的付出，也不要指望什么回报。爱着不爱自己的人，本身便不该有回报的。别计较对与错，这样还给灵魂松松绑。

　　当 Ta 不再爱你了，你和 Ta 一个向东一个向西，一个有心一个无意，只有背道而驰。也许，Ta 也想努力和你保持步调一致，但是身心都已不由己。其实，爱一个人，对一个人好，根本就不需要提醒和培训，如同花儿开与不开，只能听凭自然不能人为造就。说穿了爱就是一种本能。对不起，请放 Ta 一马吧，要知道那也是放过自己。

当 Ta 不再爱你了，请千万不要失去自信。其实，时光匆匆觅觅期待已久的，就是一种感觉，那种感觉叫爱情。Ta 让爱情附身，传导出了你想要的感觉，于是你爱上爱情爱上 Ta，但这并非因为 Ta 优秀。同样的道理，Ta 不爱你了，也并非代表你不优秀。优秀与否，从来不是爱的理由。

当 Ta 不再爱你了，请伸出手，微笑祝福他，爱过就不要说抱歉，爱过就要心存感激。不要把爱变成恨，爱是美好温暖的，恨却是丑恶冰冷的。何必让生命中最美好的东西风化变质呢？分手，Ta 失去的是一个爱 Ta 的人，擦肩而过的是真情，而你失去了一个不爱你的人，重新得到机会。想一想，没有什么不公平。

当 Ta 不再爱你了，请闭上眼睛，拥抱一下回忆吧，悄悄地抚摸那些或明或暗或深或浅的忧伤，然后，抬起头，深深呼吸，举目眺望，看！蓝蓝的天空下，长长的生命路上，爱的锦绣繁华已遍布天涯，早有一朵开在你必经的路旁向你招手致意，那就是你生生世世注定的缘分！

造幸福的金钻

心理学大师李奥巴士卡力曾说过："爱不是刹那的心有灵犀，而是两人携手努力，一砖一瓦造就的世界。它需要时间，更需要心力。"

已经步入婚姻殿堂的夫妻，想了解幸福生活需要两个人一起打造，将是一个漫长的过程。

享誉世界的激励大师金克拉先生有一回在飞机上，发现坐在他旁边的男士把结婚戒指戴在右手的食指上，金克拉好意提醒对方："先生，你的结婚戒指是不是戴错手指了？"没想到邻座男士的回答竟然是："我知道，我是故意的，因为我娶错老婆了。"

金克拉说，他其实并不知道那位先生是否真的娶了一个错误的对象，但他可以确定的是：让自己成为一个观念正确的人，远比嫁娶一个正确的对象更加重要。

有两个老人，妻子叫做郑美玉，丈夫叫做刘文富。妻子热情开朗，丈夫稳重诚恳。谈起当年的相识，郑美玉老人说就像做梦一样。那时，年轻的郑美玉长得小巧玲珑，非常精神，每天要到生产队里去干活儿。一天，邻居大妈派人来叫她，说家里找不到纺线的车锭，要她必须回来。热情的郑美玉便急忙回家给人家找，没想到邻居们骗她回来是为了相亲。由于当时是傍晚，没有心理准备的郑美玉对刘文富并未太在意，只是觉得他长得比较黑。但她怎么也没想到，就是那次没留下什么印象的"见面"，竟注定了他们两人的一世情缘。郑美玉说："那时候，子女的婚事都是由老人定，想想自己就跟做梦一样，这一面就和老刘走到了一起。"听到老伴说起这些，刘文富不好意思地笑着说："其实相亲时，我一眼就看上了她，扎个小辫儿，特别精神。"

"老刘的好是在结婚后才感觉到的。"那时，刘文富在地质勘探队工作，每年只有一次探亲假。结婚后两个人便两地分居。当时国家对于户口控制得特别严，因为郑美玉在北京没户口，每次她在北京都不能长住，甚至有时整天在家不敢出门，生怕被查着给撵出去。后来他们有了两个孩子，但这种两地分居的日子还在继续着。那段时间，家里的担子都压在了郑美玉的身上，她一边要到队里去干活，一边还要照顾两个孩子。刘文富说，他一辈子也忘不了那样的日子，每次回去，他都能看出妻子又明显苍老了许多。

这样的日子不知不觉过了 14 年，直到 1972 年，他们一家随刘文富老人来到四川。在那里，全家人的生活都靠刘文富一个人，由于工作忙，刘文富每天早 6 时就离家上班，直到晚上 8 时才回家。刘文富说，虽然那时工作辛苦，但每当回到家看到妻子为自己准备好的饭菜，生活被妻子料理得妥妥当当，自己就感觉很满足，生活就有了奔头。郑美玉说，一晃50年了，从前的一切想想就像刚刚发生的一样。其实两个人能走到今天，最主要是相互间的包容。现在两人的身体都不太好，相互照顾中，更感觉出彼此情意的真切。"老刘虽偓，却是个好人，这辈子和他在一起很知足。"郑美玉说。

的确，在结婚典礼上，人们是如此欢愉又满怀憧憬地走向红毯另一端，但为何却在和自己所爱的人相处的过程里，充满挫折、困惑，甚至是懊悔、苦痛？

电视剧《金婚》描写了小学数学老师文丽和工厂技术员佟志这一对普通的中国夫妇半个世纪的婚姻之路。之所以让我们感动，是因为主人公经历的一切，几乎是我们每个人都会遭遇的。五十年携手，不仅意味着共同经历的风雨，还意味着要承担不同的困惑、痛苦、忍耐和坚持。而在现代生活方式下，在年轻一代人的情感态度下，这不啻于一个可望而不可及的神话。把自己设想成《金婚》的男女主角，一起打造自己的金婚吧！

就如同四季有春夏秋冬不同变化，亲密关系也有不同的阶段，大多数伴侣通常会经历以下几个不同的发展过程：

1. **蜜月期。**

此时正是标准的"情人眼里出西施"，两个人只要能在一起，什么都无所谓，在这个阶段就像蒙住眼睛谈恋爱，充满幻想兴奋与期待，一股神秘又迷人的力量把有情人紧紧牵系在一起。

2. **困惑期。**

就像那首《梦醒时分》，从蜜月期的激情中清醒，随之而来的往往是对伴侣的失望，以及对彼此关系的失落。"Ta 怎么和原来我认识的人不一样？"或是"天哪！我怎么和这样的人在一起？"诸多疑问涌上心头。浪漫逐渐褪色，对方的缺点一一浮现，于是很多人就展开"改造伴侣"这一项困难重重，并且常是徒劳无功的"浩大工程"。

3. **权利斗争期。**

"我为什么要听你的？""我都是为你好，所以要听我的！""凭什么要我改变，应该是你自己改变才对啊！"在这段时期双方都处于情绪不稳定的阶段，"干脆分手算了"这个念头开始出现，关系里充满争执与对立。于是，有些伴侣从此变得冷漠疏离；有些动不动就吵架；有些往外发展另结新欢；有些则干脆分道扬镳。

4. 承诺与接纳。

最感动人的不是那些一帆风顺始终太平无事的伴侣，就如同古诗所云"未经一番寒彻骨，焉得梅花扑鼻香"，尽管身经困难，但当你愿意提升自己的智能与耐心，开始调整并且接纳对方和自己的差异时，那么所得到的这一份爱的礼物确实能够让人享用一生。

心理学家云恩曾说："人生的发展，包括了个体的身心发展、事业前途的发展和情感婚姻的发展。"爱情与婚姻固然不是人生的全部，但一份美好的、稳固的亲密关系确实有加分的效果，让人们的生命更有活力也更有意义。

爱情与婚姻都不携带保证书。想要拥有财富，必须努力工作；想要拥有健康，必须注重养生；想要拥有幸福，也必须付出心力与时间，毕竟真爱如同钻石，需要经过琢磨，才会更加璀璨亮丽。

"生死契阔，与子成说。执子之手，与子偕老。"这是一种古老而坚定的承诺，是浪漫而美丽的传说。多少人向往，多少人留恋。

婚姻中的朋友们你可曾以为所有的爱情故事都一定要惊天地、泣鬼神才算完美；以为只有留有残缺的爱情才是最美的；以为每个人的爱情都一定要轰轰烈烈才能称得上爱情；以为所有的爱情都有花前月下，海誓山盟……然而这些爱情都只是在小说里才会出现的场面，在我们的生活中没有那么多轰轰烈烈；没有那么多一见钟情；没有那么多催人泪下的梁祝式爱情故事。于是我们开始从虚幻的世界走向现实的世界，我们开始不再向往那么多的山盟海誓，我们只是渴望能有这样一份爱情——执子之手，与子偕老。

很多人不禁要怀疑："不管是贫穷还是富有，不管是健康还是疾病，我都爱你，尊重你，直到死亡将我们分离……"这么动听的话语，这么严格的承诺，是不是太虚幻了？

现在美国最流行的结婚誓词是："我们的爱能走多久我就有多忠诚、我能爱你直到我们分手、我愿意直到我不愿意为止。"好莱坞女明星朱莉娅·罗伯茨的结婚誓词则是："爱，支持但是不会顺从。"能想出这样的誓言，理性程度绝对值得钦佩。从道德角度来讲，也更诚实，更忠于自己的内心，实属现代男女关系的一大进步。

电影《河东狮吼》中柳月娥就要求丈夫："从现在开始，你只许疼我一个人，要宠我，不能骗我；答应我的每一件事都要做到，对我讲的每一句话都要真心；不许欺负我，骂我，要相信我；别人欺负我，你要在第一时间出来帮我；我开心了，你就要陪着我开心，我不开心了，你就要哄我开心；永远都要觉得我是最漂亮的，梦里也要见到我，在你的心里面只有我。"

谁不希望在婚礼上说出或听到这样的誓言呢？金婚是神话吗？不为什么，只为漫长人生里执子之手，走完那一段又一段的长路，坎坷的道路上执子之手，渡过一次又一次的难关，在所有的道路上与 Ta 携手走过，让整个世界都变得渺小，让幸福像金钻一样永恒。

第二章

破译"Ta"，征服"Ta"

认可对方的价值

婚姻质量上升到更高层面就是对对方价值的重视。美国著名婚姻问题专家温格·朱利提出的《幸福婚姻法则》有两个经典的定律。太太定律：第一条，太太永远是对的；第二条，如果太太错了，请参照第一条执行。孩子定律：第一条，孩子永远是孩子，丈夫也是孩子；第二条，当丈夫引起你的不满时，请读三遍第一条。

"所有的事情都可顺着你，你可以不听取我的意见，但是你一定要重视我的付出和劳动"，这可能是很多人的心声。

叶莉最近有了一个惊人的发现：忠厚老实的丈夫竟然有了外遇！

最近一个多月，丈夫行为的确有点"鬼鬼祟祟"：每天晚上很晚才回家，回家了什么家务也不干，却直喊累；双休日一大早就出去"加班"，可是月底发工资，却交不出"加班工资"。为此，叶莉很气愤，丈夫支支吾吾，无法自圆其说。更令人愤慨的是，昨天晚上，叶莉竟然在丈夫的裤兜里发现了一块粉红色的手帕——这就是丈夫外遇的证据！

在叶莉的"威逼"下，丈夫终于坦白了他的"外遇"经过。原来，在家里，叶莉总是以家长的身份和口吻斥责丈夫没出息，不会挣大钱，丈夫深感自卑。一个月前，丈夫的单位组织职工做义工，献爱心，丈夫因此走进了一户单亲贫困家庭，女主人是盲人，孩子8岁，患小儿麻痹症。叶莉的丈夫在他们家干了一下午的大扫除，那对孤儿寡母对好心大哥的帮助感激不尽，这让他感受到了一个男人的自信。因此，他开始热爱这个"萍水相逢"的家，没事时他就喜欢往这个"家"里跑。他拿着钉锤、老虎钳在那个破旧不堪的家里修修补补，即使他只是擦擦玻璃、扫一扫地，那个盲妇和坐在轮椅上的男孩也会对他表示深深地谢意。这更激发了他爱"家"的热情。
昨天下午，他在为他们修理橱柜时，不小心钉子扎进了手，他大叫
一声，那个盲女人忙将手帕递给他，他止住了血后，随手将手帕揣
进兜里……

原来如此！此情不关风与月，只关一个人的尊严与价值！

价值有很多反义词，比如，不屑、控制、轻蔑。轻蔑可能是最具伤杀力
的，但很多人却常常在不经意间用这把最锋利的刀子伤害了"同一个战壕里
的战友"。

《中国式离婚》电视剧中，林晓枫要求宋建平辞职到合资医院去，宋建平
总是找理由推脱。林晓枫因此对宋建平有了负面看法，言语间也透露出轻蔑。

　　林晓枫：我算看透你了！

　　宋建平：看透我好呀！看透我这人清心寡欲？淡泊名利？

　　林晓枫：哼，美得你！清心寡欲，淡泊名利！叫你出趟国你就
高兴得不知道东南西北了。淡泊名利？用错词了吧？你这叫胸无
大志！

　　宋建平：对对，是胸无大志，昏庸无能，不思进取，你将所有
这样的词都用到我身上，又能怎么着？

　　林晓枫：我能怎么着你？我一个小老百姓能怎么着你宋一刀？

　　宋建平：你说话怎么这么酸啦，现在？

　　林晓枫：我真奇怪当初怎么看上你了。

　　宋建平：后悔了？后悔了离啊！离了去圆你的梦，找你那个高
飞去吧！

　　林晓枫报给宋建平轻蔑的一瞥，转身背对他。

一个人的聪明之处在于他们都知道他们的爱人最看重的是什么，而愚蠢
之处却是他们会恰到好处地刺杀对方最看重的东西，还自鸣得意于自己的一
针见血，一语中的："你太懦弱了！我瞧不起你！""当初怎么瞎了眼，竟然娶
了你？""你看，人家男人怎么那么会挣钱，你就不能出息一点吗？""我嫁谁

都会比嫁你幸福！"

人最大的心理障碍就是怕配不上 Ta 所爱的人。如果 Ta 没有这样的自信，Ta 会努力爱 Ta 自己，除了自己，谁也不在乎，于是 Ta 开始冷漠、自私、狭隘。这是每个人都不愿面对的婚姻"悲剧"。即使并没有到分道扬镳的那一步，这也是悲剧，因为婚姻的根基——爱已经松动，甚至已经枯萎。

苏昭和建华共同打拼，创办了以他们两个人名字命名的"昭华"印刷厂。苏昭 33 岁的时候退出商场，回归家庭，开始幸福、安心地生儿育女。儿子出生了，苏昭当起了全职母亲。苏昭一直认为，他们的这种生活是最幸福、最理想的家庭模式：丈夫在外挣钱干事业，妻子在后方全力支持，解除他的后顾之忧。可是，苏昭却发现，事实上，她并不幸福。

丈夫和她的谈话越来越少，常常是话不投机，三言两语就吵起来。对她也从来没有好脸色，苏昭想，他可能是工作太累，影响了心情。可是，有一天，苏昭赌气说："我要出去玩几天，我什么也不做了。"丈夫却不以为然地脱口而出："那没什么大不了，我请一个保姆比你做得还好！"苏昭的心猛地一沉，她感到一种从未有过的悲哀。

最后，他们走向了离婚。是苏昭提出来的。很多人都无法理解，说："你们男主外女主内不是很好吗？建华辛苦挣钱，忠于你，忠于家庭，算得上模范丈夫了，你还不满足吗？"对于离婚，建华也不同意。说她是身在福中不知福，是无风兴浪。但是，苏昭自有她的道理。她说，他们的婚姻缺乏尊重，这是人与人相处最根本的东西，如果连这最根本的东西都没有了，怎么还会有爱？所谓的爱，不过是同情和施舍的代名词。

签离婚协议时，苏昭对家里现有的近百万元存款分文未要，她要的只是印刷厂 60% 的股份。最后她赢得了胜利。

也许，在真实的婚姻生活中，对"价值的尊重"需求并不像我们前文中所阐述的那样具有广泛性，但是并不等于这并不重要，只不过它转移到一个更敏感的层面——那就是对尊严的重视。

摸准双方的脾气，对症开方

很多人婚后都在抱怨，自己嫁的或者是娶的都不是原来恋爱中的那个人，婚后对方好像变了一个人似的。脾气每个人都有，每个人的成长背景和天赋秉性各不相同，所以世界上有多少人就有多少种不同的脾气性格。在这里，笔者把脾气和性格相提并论，是因为脾气属于一个人的性格，与品德无关，诚然，一个坏人都是有着一副坏脾气，可是坏脾气的人并不一定就是品德恶劣的人。世界上也不乏这样的人，他们秉性纯良，品德高尚，乐善好施，但是脾气却是又偏执又古怪。

修泽4年前通过友人的介绍认识了一个南方女孩玉佩。当时修泽刚刚从部队退役，因为想及早安置下来，相处了两个月之后，两人就匆匆结了婚。结婚以后，修泽却发觉自己与妻子的差异越来越大，妻子的脾气常常让他觉得有点吃不消。这时修泽才想起，结婚之前，他和玉佩一起回家去看望玉佩的父母，临走的时候，玉佩的父亲偷偷地抓着修泽的手说：一个人性格改起来是需要时间的。当时修泽还纳闷呢，怎么岳父突然间和他说这话呢？现在回想起来才明白。想想也是，妻子是岳父岳母唯一的女儿，自小就是集万千宠爱于一身的主儿，在很多方面都和修泽存在着差异。就拿房子的事儿来说吧，新房是修泽在老家租的一室二厅，当时修泽父母家的房子还是平方，而且格局不好，一到夏天就潮湿，修泽的父母有很严重的风湿病，所以修泽就让二老搬过来一起过夏天，他们自己平时上班也挺忙，就想着父母过来了还可以帮忙做做饭什么的，想必妻子也应该乐意。没想到，妻子为这事很是不满，她不和修泽吵，也不和修泽闹，就是整天黑着个脸，不说话。修泽的父母为了缓和儿子和儿媳之间的矛盾，就很理解地表示，家中地里的苗子怕有虫子，得有人看着，就搬了回去。送走了父母，修泽的心里特别不是滋味。

父母的离去，带给了他们的婚姻短暂的平静。没过多久，矛盾又有了。修泽当过兵，生活很有规律，而且喜欢家里的一切都是井然有序的，可是妻子就不一样，妻子的生活很没有规律，修泽开始的时候就自己收拾，但是没过几天又这样了。于是两人开始为了一点小事吵架。

每当意见不合的时候，就不了了之。慢慢地，两人开始各自为政互不相让。修泽有时感觉自己和妻子不是一个世界的人。有的时候，妻子来个朋友，就好菜好饭地招待人家，可是要是哪天修泽的朋友来了，玉佩就会板着个脸，一点也不热情，吓得人家再也不敢上门了，吃饭也只好出去吃。

这样的小事频繁地在家里出现。与这样一个和自己难以合拍的妻子相处，修泽觉得自己快变得不是自己了，自己旺盛的精力在一点点崩溃，每一天神经都是崩得紧紧地，这样下去，修泽不知道自己会不会未老先衰。

除了像修泽和玉佩这样的夫妻，还有多少婚前浓情蜜意、地老天荒的男女，到最后是劳燕分飞，各奔东西。婚姻是男女双方的婚姻，而男女双方又有各自的性格。我们说，每个人性格脾气存在一定的弹性。就好比说，一个足球运动员面对不同的裁判，首先要了解这个裁判的度，到底什么样的程度，他会判你犯规，会给你红牌警告，不同的裁判程度不同。男女双方都是自己婚姻的裁判，只是在婚前的恋爱期时，这个裁判的评判比较温和，性格脾气的弹性比较大，所以对一些小的"犯规"大多采取宽容的态度；而婚后就有可能变成一个比较严厉的裁判，性格脾气的弹性就变小了，导致的后果就是婚姻常常亮红灯。

此外，每一个人都觉得自己很了解自己，其实正如人们常说的"当局者迷，旁观者清"，一个人对自身的认识存在盲点，人们有些潜在的性格往往在婚前被忽略，而进入婚姻，这就大大增加了婚姻的"不定性"。

所以，我们在这里所说的要摸清双方的脾气，当然包括对对方的了解，还包括对你自身的审视。

那么，怎样的夫妻性格才能为婚姻生活增值呢？

近来研究显示，性格的相近与否直接影响婚姻稳固。很多人都认为，婚姻之道在于性格的"互补"，自己想拥有但没有，而配偶却具备。其实这种观点是欣赏的成分比较多，也许两个人的性格是南辕北辙。所以性格越是相近的夫妻，婚姻家庭也越稳固。性格的相近，就要有与对方融为一体的观念；受教育程度和人生价值观要相当。这些才是决定婚姻稳定与否的内在因素。

性格相差很远的夫妻，在家庭生活中，性格也是通过沟通和交流在相互影响着，他们相互之间将自己性格显著的一部分慢慢影响和渗透另一半，以此来保持性格的一致性。

爱情是婚姻的基础，互相了解是爱情的基础，所以互相了解是婚姻基础的基础。没有了解就没有爱情，也就谈不上婚姻。只有摸透对方的脾气，并以此为目的做定期的沟通，那就可以巩固婚姻的基础，使得婚姻能扬长避短，改正不好的脾气，减少矛盾，更好地体谅和宽容对方，夫妻恩爱，家庭琴瑟和谐。

破译男人的情感

男人们常常调侃：女人的心思，六月的天气，真是叫人琢磨不定。其实不然，女人的心思常会放在脸上或者嘴上，女人的心里很少能放下事儿。反而是男人，有了心事常常是找一大帮哥们兄弟喝上几盅，倒倒自己心里的烦心事。所以对于妻子们来说，男人的情感世界才是讳莫如深、难以探测的。

婚后的男人，有责任撑起这个家，他要让老婆过上好日子，他要让孩子接受最好的教育，他要让双方的父母后顾无忧地颐养天年……

这种无法逃避的责任犹如一面旌旗，战斗呼唤，成功地激励着男人们勇敢地去接受严峻的考验、克服困难，显示自己的刚毅。这就需要他们抑制自己隐秘的真实的情感需求。当他力求克服恐惧和抵触心理引起的强烈反应时，他非但一无所获，反而为婚姻关系的破裂留下隐患。当婚姻关系濒临崩溃，实际上已到了不可挽回的地步时，这些被压抑的抵触情绪，会像洪水一般冲开感情的闸门。只有到这时，他才回忆起昔日的情感，认识到自己当时产生抵触情绪的真正原因。然而在这之前，他的绝大部分精力都花在了压抑、克服自己的不满情绪并把其合理化上面。

男人就是这样把自己的脆弱隐藏起来的。

浩轩和云娜相恋两年之后就结婚了。婚礼上，从来滴酒不沾的浩轩因为高兴，也因为来宾的敬酒不好推辞，渐渐地就醉得不省人事了。

云娜觉得很奇怪，丈夫什么时候变得这么能喝了。今天是大喜的日子，所以她也不多计较。几天后，云娜严肃地告诉浩轩，自己是单亲家庭的孩子，母亲就是因为忍受不了父亲嗜酒毛病才和他离的婚。但是，浩轩却觉得，自己是男人，男人总是要交际应酬的，喝点酒属于正常的交际手段，没什么关系。

之后，云娜发现丈夫有几次回来，虽然没有像婚礼上那样喝个烂醉，但也是满身令人讨厌的酒气。云娜觉得丈夫不尊重自己，压根就没把自己的话听进去。于是结婚没多久的小夫妻之间，爆发了一场大战。后来以浩轩的投降告终，他戒了酒，但不是因为喝酒影响他们夫妻的感情，而是他自己不喜欢喝酒后，头脑不清醒的状态。

浩轩的改变也许会让云娜窃喜，但是可能她不会明白浩轩戒酒的初衷。男人总是这样在隐藏自己，有时他们自己也未必知道这个事实。

那么男人的情感之中到底包含了哪些隐秘呢？

1. 每一个男人的骨子里面都有很深的男子汉情结。

主要表现在他们大多数有较强的进取心和自尊心，事业心强。工作和事业是男性魅力所在和最重要的寄托。妻子应该对丈夫过分热衷于事业而谅解。男人对教育子女并不都那么愿意承担，往往嫌麻烦而逃避，这一点，妻子要多做说服工作，也不必事无巨细，处处让丈夫充当"家庭法官"的角色去训斥孩子。男人在生活上比女子更粗心、更随便和不修边幅，这往往使一些妻子看不惯。作为妻子应该理解丈夫——对事业全神贯注的人，可能对生活小事不够关心。男人也喜欢人们夸奖他们，更愿意听到妻子的赞美，这一点应该被妻子们认识到并身体力行。另外，许多男人具有一种"儿童心态"，常要孩子气，喜欢和孩子在一起，在妻子面前有时像孩子一样的天真。这些有助于他们保持心理年轻，也会给家庭带来快乐，妻子应该支持和赞许，不要看不惯。当他专心工作时完全没察觉你在他身边；他不会把爱字挂嘴边；不要误会他不爱你；只要他在女人堆里也能目不斜视，那他就是个好男人。男人有时会十分大男人主义，只要你陪伴却不懂得和你谈情说爱。这种男人多数不会容易感动。但是只要他有浓厚的道德感和家庭责任，就是一个可以依靠的男人。

2. 男人拼命工作，其实也是为了家。

面对日益激烈的社会竞争，很多的男人都要承受比女人更重的压力。对于男人来说，工作和事业是至关重要的，这不仅是男人建立个人形象和实现个人价值的重要途径，也是为了让自己父母妻儿生活得更好。然而随着业务多了，应酬也就多了，对家庭所付出的时间也会被工作挤得少了一些。丈夫都希望妻子能理解和谅解他们对工作的付出和投入，因为工作也是为了家。

3. 男人并不是不愿意为妻子花钱。

有时妻子买了一件很贵重的东西会引起丈夫的不满，这并不代表着丈夫不舍得为她花钱。对于男人来说，为自己的妻子花钱本是件天经地义的事，但是当妻子要支出一笔大的开销的时候，丈夫都希望妻子会和自己事先商量一下，这也是妻子对丈夫尊重的体现。

4. 男人需要妻子，也需要朋友。

几乎所有的男性婚后都喜欢跟婚前的朋友继续交往，丈夫不想让妻子过分地限制他跟同性朋友的来往。尤其是比较重义气的男人，交际比较广，各行各业的朋友都有。婚后的男人，除了妻子之外，还需要朋友。

5. 男人欣赏别的女人，并不意味着出轨。

男性欣赏别的女性，纯粹是一种本能反应。这就如同欣赏其他美好的事物一样。没有一个丈夫会愿意妻子因为他多看了别的女人几眼就醋海生波，甚至大吵大闹。男人天生喜欢寻找和欣赏异性身上的美，但并不是所有的男人都见一个爱一个。事实上，有好的欣赏力的男人，多半会很好地爱他的妻子。

6. "贪玩"是男人的天性。

在男性的潜意识中，潜藏着一种"贪玩"心理。他们会对某些活动，如踢足球、打篮球、钓鱼、音响等沉迷极深，从中获得精神上的松弛。一般而言，这对他们应付工作压力是有帮助的。只是他们的沉迷有时可能忽略了对妻子的关注。

7. **不要太重视男人的语言，关键是看他的行为。**

并非每个男人都能言善辩、细心体贴，有些男人口气太重，给妻子以凶巴巴的感觉，其实是出于他的关心。因此，女性应多留意丈夫如何做，而不必太计较他如何说。

男人常常不善于表达自己，妻子只有破译丈夫的情感，才能真正进入他的内心世界，才能拥有和谐的气氛与幸福的感觉。

读懂男人的孤独

狮子、老虎一般是独来独往，只有狐狸与狼狗才是成群结队。男人往往会享受孤独，女性则叫嚷寂寞。男人本性是孤独的，如枪，枪太活泼一定危险，也与身份不符。

有魅力的男人，一般给人感觉是"远"，孤独英雄，不好接近，眉头紧锁，单枪匹马，千里走单骑，特立不群，沉默寡言，只按自己的意志行事。

欧美各大都市一直都有专供男人相聚的俱乐部，其中以英国最为盛行。居住在乡下的男人，有时会暂时离开家中妻子，独自跑到伦敦市内的俱乐部与其他会员谈时政、天气、女人，有时甚至留下来喝酒、过夜，隔天再回家，这么做带给他们的是难得的洒脱与轻松。

男人有时爱"单干"，喜欢独处抽根烟，或干脆独居一室，这并不表示他讨厌太太或孩子，只是想一个人清静一下，思考一些事情，或享受一下只有一个人的那种感觉，这也可以解释为什么世界上哲学家中男性居多的原因。

经常有妻子幽幽地问："为什么我的男人懒得和我聊天？"做妻子的不妨体谅、理解丈夫这种"单干需求"，大可不必事事参与，时时做捧场状。他的"独自"或者"逃避"都没有什么重大意义，你不要钻牛角尖去破译。

近来，王女士感到很不安，先生下班后总会"消失"大约两个小时，到了晚上饭点左右才会回家。她曾委婉地旁敲侧击问他："去哪里玩了？"可是先生总是简单一句："男人总要放松一下嘛。"每天王女士都习惯等先生回来一起吃晚饭，对此，先生好像不领情，在太太忙着为他盛饭时，他总是有些不耐烦："以后不要等我，你们先吃吧。"后来王女士更紧张了，干脆直接问："你到底忙什么啊？"先生每次回答大同小异"打球啊"、"开车兜了一会儿"，或者说"洗头去了"。

这样的回答，不但没有打消太太的疑虑，反而更让她徒生无限联想："难道先生有外遇？"终于有一天，她打了一辆车跟踪，当先生把车缓缓开到海边，一个人坐在防洪堤上凝望大海达半个小时后，躲在远处监视的王女士情不自禁地嘟哝一句："神经病！"丈夫终于伸个懒腰站起来，再缓缓开车回家……当夜，王女士和一个朋友说起来："我真搞不懂，他为什么行动诡秘却什么坏事都没有干，他不像是个哲学家的料啊！"

妻子其实没有必要去管丈夫的独处时间，也不要恐慌，男人不像女人有天生倾诉的欲求，很难能通过说话等方式去释放压力与焦虑。所以，能够独处又不用与他人对话的"私密空间"，就成了最好的选择。男人喜欢用"比较哲学的方式"解决孤独。

所以举目望去，边开车边沉思的男人、盯着电视机不放的男人、跑步运动的男人、酒吧中的男人，或者在洗桑拿的男人，都可能是在"洞穴"中休息的男人。这些有形或无形的个人"洞穴"，是让男人在情绪上有转圈的空间。在那些隐秘角落，男人可以翻出内心深处最真实的情绪，细细去感觉，各种喜怒哀乐，可能是工作上的胜利或失败，种种隐秘的念头，可以在这里忠实呈现，没有人会论断，也没有人会嘲笑，因为那是属于自己的空间。当然也可以什么都不想，只是需要片刻的心灵空白，这是一种休息，更是心理的放任。一叶扁舟随风漂流，男人在生活里是最有目标性的，决不允许"得过且过"的，而这一刻，他是自由散漫的，是信马由缰的，是有意"迷路"的，是可爱的失踪。

就算男人是"超人"，也会在生活压力太大、与恶人周旋过久，或被爱情搞得头大时，退回那冰冷、远离尘嚣的高塔中，做情感上的抽离与伤口的舔吻；就算男人是"蝙蝠侠"，也会在和仇人厮杀后回到自己的蝙蝠洞，把恩恩怨怨关在门外，心灵是最好的庇护所。正因为在现实生活中，他们常常是寸步难移、找不到可以放松的角落，所以他们才需要有像超人或蝙蝠侠那样独来独往的自由。

当男人陷在沙发里盯着电视机发呆时，女人会觉得浪费时间，忍不住过来嘀咕，碗还没有洗、垃圾还没有倒、小孩还没有泡澡、书房的灯泡还没有换……却不知道这是男人最普遍、最简单的心灵放牧方式，就像原始部落的男人会凝视火堆、停止咆哮、眉睫低垂。的确，"玩失踪"是男人处理情绪与压力的一种方法，正如大象喜欢找个僻静地方"拔牙"一样，庞然大物与自认坚强动物的男人都需要有这样的处理情绪的秘密方式。

做一个他盼望的妻子

男人这种动物说简单也简单，说复杂也复杂。要想驾驭他，把婚姻带进幸福的天堂，你首先必须知道他真正需要什么，然后投其所好，让他"吃最少的料，出最多的力，挤最多的奶"。这应该也是女人费尽心机研究男人最终极的目的吧！

要想知道男人真正的需要其实很不容易，因为男人对自己内心的东西总是讳莫如深，他们从来不说，自己需要妻子怎么样，可是感情却也在暗香浮动，汹涌变化。

周月是小学教师，整天和孩子们在一起，性格也阳光开朗。丈夫坤昆是一家公司的销售总监，经常有忙不完的应酬。常常晚上不能回来陪家人吃饭，周月觉得这事很正常，是丈夫的工作需要，尽管坤昆回来的时候，常常是满身酒气，甚至是烂醉如泥，周月也是从来不多说一句。有一回，坤昆的公司派他和几个同事南下去考察，要离开半个月，周月就忙着帮助丈夫收拾行李，并交代要注意安全。坤昆突然觉得，自己这么多年来有点对不住周月，家里的大小事物一概由周月包揽，就连逢年过节，上父母家，也是妻子和孩子代表他去。他动情地问妻子："这几年来，你感觉辛苦吗?"

反而是周月被问得一愣，继而她很快明白了丈夫的用意，她说："辛苦的又不是我一个人，你工作就是为了家啊，你也辛苦了!"

听了妻子的话，坤昆觉得妻子是这个世界上最伟大的人，有这样的妻子自己真是前世修来的福。

从上面的事例中，可以看出，男人们最需要的应该就是诚恳的交流和沟通。

他们希望妻子诚实地回答提问，甚至是主动地提供信息。他们要妻子看到事实真相，在善意的交流中将事情的原本始末告知对方，慢慢地你就会发现，他需要的是一个什么样的妻子。

1. **女人认为男人要她们做表面文章，女人对自己的愿望最好默不做声，而且提都不要提。**

女人认为男人害怕她们要得太多了，并且太过敏感。有些女人还认为男人不允许她们说出事实真相，她们也会因坦诚而被抛弃。实际上，好男人需要的是开诚布公且不带批评和怒气的沟通。学会有效地沟通是你的切身需要，这是吸引男人、建立令人满意的婚姻的好方法。

2. **女人认为男人不愿让女性依赖他们，甚至有的女人认为男人不需要或不珍惜他们在一起度过的时光。**

女人相信如果向一位男士表示她需要他，就如同给对方泼了一盆冷水，他会对自己失去兴趣，也可能会逃之夭夭。实际上，男人要的正是女人想要的，他们需要一个完整独立的伴侣。男人喜欢自给自足、自食其力、充满自信的女性。男人希望女人是因找伴侣的需要而选择他们，而不是在物质及感情上，像抓住一根救命的稻草般地死缠着。男人需要女性积极活跃、独立自主，并且拥有自己的朋友和爱好。

3. 男人不想在婚姻中被人掌控，男人也不想受到任何一种形式的操纵。

他们不愿知道伴侣的所思所想，也不想费脑筋去解析爱人发出的信号；他们也不愿在事情变糟的时候，被迫去承受一切指责。女人认为男人不需要或是根本不要任何沟通。女人常使的手段是，通过操纵来获取所需。女人认为男人宁愿被对方一再提醒，他们的恋爱关系需要更进一步的发展。并且，男人不需要或不珍惜得到任何赞美，所以女人倾向于喋喋不休与批评。实际上，男人不愿长期忍受任何一种形式的操纵。

4. 想要吸引好男人并建立完美的婚姻，女人就要在生命中的每一个时期满足对方对自己的需求。

在向他提出要求的时候要学会掌握时机，掌握他的情绪与作风。男人需要看到对方对自己负责任并承担自己的所作所为；男人希望妻子既具幽默感又有勇气，他们要女人能够在恋爱关系中拥有属于自己的空间。在感情上，男人要女人对个人的情感负责。

5. 女人认为男人只想寻欢作乐，认为男人对一段恋情的发展和成长毫无兴趣。

女人认为男人要的就是超级模特儿式的女人，而且他们从未考虑过一个女人是否感情上成熟、善良、支持他们或是富有爱心。实际上，男人需要情感成熟的女性。成熟并不意味着缺少情感，它意味着负责任地去掌握自己的感情。想要吸引一位好男人并建立完美的婚姻，就要对自己的情感负责。男人需要妻子对婚姻忠贞不渝，无私奉献。忠贞是绝对不可或缺的。许多人会给"奉献"下定义为忠贞，外加愿意为恋爱付出努力，即便是在环境变得糟糕的时候。

6. 女人认为所有的男人都会见异思迁，投奔另一张更漂亮的脸蛋。

女人认为不能信任男人对爱情忠心不二。实际上，并不是所有的男人都是感情骗子，男人与女人一样，对朝三暮四和"眼睛太活跃"倒足胃口。好男人知道如何建立完美的婚姻，他们也知道忠贞是完美恋情主要的因素。

7. 男人需要懂得如何对待他们的女人。

许多女人对待男人的方式是打击他们的自信心，让他们觉得自己不够男子气概。其实，男人更愿意女人在他们做对了的时候给予更多的赞美和认同，更愿意女人表达对他们的热情和感激。

以上就是男人急需女人提供给他的"婚姻物资"，也并不全是什么稀罕之物，只要女人们稍微用点心思和时间，就能满足他们的需求。做一个他盼望的妻子，他才会对你俯首帖耳。

妻子要帮助丈夫修建面子工程

有一个男人倾吐过一句发聋振聩的心声：只要你在人前给我面子，人后我给你当牛做马都成。虽然听起来不雅，但男人对面子的执着追求，可见一斑。所以，不要急着在别人面前炫耀你有个多么听话的老公。他堂堂一七尺男儿，怎么会一味地容忍你在人前表演如何驯夫？他的面子有时候直接关系到你们的婚姻质量。

作为女人，要学会掌握男人爱面子的心理。在该给他面子的时候，一定要给足，这样的女人不仅能赢得男人的宠爱，也能营造和谐的夫妻关系。女人总是喜欢自己的丈夫对自己惟命是从，认为那是他爱自己的证明。于是很多男人都冠上上了"妻管严"的帽子，但是聪明的女人也应该明白，男人怕你是因为爱你，但是他爱你并不代表他不在乎他的面子，如果你在他的朋友面前，肆无忌惮地教训他，他绝不会吃你那一套。所以你要记住，"妻管严"只适合在没人的场合，在只有你和他的场合。

新加坡的王先生在大陆开了一家棋牌社，生意兴隆。夫人是典型的"气管炎"，将王先生和棋牌社一样治理得服服帖帖。一天棋牌社打烊，但是，王先生的夫人因为一件小事和丈夫吵了起来。王先生情急逃至桌下，这时一位落下东西的客人正好返回来取东西，正好看见了桌子底下的王先生，场面尴尬。这时夫人急中生智拍了拍桌子："我说抬，你要扛，这下好了，帮忙的人来了，让你多雇几个人手，你就是不肯，什么事情都要自己亲自动手，真是叫人拿你没辙。"一番话下来，说得客人直夸王先生是个治家又顾业的好男人。王先生顺坡下驴直夸夫人想得周到，一场面子危机轻轻化解，两人也重归于好了。

男人向来都是视面子如生命，失去面子对男人来说是致命的。即使那些在家里毫无地位的人，一旦站在他人面前，都要充当男子汉。没有哪个男人会说自己在家里事事都要听妻子的，那样会有损他做男人的尊严。但是，在现实生活中，有些当妻子的并不了解男人的这种心理，有时候，不自觉地就把只有两个人在场时的威风也拿到大庭广众中来，以显示自己对丈夫的管束权威，自以为得意，其实适得其反。

这样做的结果要么会使他感到很狼狈，威信扫地，以致成为交际场合中被人戏弄的对象，要么会引来他的反感或者抵抗，甚至成为家庭矛盾的导火索。总之，不管哪一种情况，结果都是不好的。

有这样一则笑话：

有一天，一位男士对着他人吹牛，说自己在家里是绝对的一把手，自己说什么老婆都得听，"她老实得跟猫似的"。他还比喻说："在家里，我是老虎！"正说到这儿，有人拍他的肩膀，他转身一看，脸刷地变白了。原来他老婆不知道什么时候来了，正站在他的背后，怒目以视。他知道自己闯了祸，浑身不自在。只见妻子瞪着他问道："刚才你说什么？你是老虎？那，我是什么？"丈夫十分难堪地说："我是老虎，你是武松啊！"老婆这才满意了："这还差不多。"

在场的人们哄堂大笑起来。这个怕老婆的家伙已经是满脸窘色，脸羞得像一块红布。有哪个男人会宠爱一个从来不知道给自己一点面子的女人呢？如果你是聪明的妻子，就要记住当众蔑视丈夫的做法并非上策，那是一件再愚蠢不过的行为。聪明的妻子懂得在什么场合、什么时候应该给丈夫一点面子，把握这种分寸可以说是一种艺术。

聪明的女人懂得在有客人在场的时候，给足丈夫面子。而有些妻子却没有这么聪明，她们习惯了对丈夫颐指气使，结果严重损害了丈夫的自尊心。比如，有的女人会当着客人的面支使丈夫说："去，把我的拖鞋拿来！"这就把丈夫搞得很为难，不拿吧，怕得罪妻子，因为平时妻子就是这样支使自己的；去拿吧，在客人面前显然有些丢面子，把他置于左右为难的尴尬境地。

其实妻子只要在外人面前要自觉做出平等相处、互敬互爱的样子。哪怕是做了给人看也是有益的，丈夫会因为你给他留了面子，而更加爱你。

此外，做妻子的在当着客人的面说话时，千万不可严辞反驳自己丈夫的观点，揭他的短，把他搞得很狼狈。

有些女人在与他人谈话的时候，常把两人之间的私房话拿到众人面前以取乐。比如，有的女人说："想当初，他还是个穷小子，为了讨好我，一天三次看我，什么话都听！""他顶不老实了，在外面见到姑娘就走不动了。你们可得给我监督着他！"再比如，有的女人在家与朋友聊天，听到丈夫批评孩子说："你怎么回事？洗个脸都不会。"她便插嘴说："还说孩子呢，你小时候还不如他！鼻涕流这么长也不知道擦。"说完和朋友哈哈一笑了之，却不知这样把丈夫的面子丢尽了。他连在孩子面前的威信都没了，可想而知心里会多么郁闷。

俗语云：树活一层皮，人活一张脸。所以说，男人的这张脸可以粗糙，可以丑陋，但绝对不能缺失了"面子"，对男人们来说：宁可不要"脸"，也要这张"皮"，换言之：要在别人的心目中活得"有头有面"。即便这是一种属于精神层面的东西，但已经根深蒂固地融入了男人血肉里，融入到了我们古老的文化中。时常看到男人们时时处处在捍卫面子，有谁看到男人打破面子后会怎样呢？丢掉面子的男人无非是两种情况：一是变得疯狂，二是变得超然物外。因此聪明的女人倒极肯花心思维护自己男人的面子。

女人要用温柔做武器

温柔的女人具备一种特殊的魅力，她就像一场悄无声息的春雨，滋润着婚姻生活。上帝用了最和谐的美学原则来创造人类，他赋予了男性阳刚之美，又赋予了女性阴柔之美。正是由于两性之间各有其独特的个性而形成鲜明对比，才构成了人类绝妙完美的世界——婚姻。《红楼梦》中的贾宝玉说过："女儿是水做的骨肉。"所以人见了女人便觉得清爽。贾宝玉把大观园里的姐妹丫鬟们，都看得像清澈的水一样照人心目，一个个都显得高洁纯真、温柔娇嫩。在他的面前，这些女人展现了一个犹如水晶一般明净的世界。女作家梅苑在《美人如水》一文中说："女人似水柔情，才有女人味道。"

男人总爱说温柔的女人有女人味，但"女人味"却是一种说不清道不明的概念。一般人们淡起女人味，总是会联想到性感、妩媚、风姿绰约、风情万种，似乎只有这样才够女人味。一直以来，女人味的评判是男人的视角，然而，现代女性们已经有了更广阔的自塑空间。一些未曾完全逝去的传统规范，也无力承诺女性终身幸福，女性在困惑中空前成长。其实，女人的温柔才是女人味的标志。女人的温柔应该是存在于智慧和从容自信中，她应该很会发挥自己的女性优点，并且能利用这种长处，上下沟通，处事圆滑，温柔体贴，让人想亲近。

男人喜欢女人的温柔，女人最能打动人的是温柔。当然，这种温柔不是矫揉造作。温柔的女人，知冷知热，知轻知重，和她在一起，一些内心的不愉快会烟消云散，这样的女人最能令人心动。温柔是女人特有的武器，一个女人站在面前，说上几句话，甚至不用说话，都能感觉出这个女人温柔还是不温柔。令人不由自主地沉浸在女人所营造的氛围中。这种女人味与年龄无关，甚至与外表也没有特别的关系。

男人都喜欢温柔可人的女人，她们的温柔会让男人觉得舒服，并且有种本能让男人去怜爱她们。温柔的女人是恒温的说水，不冷不烫，女人的温柔是一种文化，是一种特有的气质，是自身的内涵，是聪明的指点，是处事的技巧，是积累的经验，是面面俱到的妥贴。

不少女人婚前温柔可爱，小鸟依人，但婚后不久就变成河东狮吼了。不是婚姻把温柔少女变成凶悍蛮悍妇，而是丈夫对她关心不够，她的付出得不到丈夫的认可、尊重和理解，她们的情感压抑得不到释放使然。女人的一些言行可能指向情绪，女人需要对方关注自己言语背后的情绪，而男人却不知用心去体会女人的真实情感，于是温柔可人的"淑女"渐渐变成了悍妇，而男人却感叹女人的温柔越来越少。如果男人能给予女人精神上的安慰和支持，多用自己的眼神和手势、表情去准确表达出对女人的爱，她怎么会对你大吼大叫呢？只有内心充满柔情蜜意的女人才会表现出温柔，所以男人应该学会温柔地呵护、体贴女人，只有这样才能得到女人加倍的回报，才能拥有一个温柔的妻子。

柔情是女人特有的情怀。温柔似水的女人有一种独特的魅力。她不仅让人感觉到一种如沐春风般的温暖，也蕴涵着强大的力量。

他曾说自己是过客，各个城市的过客。他是德国某厂家驻中国的总代理，一年中的大部分时间都在全国各地辗转。因为工作的忙碌，他没有更多的时间追女孩子，所以，尽管他年纪已经不小了，依旧是单身一人。

那年，他到一个小城市结账，在那里待了两个月，这期间，他认识了一个外表普通、性格温柔的女子，在他即将离开的时候，他想，自己又一次成了这个城市的过客，也成了这个女人的过客。他知道，自己很有可能一辈子也不会再来这个小地方了。

分别的时候，这个温柔的女子却默默地凝视着他，低声而固执地说："给我你衬衣上的第二颗纽扣。"他没有考虑什么就答应了，他剪下第二颗纽扣，并且将一条铂金项链一起放到她的手心。

她接过纽扣，却轻轻推开了那条项链，说："以后要自己保重身体。"他回头，看到她满脸泪水，她是知道的，他这一去便不会再回来，他也有些不明白，为何她只要他的一颗普通纽扣。

他依旧继续着自己的生活，在各个城市奔波，依旧没有女朋友，只是，他偶尔还会想起那个默默的凝视和满是泪水的脸。而那个女子依然偶尔打电话问问他的健康、心情，却绝口不提爱情。

有一回，他的一个表妹来他家玩，见到了他丢弃在角落里的那件缺了第二颗纽扣的衬衣，像发现了秘密一般："哥，谁是你的心上人？"他诧异。表妹说："第二颗纽扣是送给情侣的最好礼物，因为它是你的心。"

当天，他坐飞机来到了他以为自己永远不会再来的城市，叩响她的门，见到穿着睡衣的她脖子上挂着一根红绳，坠子就是那颗纽扣。

没有谁知道，已经三十多岁的他，原来也是渴望被人爱的，这个把他的纽扣系在脖子上贴在身体上的女子，让他明白了什么是真正的爱，他漂泊的心仿佛也终于找到了停泊的港湾。而她，也正在用一张柔情的网，等着他的到来。

无论男人怎样优秀，也无论男人怎样地喜欢漂泊，不可否认，每个男人的心里一样是渴望爱的。只要女人爱他，就用自己的柔情结网，总有一天你会发现，爱情已经占据了他的心。

在男人的一生中，有一个温柔的女人做伴，会使男人开心。温柔就是力量，你不计较他的暴躁，反而不断地关心他、理解他，温柔似水，再冷的心也会被打动。

女人不仅能将美丽演绎得生动精彩，而且能把温柔诠释得水莲娇羞。这是女人与生俱来的天性，也是女人生理特点决定的，温柔是女人的代名词，是女人区别于男人的性别特征，也是女人能令男人心动的原因。女人可以不漂亮不性感不聪明，但绝对不可以不温柔，因为没有了温柔的女人不仅男人害怕，也令女人心悸。其实男人最挡不住女人的温柔，女人的温柔是一种喜悦，自己受用，同时也在不知不觉取悦于别人。温柔是高山流水，水滴石穿，再坚强的男人也会动心；温柔是一种依恋，让男人充满依赖。女人一旦温柔起来，心底深藏的浪漫情愫立刻会变成明媚的阳光。

女性的刚毅与温情的完美结合能够创造婚姻生活的奇迹，使夫妻之间富有情调。女人要懂得释放自己身上女性的魅力，同时也相信自己有能力吸引她心目中的爱人。正因为她对自己充满信心，所以才能在刚毅的基础上表现出女性特有的温柔。女人柔情似水，水看似软弱无力，却可以积小小的溪流，汇集成河川，流入大海，而且变化无穷。它可以变成雨或云，可以变成雾和霜，更可以凝聚成冰和雪。女人的柔情更有一种独特的力量，可以抓住男人的心。

捆住 Ta，不如吸引 Ta

在婚姻中妻子们和丈夫们分别运用什么样的手段来控制你的另一半呢？

第一控制钱包，就算给电话充值，超过 100 块也要看看电话单，为什么需要那么多电话费。

第二控制手机，不定时查看对方的手机有什么通讯记录，短信更是每次都要翻看。

第三控制休息时间，告诉 Ta，每天晚上 10 点之前必须回家。

通常情况下，幸福的婚姻除了爱情、信任以及自由外，吸引也是相当重要的，这就要求人们要在平时的生活中掌握一些技巧，不是捆住 Ta，而是去吸引 Ta。

1. 用你的深情打动 Ta。

有一位女士对于怎样和丈夫相处自有一番经验。那是结婚不久，丈夫迷上了麻将，每天下班后一玩就到深夜，对她只说是公司晚上加班。她又气愤又委屈，但委屈归委屈，她只字不提丈夫晚归的事。此后几天，她每天晚上都做好丈夫最喜欢吃的饭菜等他回来，不等吃完，她又将热热的洗脸水端过来，搞得丈夫好像是凯旋的将军一样。如此几天，他下班按时回家，她则故作随意地问："这几天单位不加班了？"他心照不宣地说："一想到你情深意切坐在桌边等我的身影，再要紧的班也不加了。"她窃笑，此术真灵。之后，每到节假日，她便主动约几个亲朋，陪丈夫玩几圈，这样既可以娱乐又不致使丈夫染上赌博的恶习。

2. 以温柔来感化 Ta。

有一位男士的妻子性格急躁，脾气一上来，那可真如电闪雷鸣。每逢此时他决不和妻子对着干。他一般都是冷眼旁观。等她冷静下来，他再就事论事、有理有据分析给她听。这样做的结果，往往是双方意见统一，皆大欢喜。

3. 真诚热情地对待 Ta 的家人朋友。

有一位女士结婚后的第二年，得知丈夫的弟弟要结婚。她毫不犹豫地将本打算添件皮衣的 1000 元年终奖金寄了过去。事后，丈夫非常感动，也学她的样，瞒着她不时给她父母寄钱寄物。有一次，丈夫突然领进一帮难得凑在一起的中学同学。碰巧那几天到了月底，"财政"告急，但她连忙向邻居借钱买了酒菜，又倾尽家中所有招待丈夫的朋友们。客人们喝酒猜拳，聊天行令狂欢了大半夜，丈夫的朋友临走时直夸她贤惠，她倒没感觉什么，一边的丈夫却咧着大嘴，乐得合不拢嘴。

4. 善于变换自己的角色。

在家庭中，一个人通常一成不变地以特定的角色出现在对方面前，时间久了，不免令对方感到乏味，要知道，喜新厌旧乃人的本能。这就迫使你要懂得如何经常地变换自己的角色，以不同的身份交替出现在对方面前，或不留情面地批评，或知冷知热地呵护，或温柔体贴的抚慰，或天真纯情地撒娇。这样一来，Ta 才会觉得你是个很有情调、富于魅力的伴侣。

当然，吸引 Ta 的方法还有很多，那就要看你自己如何挖掘了。

电影《幸福成本》应该被所有的人引以为戒的。

　　陆军和王小丽婚后得了一笔拆迁款，加上几年的积累，总计 20 万。20 万放在陆军的办公室保险箱里，两个人暂时住在朋友的旧房子里，有时间就去看房。

　　不巧的是，没过几天，陆军发现这栋旧房子的隔壁，住着当年的老街坊——旧情人的父亲。

　　又是街坊，又曾有过一段旧交。陆军对老人就多了一份关心。但是王小丽却不干了，她回家后非要逼问丈夫是不是心里还装着旧情人，那个旧情人是不是比她漂亮等。原本是一时的嫉妒和赌气，王小丽却不知道，自己想要控制丈夫的这种趋势却让丈夫对她处处防范起来。

一天，老街坊请求陆军和他一起到银行取钱，原因是女儿着急用钱。陆军一看时间来不及，就去办公室的保险箱里拿了 15 万回来，告诉老人先用着，明天从存折上取完钱还给他就行。老人本打算把存折让陆军拿走，可就在老人去取存折的时候，王小丽却在隔壁喊叫丈夫。这个喜欢控制丈夫的女人在最不应该控制他的时候发出了号令，陆军只好赶紧回家，临走时还嘱托老人：别告诉我媳妇！

按道理来说，第二天老人把钱取出来还给陆军，这件事情也就到此结束了。最多能说明的，也就是丈夫背着妻子在外面帮助过老情人。但是电影却给了我们一个大大的转折，就在陆军第二天去拿钱时，却发现老人得了急病，丧失了记忆力。

无助的陆军，只能用报纸充当人民币，每天背着一兜"钱"，陪老婆去看房。他所能做的就是躲到厕所里，苦想各种各样的借口给那些自己也很满意的房子挑毛病。然而，纸包不住火，王小丽终于发现丈夫钱兜里装的竟然是齐齐整整的报纸。得知真相的王小丽，不顾丈夫陆军因为此事所受的煎熬和痛苦，怒气冲冲地摔门而去。

拿出去的钱一时拿不回来，朋友的房子要收回，妻子却赌气住到同事家不回来。陆军继续在痛苦中煎熬着。醉酒的时候，他一边流泪一边说出了自己的心事：我没有想怎么，我只想有一个属于自己的房子，只想和老婆安安稳稳地过日子。

故事的结局还算可以，王小丽在街坊女儿和朋友的劝说下，回到了家。当她擦去丈夫脸上的泪滴时，她知道，她犯了什么错。如果不是自己的控制欲太强，如果不是丈夫害怕自己的数落，他会拿回存折，他们现在就已经住上了新房。因为自己的控制，丈夫开始对她撒谎，然后一个人承担这所有的痛苦和压力。她爱丈夫，不忍丈夫一个人醉倒在沙发上流眼泪。她终于明白，幸福是需要付出成本的。

婚姻中的人们最渴望的就是彻底控制他们的另一半，并成为其主宰。这或许能引起很多人的共鸣，不管是男人还是女人，如果对方不在自己的掌控之内，就会失去安全感，这种潜在的寻求保护和安全的意识激发了他们的控制欲。可是你必须弄清楚，你的控制是否有效？《幸福成本》里的王小丽一心想要控制老公，但是我们看到电影中绝大部分的情节中老公的所作所为都是瞒着她进行的。电影的情节难道不就是我们大多数人的生活缩影吗？谁能控制得了谁？每个人都有一颗自己的心，你真的能控制 Ta 的心吗？

放弃控制才能完全掌握，只用自身的魅力去吸引 Ta，才能在全局上控制局势。有些东西，你抓得越紧，越拿不到，学会吸引，反而它就在你的手中。所以放弃控制，并不等于不会收获控制。只有吸引，你才会发现，原来把握幸福是很简单的事情。

女人心思的千千结，男人要用心解

世界是两性的，女人和男人共同构成了这个纷繁复杂的世界。在很多人眼里，女人的心思就像是雾里看花，猜不透，摸不着。现在的社会，两性趋向平衡，女人面临的社会压力越来越大，女人在婚姻家庭、事业上扮演的角色越来越重量级，心里的压力可想而知。女人甘愿把自己的一生交给男人，男人应该珍惜和把握。

诗人和哲学家给人们构建起了一个个完美的爱情故事。无论电影里，小说中的爱情故事有多么感人至深、惊天动地，无论这其中给了人们多少足以浮想联翩的故事，可是对于女人来说，回归家庭，抓住日常生活中的点点滴滴，建立一个殷实和睦的家才是一生最重要的事，她们仿佛天生就属于家庭。

长平怎么也不会明白为什么妻子和她的姐妹们总是有那么多说不完的话题。双休日的时候，她的朋友常常会过来吃便饭。等到自己从外面溜达一圈回来，她们还在沙发上聊天呢！长平后来对妻子说："你们女人在一起说话，和我们男人根本就是两回事。我们男人在一起聊，很客观，就事论事，你们女人聊天就是太摸不着北了。"但是妻子却很不以为然："我们女人之间的交流，你们男人是不会懂的。我们在交流做媳妇做母亲的经验，我的丈夫是不会给我怎样去做一个好媳妇的意见的，如果孩子过早地长了智齿，我丈夫不会当做一件多大的事，但是，我却可以从我的姐妹那里得到我想知道的信息。"

对家庭的看法和做法不同，就是婚姻中的男女存在的最大的分歧。

法国作家安德列·莫洛瓦曾在其著作《知和爱的生活》中曾说道："妥善治理一个家庭的妇人是这个家庭的女王，也是部长。女人们为了丈夫和孩子能够安心工作而努力。她保护他们避免受到伤害，无微不至地照料他们的寝食。女人是财政部长，全家的经济因为她们而保持均衡；她们是文化部长，家也好，公寓也好，井然有序的装饰是她们努力的结果；她们还是教育部长，把孩子们从小学送入大学，具有关心他们成绩，教养他们的责任。一个妇人能够将一个家庭治理成一个完美的小世界。"

棉歌是一个典型的富二代，八年前他娶了美丽贤惠的妻子妙玲。如今事业如日中天的棉歌，觉得妻子变得离自己越来越远，整天一大早就出去买菜，然后洗菜切菜，围上围裙炒菜、蒸饭……有一次，棉歌看见自己的妻子为了几毛钱居然在和菜贩讨价还价，棉歌觉得自己很丢脸。妻子慢慢地变得平庸，走在大街上的人群里，几乎看不出来，那是自己当年美丽不可方物的妻子。自然地棉歌提出了分居，妻子想也没想就同意了。棉歌问妙玲，还有什么需要自己做的。妻子平静地说："我都没吃过你做的饭，现在只想你也下厨为我做一顿饭。"棉歌答应了妻子的要求。上街去买了妻子和自己都喜欢吃的"百合牛肉"，其中的百合就是洋葱，切洋葱的时候，棉歌辣得眼睛都睁不开。妻子则在一旁平静地看。等菜摆上桌以后，这位丈夫却再也没提分居的事。

一顿饭，让棉歌重新认识到了妻子对于整个家的付出和不易，当她忍着呛人的油烟和辣得人只掉眼泪的洋葱时，自己是如何不理解妻子的市侩、唠叨以及对自己的管束的。

在女人眼里，自己为家庭奉献了自己的一切，作为丈夫首先要尊重自己。而尊重自己最重要的就是男人从身体到心灵的忠实，家里的大事要和她商量，小事要让丈夫一起分担。

男人通常会把做家务等行为看成是妻管严或者是怕老婆的表现。可是女人却希望丈夫能主动分担家务，因为他们觉得那是丈夫体贴自己的表现，她们会在自己的友人面前骄傲地说，你对她很好，因为你帮她分担家务了。

女性希望在丈夫的心目中位居第一。女人希望自己付出感情的同时也能从她的丈夫身上获得同样的感情，女人在婚姻里，付出的时间和精力常常会比男人多，她们把男人看得很重要，她们离不开男人，她们希望丈夫也能同样报以情感的全部。她们很痴情，希望丈夫也同样痴情。她们常常提醒丈夫，向她们表达爱。这样她们才会感觉踏实。

理解不是简单地说说而已，就像前面说的，丈夫要用心灵去看，去体会妻子的心境。要学会同声传译，一个优秀的译者不只是翻译语言，还要了解说话人的身份、地位，体会他们的情绪，以及他们说话时的倾向性。丈夫在理解妻子时，就要做一个忠实的"译者"，站在妻子的角度，用她们的眼光和心态去看待生活中的事情，也许会发现，妻子并非自己想象的那样"不可理喻"。

征服女人靠感情

女人因感性而文明，更加区别于男人的世界。古往今来的女人，有多少因为感性而做出了惊天动地的事。而女人的感情往往比男人强烈，敢爱敢恨，敢作敢为，个性鲜明，因此女人常常更富有激情，更懂得和需要浪漫。在她们的期望里，感情最好能遵循"能量守恒定律"，即付出多少爱情能量，就收获多少爱情能量。

美国作家华尔特·汤恩指出："征服女人，精明的男人无需花费任何钱财，笨拙的男人则靠金钱，最差的男人则靠暴力。"

女人经常会自怨自艾"谁能解我情衷"，谁要是能解开她的"情衷"，谁就能成为她相知相伴一生的爱人。女人的感情上有她蓄积的全部热情和力量，所以征服一个女人，先要在感情上攻下她的心。

明霞在婚前是十里八乡出了名的美人，上门追求的男人来了一拨又一拨，最后明霞出人意料地选择了并不起眼的晓炳。明霞身边的朋友无不大跌眼镜，怎么选来选去，偏偏选了个这么不出奇的男人。晓炳既没钱没貌，又不是才华出众的人。但是晓炳到底好不好恐怕只有明霞自己知道。明霞说："我第一个男朋友很有钱，追女生也是一套一套的，他送给我好多小东西，后来又开始约我吃饭。但是我发现他在和我谈恋爱的同时还和另一个女同学保持着关系。这一段恋情就不了了之了。我第二个男朋友是我高中老师，当时他三十刚出头，温柔、儒雅，所有的女生都迷恋他，我也是。所以我就找各种借口接近他，他对我的态度也开始不一样起来。我们之间的风言风语也开始多了起来，后来震惊了整个学校。训导处主任也开始找他谈话。后来，他也找到了我，说我们的行为有伤风化。如果我不和老师中断关系就勒令我退学。而且他的工作也会不保的。我此时才明白，爱情比不上他的前途。在爱情上我是伤痕累累。直到后来，我遇见了晓炳。他不会经常说什么'我爱你'之类的话，但是你却能无时无刻感受到他的爱、他的体贴、他的宽厚，以前我这人比较小家子气，但是他从来不计较。现在我才真正体会到'爱'。"

要想得到女人的倾心，并不是一件容易的事。因为女人是一个矛盾体的综合，在忧伤的时候也会夹杂着快乐，在痛苦的时候也会蕴含着快乐，在坚强中又找到胆怯。她们追求朴实而又不妄幽默的男人；她们崇尚真实但又不愿失去虚荣的附着。

有的男人认为富有天下，就会拥有一切，也可以追求到一切他自己期盼的女人；也有的男人认为用无尚的虚荣也可以征服女人；更有的男人认为凭着自己的美貌就可以将天下所有的女人视作囊中之物。哲人说，女人是情感的动物，需要一个美好的感情。

女人在世人面前展示一种永远的不寂寞的姿态。女人喜爱博大，喜欢强悍，更喜欢悲观的驿动。她们在娇柔中找到妩媚，在弱小中找到诱惑的甜言。她们需要语言的抚慰，需要肢体的依靠，更需要精神的挥洒。她们摒弃肉体和精神分离的情感，她们在这方面有着无尽的自卑，也怀着高傲的纯真。有的时候女人做出选择的回应则是南辕北辙，她需要一个理解她心境的载体。

美好的词汇能打动女人的心扉，歌般的赞美诗她们不再犹豫不决。用你感情的坚强沉稳给女人一个强悍的展示，安全的情感才是一个女人的基石。用忧郁的悲观给女人以释放心灵的空间，用你的聆听给她展示忧郁的美丽。在感情的世界里征服不是占有，赢得女人的心，放飞她的忧郁，解放她的孤独，融合她的寂寞，给她一个温柔的拥抱。勿视她的南辕北辙的假象，勇敢地将她的期盼化为拥有，这个时候你就会将她融入你的精神，创造了一个美丽而动人的故事。

角色互换，扫清婚姻中的阴霾

站在对方的立场考虑问题，简而言之即换位思考，是人际交往中必须的，在婚姻中尤其如此。婚姻是两个人的共同体，只用主观的、单一的思路进行思考，必定会产生抱怨情绪，无限地放大对方的缺点，最后只能导致矛盾越来越多。只有一分为二、降低姿态、换位思考，才能做出准确判断，以宽阔的胸襟来理解和对待婚姻中的冷暖、喜悦。既然已经组成了家庭，当遇到问题时，就需要站在对方的立场去反思，那样，所谓的问题也就不是问题了。现代社会的压力一天大于一天，只有相互包容、将心比心，才能过滤掉两个人之间所有的不快，冰释前嫌，化干戈为玉帛。在欣赏中产生共鸣，既然选择了对方，就要永远执子之手，与之风雨兼程。让婚姻，在换位思考中日趋成熟。

人最难做到的就是看清楚自己，看清自己的不足。互换角色更真实地将平时的"不注意"展现出来，不妨你也与爱人换位一次，通过这面"镜子"更好地了解自己，体会一下爱人的角色，感受一下对方的心。同时，这样一个有趣的体验是不是还能给你已经日渐平淡的日子，增添一份新的乐趣与活力呢？

程静和男友小岑与一个朋友吃饭，这个朋友说自己做了一个有趣的体验，与男友互换角色一天，也就是说她是男友，男友在这一天是她。一向对有趣事物充满兴趣的程静当然也不甘落后，告诉小岑时刻做好准备，她也要体验，并且一定要完全表现出平时的那个"她"，不然她会觉得没有意思。面对着程静的威逼利诱，小岑只能恭敬不如从命。

说干就干是程静的作风。第二天风和日丽，又是周末，早上一起床程静就"通知"男友现在开始体验。在敲定见面地点以及时间后，程静这头就听到了"嘟嘟"声，小岑已经挂上了电话，果然符合程静平时的作风。程静气得又打过去劈头盖脸地说："我还没说完话，你干吗挂电话？"小岑那端无辜地说："现在不开始体验了吗？"回想起自己平时挂电话速度是很快，程静也没再说什么。到了约定的地点，程静看看时间已经过了 10 分钟了，可是还没有小岑的影子，打了几个电话给小岑，都得到了马上就到的答案。时间过去了半小时，小岑不紧不慢地从马路对面走来，看到已经要忍不住发火的程静，小岑忙学着程静平时撒娇的口气说："讨厌，我为了让你见到最漂亮的我，在家里反复地试衣服呢，看我多在乎你。"看着小岑那种努力学着她平时的表情，程静忍不住笑了。小岑一本正经地说："静，我平时可没打那么多电话催你哦，而且打电话只是怕你出危险，哪有你的口气那样不耐烦，表演得不到位。"程静又好气又好笑。

开始逛街，小岑一会儿让程静挤进人群买这个，这个没吃完就让程静去买那个。不想再"犯规"，程静只能忍着，在要爆发没爆发的时候小岑也适时地停止了。小岑和程静走进了商场。进到商场小岑拉着程静一家一家地试穿衣服，不管程静喜欢还是不喜欢的，等到试出来还得对衣服大加评论。碰到了一件程静特别喜欢的衣服，穿起来非常漂亮合适，正当程静满意地在镜子前面欣赏的时候，小岑的声音又响起来了："又土气、颜色又老气，我一点不喜欢，快换掉。"程静气得换下衣服掉头就走。等了半天才看到小岑追了上来，可他不但没有上前安慰，还大声地说："饿了，我要吃饭。"

坐到餐桌前，程静仔细回想着小岑平时的缺点，准备把一上午受到的恶气补回来，但是想想自己好像确实有点像小岑表现的那样霸道，程静倒也释怀了。由于一直沉浸在自己的思考中，直到菜上来才发现菜里混着自己不喜欢吃的洋葱。刚刚皱眉就听到小岑学着平时她高声尖叫发难："你不知道本小姐不吃洋葱吗？快点挑走。"挑了几个后，小岑不依不饶地说："我要喝奶昔，现在就要。"最近的卖奶昔的地方还得走好远呢，程静哄着小岑说一会儿吃完饭了一起去。可是小岑扔下筷子，"我不吃了，就要现在喝。"看着小岑的表情，程静愣了一会儿，突然哭了起来。到现在连她自己都搞不清楚，当时她哭是因为她看到了自己平时的无理取闹还是怎样。随着程静哭起来，小岑将她搂在怀里，语气温柔地说："我们不玩了，看你哭我都心疼了。"说着从背包里拿出一个袋子，程静打开一看是刚才她特别喜欢的那件衣服。"我在你换衣服的时候买下来了，穿起来，你更漂亮了。"小岑的一席话让程静的眼泪止不住地流。

经过这次体验，程静深刻地意识到了在她和男友相处的两年中自己有时真的很过分。男友对自己的忍让和宠爱完全是因为对她的爱，而她已经习惯了，对他"颐指气使"，已经习惯了对他的关心"视而不见"。她也很庆幸自己做了这个体验，让她意识到了自己的不足，如果一直这样，很可能使他们的爱情亮起红灯。

换位思考，就是多站在别人的角度看问题，不要总是我想、我要怎么怎么样，而是要了解一下别人的想法。通过换位思考，可以让你了解到对方的心理需求，感受到他人的情绪，将沟通进行到底；通过换位思考，可以让你欣赏到对方更多的优点，并给予对方真诚的鼓励。通过换位思考，可以让我们更加客观地看清自己。

在相爱的人群中，我们经常能听到一方对另一方说到，你为什么不能站在我的角度想想呢？这么看来，婚姻好像更需要换位思考，不是伟大，更不是懦弱。每个人都希望得到爱人的爱和相处的快乐，的确，你有这样的权利，但是每一项权利都伴随着义务。如果你有得到爱和快乐的权利，那么也就意味着你有义务把相同的爱和快乐的权利释放到对方身上。除非你接受义务，否则你不能只要求获得一项权利。爱情是需要一点点用真心去经营的，如果你只想得到不想付出，或者你只能看到对方的缺点却认识不到自己的不足，那么这样的爱情最后的结果往往都是很难再继续。

当然，在婚姻中，不能也不可能永远站在对方的立场考虑问题。因为一方总是一心为对方着想，就会失去自我，婚姻照样会面临危机。在婚姻中，体谅不等于丧失自我，忠诚不等于牺牲自我。一味地站在对方的立场考虑问题，而忽略了自己的感受，委屈了自己，这也是不可取的，这容易在长久的婚姻生活中失去自我，也容易纵容对方一手遮天，这就改变了婚姻的初衷，导致夫妻地位不再平等。如果是原则性的问题，还是需要坚持己见，不能轻易妥协、迁就，夫妻之间本来就是相互包容，相互理解的。

拥抱彼此的差异

男人结婚时的心理是：她值得我爱；女人结婚时的心理是：他真的爱我。

在伊甸园的故事中，当亚当第一眼看到夏娃时，不禁惊呼："哇！她看上去有别于我，我们并不是一模一样的！"

每一桩爱情都是从吸引开始的，差异产生吸引力。被那些与我们不尽相同的人所吸引，是一件奇妙而美好的事，我们都希望那个人在一定程度上会完善、补充我们，使我们臻于完善。

但是，一旦两个人走入平常生活中，就会有一种无形的力量，驱使其中一方或双方都想尽自己的办法，改变对方，使对方与自己相像。这种想法可以理解，因为按照常理，与一个和自己想法不谋而合的人相处要比与一个总是和自己想法背道而驰的人共同生活容易得多。然而，这只是一厢情愿的，对方并不会被你改造。

我们必须学会珍视对方的独特品质，欣赏对方的差异，拥抱彼此的不同，充满两个人声音的婚姻才是有活力的婚姻。

夫妻之间的差异能够发挥其真正美好效果的第一步就是先要会做你配偶的学生。也就是说，你要抱着一种谦卑的心态，去理解 Ta。理解是第一位的，试问一下自己，你知道爱人的喜好吗？Ta 有哪些优点和缺点，你需要花费一些时间和精力去了解 Ta 与你在生活习惯、处事方式上的区别。

小曾参加同学聚会时候说起自己的婚姻，真是有不小的感慨：夫妻两个人文化差异和价值观的不同真是婚姻的不幸。

小曾说："我老公和我是一个村的，以前是不陌生也不熟。我念完大学，家里就开始张罗我的婚姻大事了。我妈说，他这人不错，勤快、老实，模样也俊。当时我也没多想，心想大家离得那么近，回趟自己家也方便。就这样我和他结婚了。婚后，我才明白，我和他之间有不小的差距。他初中毕业，就开始走向社会了。而我是本科毕业，我俩平时很少在一起看电视，原因很简单，看不到一块去，他喜欢看电视剧，我偏爱新闻，尤其是国际上的重大事件。有一回，为了这事还吵了一架，他居然还讽刺我说："这么喜欢看新闻，怎么也没见你去做外交官啊。"我当时很无语，觉得他不但肤浅，不懂得尊重人，而且还蛮横。这是小事。我和他真正的矛盾在于生不生孩子的问题上。结婚之前我就明确地向他表示过，我这辈子是不会要孩子的。他说，要不要孩子现在说还早，到时再说吧，要不要其实也无所谓。但是婚后，他却明示加暗示地和我说了好几回了，我烦不过，就说："婚前你不是说要不要孩子你都无所谓吗？"他就反问："一个女人，不生孩子，算是哪门子的事？这事不是你一个人说了算！"后来他语气软了下来，他说："就算你不为我考虑，也得为你妈，为我妈想想，难道老人不想抱孙子？"其实，我家里是信佛的，我认为一个人来到这世上就是来受苦的，为什么要硬生生地把一个人带到这世界上来受这轮回之苦呢？况且现在有很多这样的丁克家庭，照样过得很幸福。但是和他说这些全不好使，没用。在他的眼里，老婆的任务就是帮他传宗接代。真是不知道要怎么收场。

两个人有差异是必然的，你要做的就是拥抱真实的爱人。也就是说纵然对方有很多缺点，你仍然充满真诚地爱 Ta。每个人都有缺点，这些缺点并不会随我们的主观意志而改变。亲密其实就是两个人逐渐走到一起的过程，而不是两个人发生同化以至于变得毫无区别的过程。煞费苦心地推动、引导、控制甚至诱骗对方做出某些改变，往往是在做无用功，甚至会适得其反，对方会故意和你作对。真正有意义的改变是我们勇于去改变自己的心态。当我们以一个爱人的身份，以一个和 Ta 同行者的身份去看待对方的时候，就会明白手牵手往前走比和对方作战更重要。

求同存异是化解家庭矛盾的利器

男男女女一起携手走进婚姻的殿堂并且组成了新的家庭的那一刻起，两人便成了一对"矛盾"，各自成了矛盾的一个方面。

既然是一对"矛盾"的两个方面，两方面的和谐就是相对的，而两方面的相对独立却又是绝对的。这亦与一个人就是一个宇宙系统同理，两个方面就是两个独立的存在，两者从根本上就无法融为一体。

因为男女之间有相互的欣赏和身心的愉悦，在思想、性格、习惯、爱好、情趣方面的大体一致，有对理想、事业、利益的共同追求，有对价值观、责任感的基本一致的认同，男女两人才能够走到一起组成家庭，形成一个矛盾的统一体共处于一起。

夫妻两人在所有方面都保持一致，也许是一种过于理想化的要求。事实上有可能有的一致点多一些，有的一致点也许要少一些。即使在一致点那些方面，两者也不会是丝毫不差，精确到无法分辨的状态，也还是一个需要考究的问题。即或是现在是一致的，或许明天就不一致了。不一致就是矛盾。不一致越多越大，矛盾也就越多越大。

对于夫妻之间不同的矛盾，需要采用不同的方法解决。就是同样的一种矛盾，也会有多种解决方法。选择的方法得当，就能使矛盾得到化解。如果选择的方法不对，也有可能使矛盾更加复杂化，扩大化。如一方对经济十分计较，可以用多赚钱的方法予以解决，钱赚得多了，也许就好了。

　　霄鹏是从龙门跳出的一条"鲤鱼"。凭着自己的聪明和勤奋，霄鹏留在了北京的大机关。钟惠对霄鹏什么都满意，就是嫌他不修边幅，不拘小节，生活习惯太老土。母亲以过来人的身份教导她："霄鹏这孩子绝对是个值得托付终身的人，至于他的形象问题和习惯问题，那完全可以修正啊。俗话说，'好女人是一所好学校'，那就要看你的功夫了。"

　　于是，钟惠抱着要改造霄鹏的"雄心壮志"和霄鹏走进了婚姻。结婚后，她将霄鹏以前的旧衣统统扔掉，给他定位的穿衣风格是：清新、儒雅、时尚。于是重新为他配置了衣物；并给霄鹏制订了严格的"三大纪律八项注意"：进门第一件事是换鞋，然后换上家居服，再然后洗手；鱼刺肉骨头不准吐在桌上，要小心翼翼地放到专用盘里；吃饭时不准剔牙；每天看报纸必须认真叠好放在茶几下面，不准散乱在地板上。

　　霄鹏刚开始忍着性子顺从地服从钟惠的好心安排。但很快，他就厌烦了，他感觉自己被束缚了手脚，失去了自由。他在家里变得越来越沉默，然后开始找理由晚回家，夫妻关系变得紧张。

不仅仅是钟惠，有很多人都以"校长"自居，试图调教，改造对方。但结果却是，这些"好心人"都会委屈重重，因为对方根本"不识抬举"！他们不仅各方面没有长进，还会以冷漠、逃避，甚至出轨来对抗这样的改造！

　　每个人走进婚姻的目的，都不是为了接受再教育，不是为了在痛苦的婚姻中被"鞭策"着成长和进步。当一个人试图控制和操纵另一个人时，这个人已经给予了对方这样的信息，即他们的行为是不对的。控制行为对于被控制者来说是痛苦的，感觉痛苦的他，往往就是封闭自己或逃避。

夫妻应设法跨越这条代沟，让两个人能够无障碍地进行交往。为此，一个能为双方接受的代际交往的和谐之策便是：求同存异。

求同存异要求双方有时能做到"忍痛割爱"，舍弃有碍交往的心理行为，实际上是一种"丢卒保车"之举，虽然丢弃了自己的一些东西，却求得了双方的和谐。例如，有些家庭中人对对方的某些穿着或行为举止看不惯。显然，为此芝麻小事大动肝火，大可不必。相反，若一个人对此"见怪不怪"或"熟视无睹"，则对方穿得或做得心安理得，何乐而不为？

求同存异的另一个要求是双方要能主动寻觅"共同语言"，互通有无，达到求同的目的。例如在有些家庭中的一方见多识广，通过与另一方的交流来传授给 Ta；而另一方也有自己的特长，可以传授给 Ta，从而走向同一结合点——完善自己。这样，两个人的差异逐渐缩小，冲突也会随之消失。

当然，家庭中代际交往的矛盾和冲突总会存在，但也不会令我们束手无策。如果两个人都能做到求同存异，做到理解，讲究代际交流的艺术，不仅旧的矛盾可以解决，而且新的冲突也不会出现，至少冲突不那么强烈。

现实生活中，面对越来越频繁复杂的家庭矛盾，夫妻双方需要注意以下几点：

1. 认识到家庭成员之间发生矛盾是一种正常的现象，对方生气时，提些"我做的什么事惹你生气了？""我能为你分忧？"之类的问题，可缓和气氛。

2. 要克制"没有和好希望"的冲动，一般的家庭矛盾总是可以圆满解决的，真正"没有和好希望"的家庭只占极少数。

3. 努力改变自己，如想彻底地消除矛盾，双方必须主动地改变自己，这样往往会很快打破僵局。

4. 正确对待自己，不能坚持自己的一贯想法，而应客观地认识自己的优点和弱点，这样就不会固执己见，就有助于消除家庭矛盾。

5. 要有忍耐性，学会忍耐和宽容是平息家庭矛盾最有效的方法。

第三章

悍然出击，掌控婚姻方向盘

别让你的婚姻"无人驾驶"

有一位妻子在婚后不久的一天清晨，丈夫先起床做早餐，她还迷迷糊糊地想赖会儿床，忽然听见丈夫大叫一声："老婆，蟑螂！救命啊！"

妻子立刻不假思索，滚下床，抓起拖鞋往丈夫惊叫的方向冲过去，朝着他所指之处，干净利落"啪"的一声，蟑螂就一动也不动了。

妻子看见丈夫害怕的样子，感觉很好笑。丈夫在一旁依然惊魂未定，不停地说："哇！真可怕！蟑螂怎么养得这么大！"一股强烈的自怜心从妻子的心底油然而生：好不容易结了婚，结婚后竟然连打蟑螂都得自己动手，结婚有什么好处？我干嘛结婚呢？越想越觉得委屈。

但是，过了几秒钟后，妻子又想：如果我没有结婚，蟑螂还不是得自己打。心情才又好转过来。

婚姻里不乏此类"谁来打蟑螂"的琐事，从单身到已婚，彼此都会试着把生活的责任交出去一些。男人们想的是：从现在起我每天回家都有饭吃，我的脏衣服有人洗了，有人伺候我了；而女人们想的可能是：从现在起，有人会疼我、保护我，让我依靠了。然后生活中的琐事一一出现，将原来五彩缤纷的梦幻气球一一戳破，使得许许多多的已婚者有上当了或不划算的感叹。同时，这种感叹也往往是双方的，许多不快乐或不幸的婚姻由此而来。

婚姻就是把一对男女放进一辆车里，要是"无人驾驶"，后果也就可想而知。无论是谁坐在驾驶室里，都要学会用四只手操作方向盘，走大家都满意的路，碰到岔路时，要商量着来。当一个人疲倦的时候，就由另一个人接手。只有时时掌握好方向盘，才能绕过坎坷，躲过险滩。如何才能在婚姻这条路上驾驶自如呢？以开车而言，上路需要有驾驶执照，考驾驶执照要先体检，取得"学习执照"，经过一段时间的练习，通过笔试和路考，才能拥有驾驶执照。这些步骤和程序无非是为了保护驾驶员和行人的安全，以保障交通的顺畅。如果满街都是无证驾驶的车辆，那么混乱和危险就可想而知了。在婚姻这条路上，如果婚姻无人驾驶，什么红绿灯、交叉道、斑马线、黄线、行人穿越道，都将视而不见，只管横冲直撞，那么婚姻就会险象环生。

人们常说，婚姻是爱情的坟墓，也有的人说，若是不结婚，你的爱情就会死无葬身之地。其实这两种说法都有其道理。很多人把婚姻当做是围城，预知了婚姻中必然会出现的想要人逃离的痛苦；可另有一些人认为婚姻是新的人生的开始。其实，无名指上的戒指，就像是孙悟空脑袋上的紧箍咒，约束了很多事，摩擦矛盾在所难免，关键是看你怎么绕开这些婚姻中的"坑洼"，保持你的婚姻平稳向前。

燕子和海蒙结婚了，他们都是达观的人，这是他们的共同点，也是燕子常在别人面前津津乐道的事。他们结婚的时候，用口香糖代替喜糖分给大家，燕子笑嘻嘻地说："我俩希望今后的生活能像口香糖一样永远都嚼不烂。"

时光如梭，一下几年过去了。他们的婚姻确实像口香糖，是嚼不烂，可是味道也变淡了。这么多年来，两人都有各自的事业要忙，很少吵架，更加没想过感情淡了之后去离婚。他们对彼此很放心，很少过多地询问对方在外面的情况。

直到有一天，燕子和朋友聚餐，突然之间看见海蒙挽着一女子步入贵宾包厢。燕子一边强忍着在朋友面前装作没事人一样，一边自己在心里隐隐作痛。虽然知道丈夫不会做出对不起自己的事，但是那天晚上，燕子还是忍不住问出了口。海蒙先是一愣，继而轻描淡写地说了一句："这是我们公司的客户，你可别多想，人家有家庭。"燕子还是一贯的沉默。

与一个人相爱并不容易，而与其走进婚姻更是不容易。婚姻有时候就像人生一样，充满着坎坷与荆棘，而逃避和放弃婚姻，绝不是最好的办法，要学会掌握好婚姻的方向盘，了解自己真正需要的生活，只有这样，才能真正把握住自己的命运。

驾驶婚姻，也并不是要你刻意去做一些事，而是去表现一些发自内心的举动，比如保持独立的人格，彼此尊重，老公出差不忘了带上一件老婆喜欢的小礼物，而老婆会在老公辛苦工作一天之后，送上用心煲的汤水，用自己温柔的双手帮老公按摩酸痛的双肩，这些都是来自于内心爱的表现，而不是刻意的造作。

夫妻双方都要学会去珍惜彼此，累的时候，学会给彼此一个空间，多一些包容，少一些挑剔，有人说幸福就是一种感觉，而这种感觉就是由心态来决定的，婚姻爱情不是靠语言来经营的，更多的是一些实际的东西。

当我们习惯了对方的生活习惯，习惯了对方的气息，当爱人成了亲人，彼此之间失去了神秘感时，我们也慢慢的变得麻木，不再易受感动，那些婚前曾经让自己心跳不已的话语和眼神，都变得不再触动。

法国作家莫罗阿曾说过："没有冲突的婚姻，几乎与没有政潮的政府同样不可想象。"婚姻本身就是一种承诺，它并不仅仅是一张纸，更多的是一种心理中的承诺，它所具备的约束感，会让人做出种种退步，如果没有这种约束感，当面对矛盾与冲突时，婚姻就很容易走向破裂。

爱情可以是一个人的事，而婚姻却绝对是两个人或更多人的事，婚姻里没有对错之说，只有共同用心去驾驶，才会出现双赢的局面，而这经营之道，包括迁就、包容、欣赏、沟通、接受、尊重、珍惜等等，然后就是适度地保持自我，这样的婚姻才会时时保鲜。

用爱为婚姻添点生产力

婚姻有一种把两个人捆绑在一起的趋势，两个人总在一起，朝夕相处，时间一久，就容易产生厌倦情绪。对这一点谁也不能否认，就是所谓的审美疲劳吧。但是，有人认为朝夕相处，太习以为常了，就不用再珍惜了。这种想法就是大错特错了。还有人认为求爱的时候，因为要得到 Ta，所以要用各种方法讨 Ta 欢心，结婚以后就不需要了，这种想法也是不对的。

婚姻生活的平淡是很正常的现象，居家过日子本来就不会天天有什么惊天动地的大事，但是甘于让日子平淡如水，就是婚姻中两个人的问题了。既然两个人的感情还在，没有必要让它在婚姻中独自冷却吧？其实人们都是需要感情的动物，只需要一点小花招，就能将感情点石成金。有很多恩爱夫妻，成功维持婚姻的秘诀，就在于如何互相调适，让沉默已久的爱在婚姻中重新奏起和谐的乐章。

有一位50岁的女士，一个离婚不离家的人，或者说，是一个希望能从失败的婚姻中找到教训的女人。她在网上留言中说：

我前夫今年53岁，当初我们结婚是因为我想找一个能帮我调动工作的人，而他是为了完成父母的使命。

经人介绍我们相识，谈了两年的"恋爱"。说心里话，两年里我对他还是产生了一些感情的，所以，在我的"要求"并没有落实的情况下，我们就走向了婚姻。婚后一年有了一个男孩儿，因为我和孩子一直都住娘家，他隔些日子来看看，也没感觉怎样。

那个时代，谈恋爱大多只谈工作，对其他特别是生活方面很少关注，再加上我自己生活能力强，所以婚后家庭中的所有事情几乎都是我承担，而他无论是正事还是闲事总是忙，我对他也没有要求。最近两年我退休了，有了闲暇的时间，也开始注重生活品质。但我却发现他是一个没有生活情趣的人。由于刚结婚的时候我俩的相处时间比较少，日子还可以凑合过。但是也有许多矛盾，三句话不过他就提离婚，由于孩子小顾虑比较多，所以一直在委曲求全。

经过十几年的周折，我们终于有了一个稳定的家，我总算从心理上感到一丝安定，可我觉得我们的婚姻生活越来越不协调，他对我越来越冷漠，他甚至连看都不看我一眼，我相信他并没有外遇。但是我却不知问题出在哪里。

后来因为生活中的一件小事，他又跟我提出离婚，我最终同意和他协议离婚。房子他同意给我，但离婚后他并没有离家。

其实这并不是我想要的结果，我是想维护这个家的，直到现在我还是尽量在生活上照顾他，也希望在心灵上能有所沟通，但是很难。五年前我已经患上抑郁症，我再也经受不了这样的折磨了。

很明显上面的婚姻中，存在不和谐的元素，他们彼此并不知道爱是什么，甚至为什么选择婚姻都没有仔细思考过。婚姻就如同男女共同盖一栋大厦，当大厦没有地基或地基不够牢固的时候，终将会倒塌，这个地基就是"爱"，而不是"条件"、"需要"，否则就会出现不满，形成对抗与挣扎。这个事例的当事人，因为他们在平地盖楼房，没有深入对方的心灵，没有滋养彼此的爱，所以必然不具备任何抗震荡的能力，甚至经不住日常的风雨。这位女性内心有很多委屈与被伤害的感觉，这么多年来，承担了很多责任，为了维持"家"的圆满，付出了生命中最宝贵的东西，但换回来的是丈夫的不理解，不认同，甚至丈夫还经常把"离婚"挂在嘴边。其实在这桩婚姻中，男方也并不快乐，两个人的内心都很孤独、寂寞，彼此都很痛苦，但彼此没有能力进入对方的心灵，因为没有爱的元素。这个没有被爱滋养的婚姻，还必然会影响亲子之间的关系。

因为他们婚姻的基础不是爱，所以也就谈不上"会爱"了，而他们的孩子在缺少爱的家庭中长大，内心一定有"我不够好"的念头，而如果父母双方有一方又生长在权威性较重的家庭，则又容易使孩子受到"我应该……"这种念头的驱策，即使疲倦困顿却仍然无法放松。结果孩子长大后形成极度要求完美的性格，不但以此要求自己也要求别人，造成自己与他人的压力，甚至还会影响孩子未来的婚姻生活，孩子未来会延续父母的情感模式。如果父母不懂得如何去爱他们自己，那么他们就不可能懂得如何教孩子爱自己。他们只是竭尽全力，把他们在孩提时代学到的东西，依样画葫芦地教导给他们的孩子。

太多的人，没看清婚姻的真面目就茫然走进，结果大失所望。轻则影响生活质量，重则婚外恋、离婚，留下种种社会问题。婚姻需要爱。如果因为婚姻生活的平淡无奇而失去激情，最终对家庭和爱人都感到厌倦，那么受到影响的绝对不止是一个人。婚姻的本质就是爱，在婚姻中需要时时为婚姻保鲜，需要你将爱大声地表达出来。为什么不用爱给婚姻添点生命力呢？要知道唯其如此，才能让你的婚姻永远稳如泰山。

让婚姻的航向保持一致

婚姻像一座围城，大多数人以为自己就是城里的主人，在城外既要兼顾事业，也要照顾朋友间的交际，在城里还要维护好爱情的城墙，保护好自己的家园。如果这个时候，夫妻之间相互支持，让婚姻的航向保持一致，幸福的方向才不会改变。

"一个成功的男人背后往往有个好女人"，这是一句最为滥俗也是最有道理的经验之谈，反过来说也是一样。确实，一个人人生的成功，离不开另一半的支撑。

克利奥帕特拉——古埃及艳后，恺撒遇刺身亡后，克利奥帕特拉凄凉地从罗马逃回了埃及。此时在罗马，恺撒的养子屋大维及属下马克·安东尼平定了罗马的动乱，两人划分了势力范围。屋大维统治西部，安东尼则统治东部。安东尼在攻打安息时传讯克利奥帕特拉到塔尔苏斯，希望获得埃及的财富以解决军队的给养问题。

克利奥帕特拉则乘坐金色的大船，穿着艳丽来到了塔尔苏斯面见安东尼。她的美貌把安东尼给征服了，两人在塔尔苏斯同居达12年之久，克利奥帕特拉给安东尼生育了3个子女。女王成功地保住了她的王位和埃及王国。

克利奥帕特拉之所以惹人爱怜，除了她的美貌外，她还善于处理婚姻，愿意为家庭付出，可以说是个夫唱妇随的典范。在与安东尼一起生活的过程中，仅仅由于罗马帝国的领袖安东尼喜欢钓鱼，于是，喜爱奢侈豪华的克利奥帕特拉就不举办大型宴会了，她会很耐心地陪安东尼一起去钓鱼。有一次，安东尼花了好几个钟头都没有钓到一条鱼，她就叫个奴隶潜游到水底，把一条大鱼挂在他的鱼钩上。

有时候，克利奥帕特拉为了博取安东尼的欢心，甚至愿意化装成奴隶，因为，只有这样，这一对贵族夫妻才可以放心地跑到亚历山大城内的贫民区和低级赌场去狂欢。无论如何，只要是安东尼喜欢做的事情，克利奥帕特拉也都乐意去做。

有许多人看见了埃及艳后的奢华和幸福，也有很多人羡慕她的美貌和智慧，但是，除了这些，她也和普通人一样，为爱人做着应该做的一切。我们之中有多少人愿意穿上难看的长筒靴和粗布衣，不怕淋湿、肮脏和寒冷，满怀喜悦地陪伴自己的另一半去钓鱼呢？

与爱人共同去做一件事情，可以使双方备感亲密，而能分享爱人的特殊嗜好，更是获得甜蜜爱情的一种很重要的举动！夫唱妇随或者妇唱夫随是婚姻成功的关键因素。

其实，在成功的婚姻生活里，能迎合对方的兴趣和爱好，可能比共同的兴趣和爱好更加重要。

艾德加·华拉斯是个著名的神秘冒险小说作家。平日里，他的工作非常繁重，赛马是他唯一喜爱的消遣。虽然华拉斯太太对这种贵族式的运动没有特殊的兴趣，但是她知道丈夫需要在繁重的工作中有个放松的方式，所以她会耐心地陪着丈夫去看赛马，并努力学习赛马的相关知识，有时还和他讨论一番，两个人也从这种交流中收获了最大的乐趣。

如果妻子学会从丈夫的兴趣爱好中得到乐趣，还用担心生活不会幸福吗？丈夫还会留下妻子单独一个人到别的地方去玩乐吗？当然，夫唱妇随的基本因素可以有很多种，比如共同的朋友圈子、共同的兴趣爱好和共同的人生理想，正是这些共同的东西能够把夫妻双方亲密地结合在一起。

亚瑟·摩雷和他的妻子卡丝琳是一对恩爱夫妻。他们结婚28年来，一直在一起从事舞蹈培训工作，两个人也被看做是有史以来教会学生跳舞最多的老师。

有人问卡丝琳："你们每天在一起，怎样避免陷入单调重复的生活方式呢？难道你们不觉得，要把你们的事业与私人生活分开，是一件十分困难的事情吗？"

卡丝琳笑着回答说："我能参与他的许多兴趣与爱好，只要我们一有机会，我就会与他一起去享受这些活动的乐趣！丈夫爱旅游，我……有时间就陪他去。这样就可以为生活加入一点变化和情趣，有哪个丈夫不喜欢凡事追随他的妻子呢？"

一个人能够为 Ta 的另一半做的最大事情，就是使 Ta 快乐。如果你爱 Ta，肯为 Ta 用心地打理自己和你们的家庭生活，何不记住这任务：爱 Ta，就支持 Ta 的行动，分享 Ta 的喜悦，和 Ta 步调保持一致。

梦想有多远，幸福就有多长。婚姻生活中的最大乐趣，就是夫妇俩人满怀激情地共同梦想、共同追求、共同实现一个又一个新目标。在携手共进、共同努力的日子里，激情不断、甜蜜不断。幸福和快乐更是同步伴随。

小维从小在一家孤儿院生活，在那儿，他度过了孤独的童年。小维非常聪明，读书非常努力，但是，初中毕业后，他不得不开始了第一份工作。但是，上大学依然是小维一生中最大的梦想。

小维找到的第一份工作是在一家裁缝店里做一名缝衣工。这一干就是 14 个年头。在这期间，虽然他一直很努力，但是由于薪水有限，他的梦想一直没有实现。

后来，小维幸运地娶到了一位善解人意的女孩——丽莎，她为小维有这样的梦想感到骄傲，甚至非常钦佩小维能有这样的梦想。不久后，他们举行了简陋的婚礼。他们没有像样的家具，也没有得到更多人的祝福，他们唯一的财富就是梦想。因为，一个人的梦想开始变为两个人的。

就在他们满怀欣喜地等待好日子时，小维所在的公司因经营不善倒闭了。于是，这对年轻的夫妇便决定自己去创业，他们拿出所有积蓄，注册了一个服装加工公司。为了充实他们那笔微薄的资本，丽莎甚至把订婚戒指都卖掉了。为了实现梦中的理想，他们依然过得很满足。

　　他们开业的两年中，生意十分兴隆，于是，丽莎决心要小维去圆两个人的大学梦。终于，在小维36岁的时候，他拿到了梦想中的学位——这是他人生道路上所抵达的第一个里程碑。

　　然后，小维又回到自己的事业上，并成为太太的生意伙伴。这时，他们又有了一个新目标——购买一幢别墅。两年后，他们也实现了这个梦想。

　　现在，这对夫妇从此可以轻松地享受生活了吧？当然没有！因为他们还有一心一意要达成的新目标，这样，他们会一直这样走下去不断追赶着婚姻中共同的目标。

　　小维夫妇一生都过着一种看似忙碌但却充实、幸福、成功的生活，在他们的面前始终有一个目标，他们的生活从不缺少一个明确的方向，指引着他们去努力奋斗。他们的生活历程，恰如萧伯纳一句话所体现的真理："我厌弃所谓的成功。"那种成功实际上就是对生活的抛弃。所以，婚姻中的人应该不断追求进步，喜欢目标永远在前面招手，而不是在后面。

　　相爱的意义并不是相互凝视，而应是朝向同一个方向。漫无目标，是很多夫妻不幸福的根本。他们茫茫然地工作，然后习惯于平凡的生活，在这样的平淡生活中，婚姻却常常出现问题。所以，如果想改善自己小家庭的境遇，想要自己和爱人的人生活得精彩、获得成功，第一步便是要善于与对方找到生命的重心，并为此定立一个努力的目标和方向，你要明白夫妻两人共同的目标，比如，生活的安全感、称心如意的工作、众人瞩目的社会地位和名望或是拥有更多的金钱。

　　这些问题，正是需要你和你的另一半深入思考并给出答案的问题。

　　一个人所能协助对方的，便是帮助 Ta 找出对婚姻的真正渴求。然后，他们齐心协力去追求，让婚姻航向保持高度的一致。

　　威廉·高林翰油料公司是个成功的企业，负责人威廉·高林翰先生是公司创立和发展的主要功臣。他在50岁之前，就已经从油料经营和投资中赚得了可观的利润。他在谈到成功的根本时说："制定好一个长期计划并和自己的爱人坚持不懈地努力下去。"

他是这么说的，也是这么做的。威廉婚后不久，便开始从事房地产中介生意。那一段时间，威廉在外四处奔跑业务，他的夫人玛瑞丽在公司负责联络客户。那段时间，业务进展的异常缓慢，这对年轻的夫妇虽然过的很辛苦，但共同的理想让他们觉得异常甜蜜。

终于，当业务有了起色之后，他们便出钱购下客户的房子，再转手获取利润。后来，他们就开始进军房地产业，由于经营状况非常顺利，此时，威廉觉得应该有更新的目标。经过几次家庭会议，夫妻俩都觉得石油生意最适合威廉去做，因为威廉一直在渴望业务的更快成长，并对从事其他新兴行业的挑战充满信心。"威廉·高林翰石油公司"从此诞生，而且这个公司迅速发展。

目前，威廉正搜寻准备征服新的目标，他和夫人正考虑往国外投资。不仅如此，威廉和他的夫人玛瑞丽还拥有许多让人羡慕的成功：幸福地拥有六个可爱的孩子，享受着健康、富有、快乐的家庭生活，以及拥有一份很有前途的事业。这一切，他们仍能在未来的岁月中慢慢地去品味和享受。

对于婚姻中的两个人来说，最重要的是对未来要怀有希望，然后尽其所能将它实现。快乐、情趣、幸福感会从构思、梦想和希望的过程中得到，也会从共享胜利与挫折，成功与失败里领悟到。

有一位颇有智慧的妻子曾这样说："我希望我丈夫永远不会感到自我满足而懈怠下来。我们结婚五年了，每年都有一个目标。首先，是他的职称，接着是专业技能，然后是一年的目标计划，现在是他自己的事业。如果将来有一天，他告诉我他的钱够花了、所受的教育够用了、经验也足够了，我就会知道蜜月已经结束了。"她这番发自肺腑的感悟对所有的人都有借鉴意义。

共同的理想和目标，就是婚姻的共同航向，这是追求幸福婚姻的要诀。夫妻之间要有共同梦想并要有一起实现它的决心。在一步步实现目标的过程中，财富会有、成功会有、幸福也会有。

做 Ta 的知己，让婚姻行驶得更稳健

什么是知己？知己就是互相理解，互相认同，互相支持，矢志不移，终身好友。对年龄相仿的异性来说，可称红颜知己或蓝颜知己；而年龄差距大的一般都称之为"忘年交"。知己可以是内心彷徨的倾听者，也是心灵的阅读者。

知己由来已久，俄罗斯音乐家柴可夫斯基和梅克夫人就是很好的例子。他们两人通信 13 年，却从没见过面。梅克夫人在信中说："我们的灵魂在互相触摸、对视、交谈，您和您的音乐，每时每刻都在轻叩我的灵魂。"柴可夫斯基也把梅克夫人视为唯一的红颜知己；并专门为她写了传世名作《第四交响曲》和《悲怆交响曲》。

婚姻中的两个人，既是亲密无间的两个人，又可以互为对方的知己。当你真正把对方看成知己，你就会愿意听 Ta 诉说、愿意帮助 Ta 解决生活上、事业上遇到的困难，这对于婚姻的稳定，无疑是非常有效的。

著名的企业家埃第康德说："在我年轻时，我的妻子是我最好的朋友，帮助我不断进取；在我们婚后，她会节省每一元钱，将它用于投资、再投资。正是她，为我积存了偌大一个家当，我们有 5 个可爱的孩子，她为我们建造了一个温馨舒适的家庭。如果说我能有所成就的话，都归功于她的体贴和帮助。她是我今生最得意的知己。"

如果你想让自己的婚姻家庭从根本上有一个牢固的基础，就一定要学会做对方的知己。青春美貌是易逝的，而且即使一张美丽的脸，看久了也会让

人心生厌倦，可口的饭菜可以从餐厅得到。而唯有知己是千金难求的。中国人不是常说人生难得一知己吗？可见知己对一个人来说有多重要。

有的人一辈子也没有明白自己爱人心里想的是什么，虽然两个人也携手共度了一生。于是很多人开始在婚姻外找"知己"，知己都是情感上有交流的人，而情感的交流就容易把"红颜知己"变成了"狐狸精"，"蓝颜知己"变成"蓝颜祸水"，婚姻生活就很危险了，若非以分手告终，也要蒙上重重的阴影。既然如此，为什么不让自己成为对方的知己呢？夫妻两个人的交流可谓天时地利人和，没有什么比夫妻两个人成为知己更能是婚姻稳健的事。

如何才能成为另一半的知己呢？

不但在感情上要有沟通，还要有心灵上的交流，乐意倾听 Ta 的倾诉，并对 Ta 的想法给予肯定和支持，并适时表示自己的想法和意见，让 Ta 感觉你是最了解他的知己。做对方的知己其实并不是难事，你可以从以下几个方面着手：

1. 走进 Ta 的内心世界。

做知己，首先要想方设法走入 Ta 的内心世界。其中重要的一步是了解 Ta，了解 Ta 的工作、Ta 的思想、Ta 的追求、Ta 的爱好，并且设身处地体会 Ta 为什么有这样的追求和爱好。必要的时候，你需要学习一些知识，这些知识可以是与 Ta 的工作相关的知识，也可以是一些 Ta 喜欢阅读的书籍或者文章。比如，你的 Ta 如果对体育很着迷，那么也许你也可以适当浏览一下近期的赛事；如果你的 Ta 喜欢逛街，你也可以适当抽时间陪 Ta 逛；如果你的 Ta 喜欢旅游，你也可以和 Ta 一起去。你和 Ta 精神交流的深度，取决于你了解 Ta 的程度。

2. 尽自己所能帮助 Ta，赞美 Ta。

当 Ta 受到赞美，当 Ta 听到"你真了不起，我很以你为荣，找到你这位好丈夫（妻子）我很幸运"时，几乎没有一个人不心花怒放的。Ta 会因此激发更大的信心为家庭、为你、为子女去努力获得更大的成功。如果你想要保持家庭生活的幸福和快乐，就必须记住：给予 Ta 真诚的欣赏和帮助。

3. 做对方的知己还要学会倾听。

人们常常见到女人唠叨，很少见到男人唠叨。其实，谁的话都不少，丈夫要听懂妻子唠叨背后的深沉含义；妻子也要学会抓住丈夫感兴趣的话题，他对你话越多，就越说明他信任你，觉得和你谈话不是对牛弹琴。Ta 的话，你可以赞同，可以沉默，甚至反对都没关系，但是你一定要听下去，Ta 才感觉比较好。

有些人很想把外面的一些困扰、成就等讲给自己的另一半听，但是他们的倾听者往往不想或是不知道怎样去听。时间一久，夫妻双方就产生不了共同的话题，关系逐渐冷却，这个家也会因此变得死气沉沉。

做 Ta 的知己，当你开始这样做的时候，你已经开始迈向了幸福。

把智慧融入 Ta 的成功里

你和 Ta 结了婚，也就是和 Ta 的生活、Ta 的理想结了婚。那么，你就要积极地参与 Ta 的事业，让 Ta 的事业里也有你的心血、智慧，让 Ta 看到你的支持、韧性、能力。让 Ta 知道你的成功离不开 Ta，没有你的支持和帮助，Ta 的成功也许会遥遥无期，甚至没有可能，总之，你要在 Ta 的成功里，深深打上你的烙印，你要让 Ta 知道，万事还有个你，你什么时候都在。

有记者问陈红，是什么让她和陈凯歌的婚姻如此美满，她微笑地思考了一下，然后吐出了两个字："工作。"一起工作、一起生活、一起拥有美好的未来，陈红说这样是保持"婚姻新鲜度"的最佳方法。

是的，唯有夫妻二人一起生活、一起工作、一块品尝每一次生活和事业上的每寸得失与甘苦，两人的心才会真正地亲密无间，对方身边的花花草草们才很难有机会有时间插入进来。

当然，这不是叫你紧紧地看着、防着对方，而是让对方感觉到，唯有你，才是 Ta 生活、事业上的真正并肩作战的密友。

陈红说："我在学生时代就很崇拜陈凯歌，一心想着将来能为他做点什么。从崇拜开始，我有了为他工作的动力，即使受再多的苦，我也心甘情愿。"陈凯歌拍电视剧《和你在一起》及电影《无极》时，陈红都力争成为制片人。而确实，在陈凯歌眼里，陈红做制片人，他是最放心的。因为陈红不仅是一个家庭生活的出色理财师，还是个事业心很强的女强人，跟着她"混"，事业、生活两不误。

但是，因爱而追随陈凯歌，其辛苦和幸福都是常人不可理解的。有时陈凯歌会高兴地跑过来汇报：今天拍了七八个镜头了。有时陈凯歌一天只拍一两个镜头。"我有时候真不知道他到底是怎么想的。"陈红回忆起自己做《无极》的制片人时，口气似乎有些抱怨："一个镜头拍二十多条，谁都不知道怎么回事。最后他满意了，我才能松一口气，那时也才能理解他，知道他到底想要什么。"

陈凯歌希望自己的电影中能够存有一种诗意，为了这种诗意，他近乎残酷地对待自己。而妻子陈红分担了原本属于他的世俗压力，如《无极》经历了数场风波，其中包括投资方撤资，担任制片人的陈红却举重若轻、轻描淡写地对他说又找到了新的投资方。

陈红形容自己和陈凯歌在一起做制片人的感受是"天天如惊弓之鸟"，"每天早上4点我就醒了，之后就往窗外看看，是不是下雨。虽然有天气预报，可我还是不放心。拍外景戏毕竟是靠天吃饭，耽误一天剧组就是一百多万元的开销。"因为辛苦，陈红在拍片期间感冒数日，连续输液，头疼、喉咙哑，但依然坚持工作。

对此，陈凯歌却有些难过，"有时侯，我会抱怨自己，我觉得如果我能够有更多精力，就不至于让她那么受累。我心里最难过的时侯，就是深夜我们回到住处后，她在镜子前头站着洗脸的瞬间，我从背后看她镜子里边的影子，真的很不是滋味。我觉得我是一个没能耐的男人，有能耐的男人不能让自己的老婆受累。但那个瞬间我觉得又是幸福的，这也许就是夫妻吧。"

陈凯歌在电影的国度里苦行，唯有贤内助妻子陈红陪伴，才不至孤单如斯。对陈凯歌而言，陈红是任何女人都不可替代的。这个站于万花丛中的男人，一个人穿行过多年的孤独之后，迎来了一个愿意跟他一起奋斗的女人。她理解他的电影梦想，辛辛苦苦地跟他打拼；他一手梦想，一手家，因为幸福，而格外柔软。

为了陈红，他一改往日粗心霸道的脾气。在家中，他替她置办所有衣装，从上到下，从内至外；年过五十的他，为了给她一个惊喜，带着两个儿子穿上同款睡衣、拖鞋，在深夜里赶去接她下班。

俗话说：一个成功的男人背后，必有一个帮助他成功的女人；男人的杰作中，必有女人的汗水。其实，反过来也是一样，一个好丈夫也必然懂得支持他的妻子，支持她的一切成功。夫妻之间只有互相帮助，才能共同收获成功，享受成功的喜悦，更能收获婚姻的幸福。

19世纪末，密歇根底特律电器公司中的一名年轻的雇员亨利·福特，每天利用工余的时间设计一种新的引擎。当时所有的人，包括他的父亲在内，都认为他是异想天开，绝不会创造出什么新奇有用的东西来。唯独他的妻子相信他，相信她的丈夫能够成功，并且竭尽全力去帮助他。

每天晚上，妻子手提着煤油灯给他照明，在寒冷的冬天，她冻得牙齿直打颤，手冻得青紫，可她从来没有退缩放弃。妻子在每天早晨送他外出工作的时候，为了使他能充满信心，即使他的装扮过时了，也赞美他所喜爱的领带的花样，称赞他的风度，并告诉他："你正要去征服所有的困难，你一定真的会做到的。"

经过3年的努力之后，福特的设计成功了，他把引擎装在马车上，第一次取代了马。于是一个新工业诞生了，后来福特回忆说："如果没有夫人这位忠实的信徒，我是不会成功的，如果人们将我称为新工业之父，那么我的夫人就是新工业之母！"

做妻子的人，永远不可以对她的丈夫说："你失败了！"如果他真的失败了，他的老板将会毫不迟疑地告诉他。但是在家里，在早餐的时候，作为妻子的你应该勉励他、告诉他："人人都可以成功。"

如果一个家庭的成功是个人的，而不是夫妻双方的，如果Ta的成功与你无关，在庆功宴上，你体会不到 Ta 的喜悦，难道你不会觉得痛心？在一份幸福里，必有一个坚定的婚姻捍卫者需要付出和智慧——跟 Ta 一起奋斗。

用交流拉开对方情感的帷幕

还记得《大话西游》中的那段台词："你想要啊？悟空，你要是想要的话你就说话嘛，你不说我怎么知道你想要呢？虽然你很有诚意地看着我，可是你还是要跟我说你想要的。你真的想要吗？那你就拿去吧！你不是真的想要吧？难道你真的想要吗？"

虽然有点搞笑，不过，要是把它引用到婚姻生活中，这种让人心急得抓头挠腮的情形也并不少见。

有一对夫妻，在报纸上看到一则拍卖广告，对其中的一幅画都很满意，当时，他们都决心买下来，但都没说。拍卖当天，会场上人山人海，他们两人分头进入会场。在几次举手投标后，妻子发现有人跟她争拍，便一鼓作气，不断叫价，最后以超过底价五倍的价钱买下了这幅油画。结果散场时，妻子才发现，那个竞争对手竟是自己的丈夫。

不久前，日本一家人寿保险公司做了一次调查，发现日本夫妇，每天一般可交谈 1 小时 50 分钟的话，对此，他们觉得奇怪，日本夫妻每天竟有这么长时间在交谈。后来经过进一步核实，才发现不是"交谈"，大多数情况下，是妻子在嘀咕，丈夫只是偶然点头或"哦唔"一声而已。调查还发现，日本丈夫和太太的谈话主题有三大项，就是"吃饭"、"洗澡"和"睡觉"。对此，日本有位婚姻专家分析指出，日本离婚人数越来越多的一个原因，就是日本夫妻的"交谈"次数越来越少的缘故。

大量的事实表明，沟通不良是众多婚姻家庭问题的"祸根"，它常引发各种婚姻家庭的矛盾冲突，甚至导致婚姻解体。如何进行夫妻间的良好沟通是一个重要问题。

沟通是传达意图给别人，且为别人觉知到的行为。这种行为可以是语言或非语言的，只要传达意思就是沟通。由此看来，夫妻之间没有沟通是不多见的，通常存在的问题是是否沟通良好。沟通不畅只是沟通不良的一种表现。而有的情况，比如妻子非常愤怒地指责丈夫总是晚回家，应该说这时沟通是通畅的，丈夫知道了妻子的不满和为什么不满。但丈夫未必接受这种沟通，他仍可能很晚回家，这可能更加剧了他们之间的矛盾冲突。那么这种沟通就是不良的。夫妻沟通本可以是积极的、建设性的，但也可以是消极的、破坏性的。应该尽量使不良的沟通转变为良好沟通，以利于婚姻中其他问题的解决，所以重要的是促进夫妻感情向良好和健康的方向发展。

那么，夫妻主要是哪些情况下沟通不好呢？不外乎沟通是用语言还是非语言；怎么表达自己的观点、看法；当时的情绪状态如何；常在什么时间或地方进行沟通等等。

同时，夫妻主要在这些地方表现出沟通不良：是彼此经常误解，还是不愿听对方的唠叨；是经常用挖苦讽刺的语言，还是不断地吹毛求疵；是只说不做，还是只注意自己的感受从不会倾听对方等等。

沟通时要清楚、具体，不可以让对方猜或觉得无所适从。夫妻间常说的话是"那还用我讲吗"，意思是作为夫妻似乎本该有先知先明。但是事实并不像人们所期望的那样。

那么怎样才是较好的沟通方式呢？

1. 言行必须一致。

沟通并不只是嘴上的功夫，比如，光嘴上说关心是不够的，如果真正关心对方，就应该思考自己是否真正理解对方的情感和需求，并给以必要的关注。如果夫妻某一方说的和做的不一致，也可从中发现婚姻问题的一些症结，以尽早予以解决。

2. 实事求是。

在批评对方时，不能用"你从来什么家务也不做"、"你总是和我大声喊叫"等夸张、歪曲的表达。对方可能会说"我不是从来"、"我不是总是"，不但不承认被指责的事，而且可能还指责对方不讲理，并纠缠在到底做过多少的"次数"上以至于转移了主要问题。

3. 理解肢体语言。

据专家研究，人与人之间的沟通 65% 是非语言的，人的一举一动，都包含着沟通的信息，如果夫妻之间能尽量体会、准确感觉到相互之间的非语言信息，就有助于夫妻之间的良好沟通。

4. 真情表白。

要让对方了解自己的心灵，只有将它表露出来，别人才能知道。不仅有助于体现表达者的自信，既不怕被评判，也有助于夫妻之间的真正亲密。可能有的来话者会说正是顾虑对方才隐瞒真正的感情，其实这种顾虑多半是为了自己，因为怕自己不是想象的那么好，以及其他。当然夫妻之间最需要沟通的，就是及时把美好的感觉告诉对方。

5. 选择时机。

良好的语言沟通需要有较为合适的时间安排。在对方情绪比较好的时候谈一些棘手的问题，可能有助于减少冲突。在对方正处于比较紧张焦虑的工作或生活状态时，尽量与对方谈一些愉快的话题，这其实也在传达着对对方的尊重、体贴和理解的信息。时间和话题的选择本身就是一种良好的沟通方式。

6. 学会倾听。

良好的沟通除了表达自己之外，同时积极倾听对方并给以反馈也是非常重要的。倾听不仅有助于了解对方，而且也是体贴尊重对方的表现，同时也是在向对方传达着这样一个信息：他也应该这样倾听自己的声音。

7. 深入交流。

不管是子女教育问题，还是夫妻的相互感情问题方面等等，双方都应有深入的交流，这样才能达到真正的相互理解沟通。

8. 就事论事。

不要抓住对方的缺点不放，作为每次攻击指责对方的"法宝"。

9. 赞美和表扬。

不断鼓励和表扬对方，是夫妻良好沟通的有效方式，并且夫妻之间的相互赞美要多于指责，这非常有利于夫妻关系健康地发展。当然表扬时应具体，不论事大事小，只要对方做得好，就要不断给以肯定。这样做可使对方感到你真的很在意他，并会促使对方做得更好。

不通则痛，通则不痛，这是众所周知的中医理论。婚姻生活中的夫妻双方也是如此，适当的交流与沟通，可以增进夫妻感情，让许多矛盾解决在萌芽状态；反之，缺乏必要的交流与沟通，绝不会"距离产生美"，反而只能拉开夫妻之间的亲密距离，给矛盾的产生留下大量的空间。因此，幸福的家庭，必从良好沟通开始。

共同担当起婚姻的责任

当你决定拉着你爱人的手，在证人面前许下"无论疾病贫穷"都愿意"执子之手，与子偕老"的承诺时，就意味着你已经接过婚姻家庭的责任。婚姻是两个相爱的人最好的归宿，可是一旦真爱与婚姻融为一体，又会产生很多矛盾。这样的例子在现实生活中有很多，许多男女在甜蜜的恋爱后步入了家庭的琐事，于是相互之间逐渐有了不理解，这是他们将婚姻太完美化的结果。他们只想到爱情的内容，却忽略了它的实质。

婚姻中的男人总是回避、抱怨、拒绝过于沉重的义务与责任，而婚姻中的女人总是监视、挑剔、埋怨着自己的男人。幸福的婚姻总是离不开责任的存在，而不幸的婚姻总是始于责任的迷失。

婚姻就像一架天平，你必须保证它的平衡，而平衡的支点就是责任。责任，虽是两个简单的字，却蕴涵很深的含义。试想，如果家庭中的成员只知道每天说一些自己认为很富有感染力的爱情宣言，却不做出任何实际行动，对家庭中的事情不管不问，这样的婚姻还能维持下去吗？既然要选择婚姻，首先必须问自己是否能够承担将来婚姻的责任。爱情不是一场游戏，任何一个随意走入的人，必将会为自己的鲁莽付出代价。这个代价是不同的，有的人付出多，有的人付出少，这要依具体情况而定。婚姻不是实验，失败的婚姻双方都会很痛苦，而婚后不共同承担婚姻的责任，给双方造成的痛苦更大。

　　珍只是高中学历，在一家公司做小职员，收入自然不高。但是珍年轻貌美，对生活也充满理想。这家公司的部门经理佑是硕士毕业，学历高收入高，并且长得英俊潇洒，是姑娘们理想的对象。珍自然也不例外，暗中对他产生了爱慕之情。

　　珍美丽的面庞、修长的身材、得体的装束和温柔的神情，渐渐引起佑的注意，深深地被吸引。后来，佑频繁向珍发起爱的攻势，在正式求婚之际更是山盟海誓，并发出求婚宣言：你是我今生的唯一，为了给你幸福，为了爱情、孩子，我可以牺牲生命！哪个女人都会被这样的誓言感动，而珍更是感动得流下了热泪，于是答应和他一起创造一个幸福美满的家庭。

　　婚后，珍承担了所有的家务，把佑服侍得周周到到。佑在家里成了衣来伸手、饭来张口的"老爷"。珍虽然很累却感觉非常幸福。两年后，儿子的出世更给珍带来了无尽的欢乐和甜蜜。

　　但是，就在珍觉得自己是世上最幸福的人时，她怎么也没有想到，自己深爱着的丈夫竟会无情地背叛她，致使自己苦心建立起的幸福家庭毁于一旦。

　　在一次朋友的聚会上，佑认识了倩。从那以后佑就经常去找倩，有时候会整夜不回家。渐渐地，佑由刚开始的借故吵骂最后发展到动手打人，有一次竟然把珍的脚骨打断了，经过很长时间修养才康复。更加令珍气愤的是，佑竟将他与珍共同存下的数万元积蓄私自给了倩，然后逼着她离婚。

　　珍看到曾经跟自己海誓山盟的丈夫如今这样对待自己，也看透了他，于是理智地选择了离婚。

　　佑以为自己看到了下一个婚姻的天堂，可是他的算盘打错了。他与倩结婚后，发现倩与自己理想中的妻子相差甚远。这个女人平常只知道涂脂抹粉，花钱如流水，从来都不干家务，佑身为一个男人，最终无法忍受这些，他再次选择了离婚。

　　遭受两次婚变的佑已经不复当初的风采，开始酗酒打架，过着堕落的生活。一次为鸡毛蒜皮的小事与人发生争执，狂怒之下的他居然用板凳把对方砸成重伤，结果被判刑。入狱后的佑对生活完全失去了勇气和信心，开始自甘堕落、自暴自弃。

绝望之中的佑，又似恢复了一些人性。他给珍写了一封信，请求珍好好抚养他们的儿子，他决心以死来结束自己的一生。

收到信的珍，又想起了痛苦的、如梦的过去。她没有忘记当初佑对她是那么的无情无义，也忘不了自己那段刻骨铭心的爱情，更忘不了活泼可爱的儿子闹着要爸爸的时候那嘶哑的哭泣声。

她该怎么办呢？一面是背信弃义的绝情，一面是短暂却真实的爱情；一面是对自己情与义的考验，一面是无情与无义带给自己的创伤；一面是一颗善良与博大的爱心，一面却是可怕的与残酷的世俗的偏见与压力。

珍彷徨、痛苦，这时候是拯救一个即将灭亡的灵魂，还是加速他的灭亡？她无从得知，到底该如何选择？

上述事例中的珍显然是一个典型的中国女性，善良而坚强，充满生活理想和爱心。但是从她的经历中也可以清楚地看到，她对家庭的理解还是存在一定缺陷的，处理家庭矛盾的方式也为今后的生活埋下了隐患。

首先，家庭作为婚姻的载体形式是夫妻双方及由此产生的亲属关系，是一个共同的世界。婚姻家庭关系依赖情与义、权与责的双向实现而达到平衡。

珍在情出现之前一度包揽了本属于丈夫佑的职责，从而导致佑在义务与责任方面迷失自己，助长了其权与利的恶性膨胀，一旦受到诱惑，责任和义务很容易就被抛到脑后。这也是婚姻家庭关系的一个误区。

其次，珍遭到背叛之后并没有采取有效的挽救措施，始终处于被动地位。从整个事例来看，珍爱家庭、爱孩子，也始终爱丈夫，但是珍并没有依靠儿子、双方父母乃至法律来挽救曾经幸福的婚姻，而是最终选择了离婚。

当夫妻双方彼此成为婚姻主体的时候，需要的是一种责任。首先是对自己负责，其次是对对方负责，同时还要对家庭负责。对自己负责是说，既然选择了婚姻，就要维系它。任何人都没有预见的能力，任何人都不知道自己婚后的生活是什么样子的，现实与理想是有差距的，所以不可以有所抱怨，应该坦诚地面对。

对自己负责也就是说，先要懂得检点自己，然后再检点别人。很多人结婚以后发现对方和婚前有很大的差距，感到自己当时的眼光有误，于是有了这样的说法：恋爱中的人只有情感没有思维。其实这种说法并不确切。情感和思维永远是一体的，只是某些时候有点比例失调，而失调的原因不在对方而在自己。

对对方负责是说，既然你选择了当时你所爱的人和你走入婚姻殿堂，不管是一时冲动还是水到渠成，都表明对方是你当时最可以信任的人。每一个人结婚都是为了寻找家庭的感觉，寻找情感的归宿，所以你对对方也有着责任，这份责任就是宽容和理解。不要埋怨婚后的平淡，不要埋怨对方不再对爱情输入新的内容，因为婚姻不是浪漫的。

对家庭负责，就是说要时刻想着现在不是一个人，任何事情都是双方的，喜怒哀乐都需要两个人共同去承担。剖析现在很多家庭，为什么在结婚前表现出一副生死与共的样子，而结婚后却因一些事情而离婚呢？是的，婚姻的关系其实说来只是一张纸，可是谁又考虑到这张纸背后的东西呢？家庭的责任就是在原有的基础上不断地付出。一男一女组成一个家庭，男是一个字，女是一个字，而家庭是一个词，这就意味着组合，是爱情和责任的组合。

作为一个人，无论男人还是女人，都应该知道自己的责任，为夫为父的责任，为妻为母的责任。当然人无完人，谁都渴望温馨和谐美满的生活，这是每个人都希冀的渴盼的。走到一起的两个人都应该去相互关爱去沟通去交流，在平淡的生活中寻找精彩点。再美丽的色彩也会有失去光泽的时候，当你明白这个道理的时候，生活也就是最精彩的时候。

想得到爱就要先付出

爱是人世间最真诚的给予，不分季节，没有年轮；爱是生命中最真诚的守候。真正的爱是无私的奉献，是无悔的付出，这一束道德的花环要用心灵的泉水去浇灌，这样才能为生活增添绚丽的色彩。

门德尔松是德国知名作曲家，然而他的成功是与他祖父的辛勤培育分不开的，他的祖父有一段美丽的爱情故事，更是鲜为人知。

他的祖父是一位外貌极其平凡，五短身材的驼背人，但就是这样一个有缺陷的人却用爱赢得了幸福的家园。

一天，门德尔松的祖父到汉堡去拜访一个商人，这个商人有个心爱的女儿叫弗西。她长得如花似月，有着天使般的脸孔，他一看到便爱上了她，但却因他外貌的畸形而遭到拒绝。但门德尔松的祖父不甘心就此离去，他鼓起了最大的勇气，来到弗西的房间，可让他十分沮丧的是，弗西始终拒绝正眼看他。

经过多次尝试性的沟通，他害羞地说："我听说，每个男孩出生之前，上帝便会告诉他，将来要娶的是哪一个女孩，你相信姻缘天注定吗？"

她眼睛盯着地板答了一句："相信，但天注定也不会是你这样的驼背！"然后她得意地反问他："你相信吗？"

门德尔松的祖父回答："我出生的时候，上帝就告诉我了，你未来的新娘已经搭配好了，她是个驼子。"

弗西听完忍不住大笑起来："真有意思，一对驼背。"

可是门德尔松的祖父却不顾她的嘲弄，真诚地说："我当时向上帝恳求：仁慈的上帝啊！让一个女人驼背是多么悲惨。求你把驼背赐给我，我愿意背负她的不幸，把天使一样的美貌留给我的新娘吧！"

弗西听完这些话后，沉默了。她看着他的眼睛，看见里面有一种至深至爱的东西，那不是她常见的纨绔子弟的浅薄的赞美。她内心深处被感动了：与一个甘心情愿为我承担不幸，而让上帝将美貌给予我的人结合，婚后一定能幸福。于是，她把手伸向了他，成了他最挚爱的妻子。

弗西难道不知道这是他求爱的技巧吗？她当然知道，但是，她更懂得，找到一个真正爱自己的人，无疑就是找到了人生的幸福。事实也是这样的，他们一直生活得非常幸福。

懂得给予、善于付出的人，会得到对方毫无保留的回馈。

他们是同事，男孩是领导，女孩是下属，她很喜欢他。有一天，女孩给男孩一张纸条：我对你的爱净重21克。他笑了，也许写给他的情书太多吧，他看了看却没有回应。

男孩依旧吸引人，身边的女孩子也一个接一个，而她依旧默默地关注他。后来，她去了另一个公司工作，离开后的第一个春节，他收到了她的贺卡，上面依旧是那一行字：我对你的爱净重21克。

这一次，他在网上查了一下21克的含义。结果查到了一部名叫《21克》的电影。他从电影的简介里看到：21克是指人死时身体将失去的重量，21克也就是生命的重量，也代表着灵魂的分离。21克，就意味着用自己的灵魂爱一个人。

看到这里，他立刻拨通了女孩的电话，他没有说收到贺卡的事情，而是约她一起过新年，因为他知道她就是自己要找的爱人。他知道，一个用灵魂坚守爱情的人，怎么能不让自己幸福呢？

每个人都想拥有与所爱之人同样的爱，都想拥有一份真实的幸福，但是，人的爱情一样需要付出，因为，只有付出才有收获，人生如此，爱情也是如此。

能够真心奉献出自己爱的人，弥足珍贵，是家庭的福音，理应珍惜。他们因付出而得到更多的爱。

一个人的妻子向别人抱怨说丈夫根本不爱她："我把自己嫁给了他，他却一点都不在乎我。我是多么不幸啊！"这时，朋友向她讲了一个故事：猪向奶牛抱怨："你们做牛的，只不过奉献一点副产品，人们便偏爱有加，而我们做猪的，把肉给人类做火腿，甚至把肠子都奉献出来，人们还是不喜欢我们。"奶牛回答说："大概是因为我们活着的时候，就不断奉献的缘故吧。"

家庭能够幸福，并不仅仅是因为有了爱情，它还需要夫妻双方对家的奉献。相互的奉献，才能让家庭充满温馨。没有不付出就能得到的回报，也没有不需要奉献就能得到的幸福。善于给予的人是聪明的，因为 Ta 懂得，为家、为爱人、为亲人的奉献，总能得到超值的回报。

亲密有间胜无间

心理学家曾对长期厮守的夫妻进行调查，结果是有些夫妻常为彼此过问、关照得过分而恼火，有些丈夫抱怨妻子过问太细或是唠叨太多，自己缺乏安静的时候；有些妻子则抱怨丈夫什么都要过问和评价，自己不能独立地处理事情。

人们往往用"亲密无间"来形容夫妻的最佳状态。其实，一个家不仅是夫妻生活的地方，更是夫妻双方心灵的憩园。如果夫妻中的一方执意将对方当成个人的私有财产，恨不得把对方拴到裤腰带上，那另一方无异于在"服刑"。这样，"服刑"的一方宁可不要回那个宽敞的家，而情愿住到露天的屋顶上。

某一天的早晨，杨先生在临出门之前，突然说，今天和朋友出游。以往，去哪里，杨太太不多过问，他也会随口告诉她。可这一次，杨先生招呼不打一声就宣布出门，她有些生气。出游这件事，一定是事先约好的，至少前一天就约好了，他为什么不说一声？他还有多少事瞒她？杨太太心里不悦，拦着让杨先生说清楚。杨先生心里着急，嚷嚷道："我的吃喝拉撒睡，是不是都得给你汇报？"然后摔门而去。

杨太太开始赌气，在接下来的好几天里，不管是晚回家、和朋友吃饭，还是去娘家，一概不告诉杨先生，也闭口不问他的一切事情。杨先生终于忍不住了，跟太太说："我现在才知道，你丝毫不在意我，是吗？""你不是说吃喝拉撒睡都不用向我汇报吗？"杨太太狡黠一笑。杨先生一愣，也笑了起来。此后，杨先生有事外出都会先说一声，让杨太太放心。

和朋友一起吃饭，大家点菜总是以合适为原则，宁可少一点欠着一点，但是感觉舒服，胃有空间心灵才有空间。同样，对待感情，夫妻之间的要求也是半饱为好，彼此都有空间才不会那样局促无奈。不过，空间的距离很好测量，心理的距离却难以把握。爱情的安全线，恰恰是看不见而不摸不着的心理距离。有些时候，真的就是这样，人们因为爱而彼此走近，近得恨不能不分你我。于是走进婚姻，长相厮守。

可是婚姻也要给彼此一些空间，不要以为走进了婚姻就是走进了坟墓，夫妻双方都有自己的生活圈子，自己的爱好，偶尔出去放放风也未尝不可。这样不至于两个人天天拴在一起，熟悉得产生陌生感，无话可说。距离产生美，婚姻生活也需要距离来为它保鲜。由此可见，夫妻间无论怎样亲密，也需要适度的分离。如果一味厮守，绝对占有对方的时间甚至思想，不能满足彼此单独活动的需要，无疑会伤害对方的情感，导致破坏性后果。

也曾听过这样的故事，一男一女结婚后，约定各自拥有一个上锁的抽屉，互不干涉，以期明确夫妻享有保留自己空间的权利。一天，妻子得到了丈夫抽屉的钥匙。她非常想知道丈夫的抽屉里到底装了什么东西。可当她举起钥匙时，却放下了。因为聪明的妻子知道如果打开这个盒子走出来的可能是阿拉伯神灯里的魔鬼，于是她最终没有打开丈夫的抽屉。是她对丈夫的信任战胜了疑虑，夫妻两人愉快地生活着。

假如你手中握有同样一把钥匙，你会怎样做呢？抽屉里面也许空空如也，让你虚惊一场，放下悬着的一颗心；也许整齐地摆着你们恋爱时的情书，你会顿生甜蜜，将幸福写在脸上；也许是你最不愿看见的内容，你会觉得自己是世界上最不幸的人。遇到这种倒霉的情形，你又会怎样？毅然决然地分手，丝毫也不留恋？苦口规劝，让 Ta 回头是岸，悬崖勒马？还是缄口不言，静观事态发展，让 Ta 最终意识到你才是最亲的人？如此一来，你会不会觉得自己给自己找了一个天大的麻烦？

在总结生活的时候，我们常会说出生活中变化最大的是人与人之间拉开了距离，这个距离当然也包括夫妻之间。因为从事的职业各有业务活动范围、不同的生活背景，因为一个人的更加独立，夫妻之间的距离在一定程度和一定人群中比以前大多了。回家喋喋不休诉说自己一天的遭遇和经历的人减少了，把压力和不甘呈现给配偶的减少了。因为忙，夫妻之间的话都减少了。

这些减少所形成的距离大部分是正常的。个性化、多样化的人生追求所形成的对于夫妻一起生活的理念之中似乎就应当包括着个人的相对独立和保持一定的距离。这样过日子的人已经产生并且自得其乐。

这种有距离的生活，在工作繁忙与充实的中青年夫妇中占有相当的比例。敢于预留和产生距离是以自信与互相信任为基础的。夫妻之间假如连最基本的行止信任都没有，那生活如何有乐趣，夫妻的真实情感又从何而言呢？所以，有的时候当我看见在外人面前甜蜜得发腻的夫妻，心里便感觉那甜蜜中隐含着外人所不了解的一些东西，那些东西有些或许是婚姻的不良走向。因为大部分人在今天，是勇于承认夫妻间亲密有间的距离是有益的。

婚姻中需要距离并不是对于婚姻心怀叵测。而是人生就具有的独立的意识使然，也是人的生存现实使然。社会生活的空间不断地扩大，人的社交范围不断地扩大。夫妻的工作空间和社会生活很难在统一的区域之内，夫妻的专业方向也很少相近与相同，距离在婚姻之前便已经存在，婚姻之后可能缩小，但不会消失。消失了，人便没有了独自行走的空间。那时将会感觉窒息与憋闷，而适当的保有距离则会使人感觉到信任与自信，感觉到婚姻对于人的安定作用与抚慰作用。同时也会使人保有属于自己的工作圈、社会圈，使个人的发展不受阻碍。

距离的有益，益在分分合合中的节奏调整。亲密无间在正常的婚姻中只能是阶段性的。如胶似漆的粘着状态几乎是不可能持久的。要保持婚姻中的亲密与亲爱，便应当有意识地用距离的调整等方式来给爱情保鲜。有间的亲密，适当的不即不离是婚姻中的技巧，是理性的认识。这种认识其实也不是现在才有的，古人的"小别胜新婚"，今人的"距离产生美"，全是经验之谈。

大事坚持原则，小事学会变通

感情是一门学问，爱情是一对双人舞，进退之间一样是一门相处的艺术。双方从最初的相识、相恋，如果顺利走到结婚的话，在相处上要经历无数次磨合。婚后需要学习的东西很多，特别是进退。

在一些大事上，坚持你的原则和你的底线，这种坚持不会让你丧失尊严，相反你会得到尊重。但是，在一些小细节的处理上，就要学会变通和圆滑。因为每一个人都是非常好面子的动物，事事和 Ta 争个面红耳赤只会招来 Ta 的厌烦，变通一下并不意味着掉价，相反 Ta 会很感激你的善解人意。

一个男人无不抱怨地说，自己的女朋友是一个非常较真的人，和她在一起无比的累和烦！被自己的男朋友这样形容是不是很郁闷？当然，这样的感情八成也长不了，天天争吵，谁不累？这个男人举例说，比如和朋友一起吃饭，由于单位上的事情男人迟到了，晚了半个小时才赶到约会的地点，女朋友当着朋友的面喋喋不休地数落男人。开始还能接受，后来男人就不耐烦了，和女朋友吵起来，甚至言语过激，这事情几乎就让女朋友抓住把柄了一样，没完没了地揪出来说，令他烦不胜烦。

他说："我承认我约会迟到是我不对，她不听我的解释，还没完没了地数落，非要我当众道歉这事情才完？因为朋友在场，我也道歉了，她还是没完没了，甚至接下来的几天，天天数落，她到底想怎么样？"

约会迟到的确是一件很郁闷的事情，特别是等人的过程中很容易心烦。如果一个人跟你约会经常迟到的话，说明 Ta 缺乏守时的观念，那么你要指出 Ta 的错误。但是偶尔为之的迟到是情有可原的，如果你对这件事反复揪着不放的话，不仅不会达到你想要的效果，相反还会把 Ta 越推越远。

跳舞时总是男人进一步女人退一步，或者女人进一步时男人退一步，进退之间，舞出的默契才会创造出美感。两个人在大事上都必须坚持正确的原则，姑息一次，就会有第二次第三次，姑息的结果，就成了放纵。但是小的问题上，能变通的时候不妨变通一下，鸡毛蒜皮的事最好不要太计较、太挑剔。如果总因一些无关痛痒的事情导致感情出现裂口，就会使爱情消失。如果抱怨和唠叨经常在耳边回响，又如何能快乐起来呢？

"海纳百川，有容乃大；壁立千仞，无欲则刚。"会变通的人，无论是在婚姻上还是在社交中都会有好人缘，遇到小事"糊涂"一些，让人一分，就能使矛盾化解，使紧张的气氛变得轻松愉快，生活在祥和的环境与气氛中，人哪能不开心呢？不要那么认真，借用小沈阳的话：一闭眼，一睁眼，一天过去了。偶尔糊涂，做一个长袖善舞的人，以柔克刚才更能收服对方。

小事学会变通，但也不能让小事堆积起来变成大事。惊天动地的大事在婚姻中发生的概率很少，共同生活的悠长日子里，爱人们多在为一些让人恼火的小事夜不能寐。那么，到底是什么样的小事在一点点侵蚀自己曾经那么美满如意的婚姻呢？

足以打败我们婚姻的小事儿，你是不是在忽略着？

一些婚姻专家们对家庭中让人恼火的小事进行研究后发现，人们几乎都会对伴侣的小缺点屡说不改感到"厌恶和反感"。多次提醒或抗议无果的情况下，无法忍受的一方会提出离婚的请求。

那些让人恼火的小事累积起来，便成了"压死骆驼的稻草"。

夫妻间因为一些"小疙瘩"而失望，不是一天两天的事情，那个压死骆驼的最后一根稻草，其实是前面有了许多重量，只不过最后导致质变。

没有一触即发式的问题，小事累积久了，总是让人如鲠在喉。每一个家庭的问题都不是一朝一夕引发的，许多人并不以为是小事打败了自己的爱情和婚姻。多数人有这样的误解，以为让婚姻失败的最大敌人是外遇。事实上，大多数人都想与爱人分享美妙的居家时光。千万别把爱人的提示当耳旁风。

一般情况下，就算婚姻没有因小事触礁，感情也会常因为小事冷却。

那些可以打败我们婚姻的小事，你会避免吗？

许多人之所以不去改变，是没有放在心上，以为让婚姻质变的都是大事件，他们真的错了。小事，其实反映了一个人的生活品质和对生活的态度。和注重生活细节的人在一起，才能过一种有品质的生活。

专家们已经列出那些能造成夫妻之间裂痕的最让人恼火的小事：

衣橱里已经放不下，还不听劝地买下去；

总是不刷牙就睡在爱人的身边，多次提醒无果；

对爱人梦想持冷嘲热讽的态度；

一聊天就与之针锋相对地讲理；

总是告诉爱人坏消息；

常常像批评家一样批评另一半；

不断地告诉对方你的烦恼。

我们在选择爱人的时候，肯定在大的方面感觉到对方是可以共度一生的人；那些在婚后出现的诸多小事儿，实际上最能把你们的生活搞得乱七八糟。大事上坚持原则，小事上学会变通，但同时不要忽略你们之间经常性的、令你们不快的同类小事儿。对它们有足够的认知和警醒，才会走出"小事没事儿"的误区。

摒弃幻想，才是踏实的婚姻

曾经抱有美好的期待进入婚姻，尔后发现与现实有巨大的反差，所看到的 Ta 的不足之处，远远超过以前的了解，这时会有巨大的失落心理。

有一句话说："人们因为不了解而相爱，因为了解而分开。"随着时间的推移，在生活的频繁接触中，我们看到了以前所没有看到的缺点，产生了以前没有产生过的矛盾，婚姻渐渐地有了裂口。结婚初期被忽略的东西在婚姻中并非消失，相反，它们像白蚁一样，一点点地侵蚀着婚姻的柱子。夫妻越来越表现出差异性，相互之间接受程度越来越低，亲密关系降低，攻击行为、诋毁和指责增加。这时有必要回顾双方的婚姻关系，重新定义过去的选择。

我们应该为自己的选择负责，而不是为过去的选择去责备对方。

很多时候，配偶成为我们对自己生活不满的替罪羊。当我们觉得生活不如意的时候，容易扩大对方应该承担的责任，而淡化自己应该承担的责任。

随着个人生活经历的变化，每个人都会不断地重新审视自己的生活，其中包括婚姻关系。婚姻关系可能会从令人满意到不能容忍。这不是婚姻发生了什么本质变化，而是我们对待婚姻的态度变了，因为内心的杆杠和尺度在变化。

一个妻子说："结婚前他在生活上照顾我，关心我，点点滴滴深深打动了我的心。我感动了，我觉得我很幸运遇到了他，于是和他结婚了。可婚后，他却对我越来越不如从前，当我气愤地埋怨他时，他很坦诚地说：'以前对你那么百依百顺是为了得到你，现在已经结婚了，我不可能哄你一辈子，两个人结了婚是过日子的，没那么多好听话说了。'我很难过地说：'正是因为你以前对我那么好我才嫁给你！'他说：'夫妻之间哪来这么多甜蜜的情话，我哪里对你不好了？'"

长期的婚姻，也许不会像刚开始阶段那么的激情浪漫，会感到一些简单、平淡。但这种简单、平淡，应该是在一种心灵的平和之中，使内心感到双方有一种紧密的连结，而不是感到厌烦和倦怠，不是耗竭了激情。

在婚姻关系中，有一只看不见的手，大部分夫妻都是感情世界的俘虏。他们沉浸在自己的情结之中，而没有真正地去了解对方。人们往往被感情所驱使着，感性远远大于理性的思考。

许多因为婚姻问题而痛苦的人，对于痛苦的理解通常很狭隘，他们将婚姻视作问题的根源，认为它是导致了目前所有问题和不幸的罪魁祸首。实际上，婚姻问题往往只是他们自身问题的一个反映而已，婚姻也可能并不是问题的原因，而是问题的"牺牲品"。婚姻的脆弱，显现的恰恰是他们自身的脆弱。因此，无论在任何一段情感中他们都会碰壁。

所以看着童话长大的你也许没有想过，所谓的幸福生活就是你的爱人每天都会因为诸如清晨谁先用盥洗室、晚餐由谁来做这样的小事而与你争执不休，你也被 Ta 的不解风情气得大发雷霆。既然真实的婚姻是这样的，那么我们只有摒弃了对婚姻的不切实际的幻想，才能更多地体会到婚姻里的美好和快乐。

幻想一：你们会逐渐习惯与对方分享彼此的兴趣。

你以为你们会爱屋及乌地接受对方的一切，把 Ta 的兴趣当做自己的兴趣，你幻想着你们能够举案齐眉、琴瑟和谐，而这种幻想在当你被倔强的马摔得遍体鳞伤后，就再也不想跟 Ta 一起去体会策马扬鞭的威风。相比之下，你更愿意蜷在家中的沙发里，抱着乖巧的小狗看肥皂剧，而 Ta 则对你的兴趣嗤之以鼻。

与其勉强自己分享 Ta 的兴趣，不如因各自不同的兴趣而有永远说不完的新鲜话题，只要在对方需要你与 Ta 一起分享快乐或痛苦的时候陪在 Ta 身边就足够了。各自拥有独立的心理空间会使双方更亲密。

幻想二：无论发生什么分歧，你们都会想出一个折中的办法。

你会发现，婚后你的爱人会为了一点小事而与你抬杠，而你自己也变得斤斤计较起来。

两口子吵架根本分不出谁对谁错，所以别指望你们能心平气和地找出一个令两个人都满意的折中的解决办法，永远别希望 Ta 能像你一样，每到周末就迫不及待地想回家看望母亲。发生分歧的时候只有一方做出让步和暂时的容忍，你们的日子才可能告别战火纷飞。这时候，平和的心态比什么都重要。

幻想三：你们还会像以前那样，当因为出差而暂时分别时，每天用电话追逐着彼此。

婚后的你只有在无事可做或有事商量的时候，才会算计着在电话费打折的时段里给 Ta 打电话，而且仅仅是就事论事，而不会像以前那样拿着电话缠绵个没完。至于你的爱人，如果你出远门了，建议你干脆放弃在任何时间都能找到 Ta 的想法，Ta 会像一只撒出去的兔子一样，在最快的时间里跑得无影无踪。

其实，这样又有什么不好呢？只有自由呼吸才能保证身体的健康，对于婚姻也是这个道理呀！

幻想四：婚后你们将热衷于为对方做喜欢吃的饭菜，并且看到 Ta 吃得津津有味，比自己吃还高兴。

除非你们当中有一个人持之以恒地热爱厨艺，否则你们迟早都将对做饭深恶痛绝，并且对饭后的洗碗工作推三阻四。有的女士还经常因为丈夫自顾自地吃了她爱吃的菜而生气，看来把爱情当做食粮的情景只是婚前的昙花一现了。

婚姻是要靠双方用心来共同经营的，其中也应该包括共同来经营你们的饭桌，试试每餐两个人各做一个自己喜欢吃的菜，再合作一道双方共同喜爱的菜，这不仅可以增添许多生活乐趣，还是解决做饭问题最公平的方法。

幻想五：婚后你们依然会像婚前那样不时地彻夜长谈。

婚后你才发现，Ta 好像婚前把要说的话都对你说完了，对你的喋喋不休，Ta 总是以最简短的词句来回答，甚至有时竟然充耳不闻，装聋作哑。当然你们也会有彻夜说话的时刻，但那很可能是彻夜地争吵。

不充足的睡眠对生理和心理的健康并不是什么好事，如果你们实在缺乏交谈，可以增加一些去外面就餐的机会，或在做家务和看电视时聊一会儿，或者你可以准备一个笔记本，把想说的重要的话写下来留给对方，日久天长，你翻看时会发现你们的交谈并不比彻夜长谈少。

幻想六：婚后 Ta 将遵守向婚前的誓言，为了你 Ta 会改变所有的缺点。

婚后的 Ta 像完成了一项重要使命一样，不仅将自己的承诺忘得一干二净，还因为完全地松懈而增加了更多你无法容忍的毛病。你在心里痛骂 Ta，还得收拾永远凌乱不堪的房间。

不要指望利用婚姻来改变彼此，己所不欲，勿施于人，尝试着慢慢接受或淡化他的某些缺点。

多看看 Ta 的可爱之处，快乐与不快乐其实仅仅是看待问题的角度不同。

幻想七：婚后你们将毫无保留地把自己的一切告诉对方。

仔细注意你们每天的交谈，是不是都是些"晚上吃什么？""周末回谁家？""又该交水电费了！"之类鸡毛蒜皮、无关紧要的话，婚后的你们都学会了把真正重要的事情藏在心里。

"距离产生美"尤其适用于现代婚姻，有所隐瞒说明你们还是非常在意彼此的，那么只要无伤婚姻的实质，留些滋味在心里回味吧。

幻想八：婚后 Ta 的钱即是你的钱，都应该交给你保存。

你总会在 Ta 的钱包里发现来路不明的钱，而 Ta 挣了一笔额外收入后，首先想到的竟是为自己买一部数码相机或几件套装。

你们之间在金钱上的关系有点像"猫捉老鼠"，你总是在 Ta 出其不意、毫无防备的时候突然发问，企图套出 Ta 的小金库里藏了多少钱。

不要说 Ta 的钱即是你的钱，而要对 Ta 强调"我们挣钱是为了家，挣来的钱是这个家的"，相信大部分人都是有家庭责任感的。而且对方的钱就像握在你手中的沙子，攥得越紧漏得越多，不如适度放开，Ta 也就不再对你严加防备。

幻想九：如果你们其中一方生病，任何一方都要衣不解带地侍奉左右。

即使你发烧在家，Ta 也会照常出去应酬、晚归，而每当 Ta 生点小病就大呼小叫时，你都会有克制不住的厌烦心理，甚至有时竟然有了逃离的念头。

不要过于要求自己和 Ta，既然你会为了自己养的小狗生病而奔走，那么用一些同样的耐心给你的爱人，此时的 Ta，无论是体能还是心力，都是脆弱的。

婚姻如果出现问题正给了我们一个机会，重新审视和评价婚姻，放弃不切实际的幻想，对生活方式和婚姻关系重新作出调整。

在你非常爱一个人并最终决定和 Ta 结婚的时候，你一定对婚姻充满着想象，好像所有的童话故事最完美的结局都是王子与公主终于结婚，从此过上幸福的生活。

以一种宽容的心态对待爱人

夫妻间除了要有爱情、有信任，还要有宽容，总是为小事斤斤计较，就不可能拥有幸福的婚姻。很多人在结婚多年后，才明白这个道理。可是，这时的婚姻已因缺乏宽容而伤痕累累，其实，宽容爱人的同时，也是在宽容自己，试想，一个整天吵闹的家庭会有幸福可言吗？

乡村中有一对清贫的老夫妇，有一天，他们想把家中唯一值点钱的一头猪赶到市场上去换点更有用的东西。老头子牵着猪去赶集了，他先与人换得两只羊，又用两只羊换来一袋米，又用米换了母鸡，最后用母鸡换了别人的一大袋橘子。

在每一次交换中，他总是想给老伴一个惊喜。当他扛着大袋子来到一家小酒店歇脚时，遇上两个人，闲聊中他谈了自己赶集的经过，两个人听得哈哈大笑，说他回去准得挨妻子一顿骂。老头子坚称绝对不会，两个人就用一袋金币打赌，如果他回家没有受老伴任何责罚，金币就算输给他了，于是三人一起回到老头子家中。

老伴见老头子回来了，非常高兴，又是给他拧毛巾擦脸又是端水解渴，听老头子讲赶集的经过。他毫不隐瞒，全过程一一道来。每听老头子讲到用一种东西换了另一种东西，她都十分激动地予以肯定。最后听到老头子背回一袋橘子时，她同样不愠不恼，大声说："我们今晚就能喝到橘子汁了！"说完还拍了拍老头子，说，"这一路辛苦了。"

其结果不用说，那两个人就此输掉了一袋金币。

宽容可以换来另一半更多的眷恋与爱慕。曾经有一位德高望重的长者在谈到自己在稳固的婚姻生活当中，是什么在起着支撑性的作用时，他说：宽容。仔细想来，确是如此，生活多平淡，也许年轻时多任性，恍恍惚惚便空度几十年光阴，爱过也伤过，到头来只留下一身的疲倦与伤痕。越来越老时，才渐渐体会到宽容的重要性。因为宽容，许多烦恼琐事，便会自动地烟消云散，退一万步说，也伤不了你自己。

有一女性网友在网上大倒自己这几年来的苦水：

我和老公结婚两年了。从婚前的花前月下到婚后的柴米油盐，我逐渐发现老公不是一个令女人心仪的绅士。他太过于精打细算了——买一件衣服，购置一件家具都会费上半天劲去机选，像一个女人一样与卖家讨价还价。一件衬衣穿了好多年，恨不得要打上补丁再穿起来，和他一起逛街或者走亲戚真的很没面子。连我的许多朋友都说老公是个小气鬼，我侄女甚至当着我的面叫他"葛朗台"。为此我们吵了好多次架，可他却老是为自己申辩说："我还不是为了这个家？"

哪个女人不钟情于一挥万金的豪侠男子？这样一个小心翼翼地算计着花钱的男人会有什么出息？我对老公的感情现在越来越淡漠了，有时候甚至想在婚姻的道路上重新做一次选择。

如果，爱人的吝啬行为在一个宽容的人看来会是怎样一种情景呢？

因为今天我陪老公选了许久的衣服，终于如愿以偿地为他添了一件加长棉皮衣，价格为 300 元。

这是结婚后好多年中他第一次如此诚恳地陪我逛街，也是我好多年来第一次花上 200 元以上为他添置衣服。可我一点也不心疼。今天的逛街和买衣服，是我用生气换来的。相识 8 年了，要他陪逛街是很不容易的一件事，如果在街上看到适合他的衣服，拉着他要进去，每次他都掉头就走。理由是"我不需要，我有一两件衣服就行了"，或者"这个月钱不够花了"。一如此这般逃避着花销。实在逼得没办法，便大声叫道："我不喜欢！"

一次，二次，三次，无数次的拒绝后，便养成不再叫他出门买东西的习惯，发展到最近，只要我的眼光一向服装店瞅，他便拖起我就跑。

我问他："为什么对自己要如此'吝啬'？在你所有的兄弟朋友中，你知道不知道唯有你还寒酸地穿着不到百元一件的棉衣，天稍一冷，你便缩着脖子，你不要告诉我说是天太冷，你的年纪还允许自己像年轻时那样穿着一件西装潇洒地过冬……"

每次看着他在选衣服时的那一份认真与挑剔，看得出他对衣服的要求很高，而平时不管我给他买什么，不管多不满意，他都穿了，原因只为省钱。难道他不需要体面的生活？他这么"吝啬"还不是为了这个苦心经营的家？结婚这么多年，已经没有什么可以再轻易触动我的心了。而现在，想着他的好，我只想对老公说："别再对自己这样吝啬，行吗？"

两个人，两种心态最后决定了两种对待爱人的态度。前者促狭，以对方的吝啬为耻，由此滋生出的种种厌恶会迅速地反映到婚姻生活当中，而她自己对待爱人尖酸刻薄的态度自然会让对方在情绪上反抗，这样的婚姻生活肯定不会长久。后者宽容，爱人会以一种感激的心态对待她的宽容和理解，并会追求一种对她宽容的回报。

宽容对于婚后的人来说，是必须。面对大小琐事，倘若一一计较，便会心累至极。不分昼夜地生气，待心情回转过来，再去做一番分析，会发现原来本不值亦不必。于性情中人来讲，和相爱的人相处起来，更显格外地不容易。一点小事，就惊起波澜。这对婚姻的朋友们而言何尝不是一种压力，为什么不用宽容来缓解这种压力呢？

当然，宽容也不是没有界线的。因为宽容不是妥协，虽然宽容有时需要妥协；宽容不是忍让，虽然宽容有时需要忍让；宽容不是迁就，虽然宽容有时需要迁就。宽容更多的是爱，爱人应该是我们的一部分，是爱的一部分，在这个前提下，甚至于婚姻的错误有时也会成为一种营养，它的意义不是教会我们如何谴责，而是教会我们如何避免。就是无法避免最终各奔东西，这个时候，一个人也应该不要忘了说"夜深天凉，快去多穿一件衣服"。因为一个犯了错的人，他也许正在内心谴责着他自己，而且，在这句话中，你在教育自己也在完善着自己。

能够用心听对方夸夸其谈或者唠叨是一种宽容。男人在女人面前吹牛，往往是一种缺乏自信的表现；女人在男人面前唠叨，常常是爱的表现。如果不能倾听，那么双方都体会不到这其中的含义。

能够允许爱人沉迷于一些没有意义的小事是一种宽容。比如拿打火机拆来拆去，比如逛街，比如爱吃零食，比如夜以继日地打游戏——人们往往透过这些癖好来达到心理缓冲。允许本身可能是更好的一种关切和督促。

能够放任爱人和朋友们消磨时光是一种宽容。因为人需要朋友。

能够让爱人和其他的异性交往是一种宽容。世界上除了男人就是女人，除了你，你的另一半不可能不和别的异性相处，但这并不表示 Ta 见一个爱一个。

在爱人不顺心时保持适当的沉默是一种宽容。人的一生中很少能够永远一往无前。大多数人总会有周期性情绪波动和行为上的调整。鞭打快牛的结果往往适得其反，人总是需要激励的。

在如此宽容之下，你的爱人会得志便猖狂吗？那也未必，因为 Ta 一般都会做贼心虚，来自你的适度宽容往往是 Ta 最好的动力，不领情的人自然有，但那是少数。正常的人会好好地珍惜来自对方的宽容，因为宽容对人来说是一种实实在在、时时刻刻的需要。

在长期的家庭生活中，持续爱情的最终的力量，可能不是美貌，不是浪漫，甚至也可能不是伟大的成功，而是一个人性格的亮点。这种亮点是一个人最吸引人的个性特征，而这种性格特征的底蕴在于一个人怀有的孩童般的宽容。

婚姻需要忠贞

很多人都会有"嫁错郎，娶错妻"的遗憾。这种遗憾很大程度上是来自于将自己的配偶和别的异性相比较后的结果。比如："孩子是自己的好，老婆是别人的好。""如果我当初嫁的不是他呢？""如果我和那个人结婚，会怎样呢？"这些"如果"的念头会将你带到一个绝望的境界。事实证明，你越是受到其他潜在伴侣的吸引，你对自己伴侣就越不满意。你对现有婚姻的投入也会越少，收获的幸福感也将会越少。

真正忠贞的人会在心理上"贬低"有吸引力的潜在伴侣。忠贞意味着你必须打消有关其他选择的任何想法，不允许它们在你心里舒服地安家，更不能任其蓬勃生长。

如果渴望美好的婚姻，那么，你要做的就是不断地给你花园的花草浇水和施肥，让它能蓬勃生长，而不是在篱笆旁徘徊，张望外面的风景。

美国人提倡"开放的婚姻"，他们认为在开放的婚姻中，爱是建立在夫妻两个人的自我意识和平等上。它强调夫妻首先是两个个体，然后才能成为一个整体。一个人在这个个体状态的保持中要做的只能是自尊和自信，争取在被爱的前提下先尝试这爱人和爱自己。

爱的忠贞是忠诚中最重要的内容，既然携手走进婚姻，那就不能任意离弃所爱的人。婚礼上的庄严盟誓：从今而后，不论境遇好坏，家境贫富，生病与否，誓言相亲相爱，至死不分离，是对双方的约束。

电视剧《中国式离婚》提出婚姻中存在三种类型的背叛：身的背叛、心的背叛和身心的背叛，而且断言80%的婚姻都存在背叛，只是背叛的程度不同而已。一石激起千层浪，人们开始纷纷质疑枕边人的忠贞度。

按《中国式离婚》对"背叛"的分类，"心的背叛"算是现实婚姻中比较普遍的一种状况。如果真的说80%的婚姻都存在背叛的话，那么至少50%的背叛是属于心的背叛。因为不易察觉，因为是"慢性"的，对婚姻的伤害往往更深。

结婚，就意味着俩人有了身心忠贞的承诺。当然，这不是说你不能再与其他人建立深厚的情感。朋友，在任何时候都是需要的，而且，有时候，你的确需要外力或者外人来协助你与配偶建立更亲密的关系。比如说，你们夫妻吵架了，针锋相对，势不两立，这时候，朋友可以作为你的倾诉对象和心灵安抚者。

但是，如果你利用婚姻中的其他人来规避配偶，或者说其他人让你与配偶拉开了心理距离，霸占了你更多的精力，那么，这就是一种心的背叛了。

现代社会流行"第四类情感"的说法，这种情感介乎朋友与爱人之间，比朋友亲一点，比爱人和情人疏一点，称为红颜知己或蓝颜知己，这种情感到底是有利于婚姻的幸福还是有害于婚姻呢？是提倡还是反对呢？众说纷纭。

这其中有一个度的问题。在婚姻之外交朋友，无可厚非，因为并不是每对夫妻都能做到万事心有灵犀，你也不可能从一个人身上满足精神上的一切所需。比如说，你喜爱音乐，可是配偶对此毫无兴趣。那么，你可以与欣赏音乐的朋友谈论这个问题或去参加某些音乐活动。基于这个原因而产生的"第四类情感"其实仍然是朋友间的一种友谊，是积极的。

会导致婚姻危机的是，你纵容自己受私欲诱使，以至于尽量回避配偶，对配偶心不在焉，口是心非，这表明你的心已开始远离婚姻。如果遇到诱使你离弃婚姻的这类所谓"第四类情感"就需要及时刹车。

现在，在"第四类情感"的基础上又有了一个时髦名词：性友谊。倡导者提出，朋友之间可以通过握手、送礼物、拥抱表达友谊，为什么不可以用

"性"来表达友谊呢？倡导者也将其归类为"第四类情感"，其实，这是为不忠找借口、打幌子。你连身体都背叛了，你还能说你对婚姻是忠贞的吗？忠贞，是包括身心的。

所谓不忠，就是刻意地将自己切成两半，其中一半的自己与这段婚姻毫不相干，甚至相抵触。

很多人习惯于将自己的不忠归咎于对方："要不是 Ta，我也不会到别处去寻找爱。"或者说："假如 Ta 能满足我的需要，事情就不会发生了。"

这种说法简直是大错特错！不忠是一个人的行为，而非两个人的行为。不管对方有多大的错误，你的不忠都是罪大恶极的。婚姻不忠，带来的是任何事物都无与伦比的伤害。

忠贞比爱更真实，同时忠贞是爱的试金石，是否真爱，忠贞可以回答你。当然，忠贞只是爱的必要条件，并非充分条件。也就是说，真爱一定会忠贞；但忠贞并不一定能显示真爱，因为忠贞也有层次之分。

兰萍和丈夫结婚 15 年了，他们对对方越来越不满意，俩人的关系越来越疏远。不久，兰萍在工作中遇到了一个让她心动的男人——伟。伟是离异的单身男人，他思想睿智、举止稳定、谈吐幽默，对人细致体贴。他曾向兰萍表示过好感。这不禁让兰萍心旌摇荡。她思忖着：丈夫永远也不会变得像伟那样优秀，他们夫妻的感情已慢慢枯萎，而且很难再重焕生机，再这样拖下去，对俩人都是一种折磨，既然如此，不如趁早解脱。

然而，当她真的开始考虑和丈夫离婚的时候，却陷入了苦恼之中。她首先想到的是：10 岁的女儿会对此有什么反应？她幼小的心灵会受到伤害吗？她目睹过，也听说过很多单亲孩子心理出现问题的例子。接着，她想到的是，女儿跟谁比较好？跟自己吧，不知道伟是否会接纳孩子，女儿就会成为自己幸福的拖累；跟丈夫吧，又担心他一个大男人照顾不好孩子，如果有了继母，那孩子的处境就更糟了。还有，丈夫会轻易同意离婚吗？他会不会百般刁难？如果偷鸡不成，反蚀一把米，那就太不值了。还有，共同财产如何分割呢？房子归谁？二十几万的银行按揭怎么办？孩子的抚养费到底怎么算？跟伟结婚，伟是否会一直对她好？要不要再给他生个孩子？抚养两个孩子会有多艰难？

当兰萍想到这些问题的时候，她觉得头都大了。她开始怀疑离婚是不是一定要去做的一件事。她将现状和离婚可能带来的各种问题反复权衡、比较。她开始认识到：离婚的代价要远远大于现在需要忍受的一切。也许，留下来坚守婚姻是最好的选择。

做这个决定的时候，兰萍心里有些悲哀。悲哀过后，她不得不打起精神，继续早起为一家人准备早餐，继续按部就班地上班、买菜、回家、吃饭、睡觉。

在外人看来，甚至在丈夫看来，这段时间什么也没发生，他们仍然是一对互相忠贞的夫妻。他们坚守了15年婚姻的行为似乎还被那些早已冲破围城的朋友所称道。

另一对夫妻，健华夫妇，也是结婚15年，繁忙的工作和琐碎的家务也让健华夫妇倍感疲惫和焦虑，他们也经常吵架，但是从来不说出伤害对方的话。这让他们不至于对感情失望。

健华是保险公司的经理。一位漂亮的女业务员暗恋他，对他频送秋波。这让健华很兴奋，有年轻女孩爱慕，证明自己有男人魅力嘛。但是，他的感觉也仅仅止于兴奋，因为他知道，他有家室，他不能浮想联翩。虽然和妻子有些矛盾，但是他们是有感情基础的，他相信那些小矛盾一定能化解。

于是，他克制自己"贪恋女色"的冲动，尽量回避和那个女业务员的接触，并努力去调和夫妻之间的关系。他尝试着和妻子坦率讨论生活中的矛盾，并共同解决。他们更加相爱了。

这是两个关于"忠贞"的故事。他们的婚姻都会受到世人的称道。但是，我们能看出其中的区别。

兰萍忠贞于婚姻那是因为她受到现有婚姻的约束，她是不得不选择坚持婚姻。而健华忠于婚姻那是因为他受到婚姻中的爱的吸引，他是主动将心回归到婚姻。

爱的忠贞是以爱为核心，愿意为婚姻牺牲、投入、改善不太尽如人意的婚姻，以期让婚姻更完美。而约束的忠贞是受到压力的制约而被迫留在婚姻中，忠贞的行为只是维持了婚姻这个形式，婚姻实质并无改进。让人们受到约束的这些因素主要是：来自朋友和家庭的社会压力，经济考虑；对孩子身心健康的关心，担心丧失对孩子的抚养权或探视权；离异过程的困难。其他选择机会的贫乏等等。这些因素越多，就越容易让一个人选择留在婚姻中，即使过得很艰难，也不得不这样选择。当然，如果完全没有这些约束，夫妻一遇到矛盾就分道扬镳，这也不是好事。所以说，一定的约束也是稳固婚姻所必需的。任何婚姻都会有约束，而且随着婚姻的延续，约束也会更多。你们相爱了，于是你们结婚，然后你们有了孩子、买了房子，有了共同的存款，这个时候，做出一个选择都受到很多制约。越是相爱的夫妻越会建立很多联结，如共同投资某件事、和对方家人有更多密切联系，这些联结也成了一种约束。当你们考虑到这些约束时，你们会从中获取安慰。这种约束是有积极意义的。同样是约束，对于有些夫妻来说，那是爱的联结。约束越多，两个人的"融合"就越深。但是，对于另外一些夫妻来说，约束却成了绊脚石，约束越多，越让人烦恼。即使最后选择坚守婚姻，那也是无奈之举。只有自己守身如玉，对爱人充分信任，才能使你的婚姻不褪色。

第四章

千万别丧失你的个人优势

个人优势是捍卫婚姻的重要法宝

个人优势是你魅力的来源，你的优势就是捍卫婚姻的有利武器和法宝。在大街上，有时大家可以时常看到：一个美国籍的外国丈夫时常会领着一个其貌不扬的中国妻子，是不是外国人眼光出了问题？当然不是，光看容貌就知道，白皮肤的人天生就是五官精致漂亮，在他们的国度里，缺什么也不缺美女，可他为什么偏偏会选一个不漂亮的妻子呢？我们知道，美国不乏英俊靓丽的少年偶像，但是那是青少年喜爱崇拜的对象，美国人一旦成年，他们则更会欣赏才华出众，在某一方面与众不同的女子。他们认为女人的美丽来源于她的优势，因此西方人认为女人最有魅力的年龄是30～34岁，因为这个时候的女人成熟优雅，懂得生活，知道怎么打扮自己，这些都构成了女人的个人优势。同样，男人也是如此。由此不难看出，一个人的个人优势是 Ta 赢得婚姻捍卫战最大的筹码。

奥黛丽·赫本主演的《窈窕淑女》讲述的就是一个女人（伊莉莎）争取自己命运，最终麻雀变凤凰的故事。伊莉莎天生丽质，又冰雪聪明，但是出身贫寒，没有受过什么良好教育，每天只能靠卖花来维持生计。她拥有甜美的嗓音，但是言语粗鄙，语言学家希金斯教授对她产生了极大兴趣，说只要经过他的训练，卖花女也可以成为贵夫人。

希金斯教授从最基本的字母发音开始教起，对伊莉莎严加训练。

训练很快产生效果，当希金斯带伊莉莎去参加母亲的家宴时，年轻的绅士弗雷迪就被伊莉莎的美貌和谈吐打动，他竟然丝毫没有认出，她就是曾经在雨中向他叫卖的肮脏的卖花姑娘。6个月后，伊莉莎以皮克林上校养女的身份出现在希腊大使举办的招待会上。她气质高雅、光彩照人，仿佛天生就出自名门。

大获成功的伊莉莎回到家里后，却依然要面对希金斯教授的颐指气使，伊莉莎再也受不了希金斯教授的这种态度了，她感到自尊心受到了伤害，愤然离开了希金斯的家。

在门口，伊莉莎遇到了痴情的弗雷迪——他每天晚上都来到伊莉莎窗下徘徊、守望，默默地关注着伊莉莎，伊莉莎为他的痴心感动。而希金斯教授在伊莉莎出走之后十分苦闷，虽然他脾气粗，然而对伊莉莎的喜欢却是真心实意的。当他得知伊莉莎已经和弗雷迪相爱时，他内心很痛苦，但仍然慷慨地表示要帮助他们开一家花店。

已经学会了上流社会的种种礼仪和举止谈吐，伊莉莎对原来的生活方式再也无法适应，她渴望拥有自己新的生活，她不愿意过从前粗糙的生活，也不愿意在上流社会做一个陪衬。

希金斯望着一对远去的情侣，衷心地为他们祝福。

在投资盛行的年代，人们注重投入和产出之间的平衡，在婚姻上我们提倡对自我的投资，这种投资是两方面的，即一形象，二内涵，形象和内涵都可以帮你提升个人优势。

投资是创造新资产的过程，是任何旨在增加个人未来财富的支出。我们提倡对自我投资，是投资在自己的形象和内存上。因为形象和内存都提升商品价值。

婚姻中根本就没有什么防震箱，一旦钻进去，多大的地震都不怕。婚姻有时也存在竞争，一方面是和自己的另一半，另一方面是和外面对你的婚姻虎视眈眈的人。要是你爱人的优势明显高于你，那么你压力就大了，还会整天提心吊胆：是不是自己已经配不上他了？是不是有人想随时来"插一腿"？只有你的个人优势上升了，那么本身就有魅力的你又有什么可担心的呢？

不让独立性离自己远去

无论对对方多么的依赖，都不要泯灭自己的独立性。因为它会赋予你一种独特的魅力。

　　杨芳曾经是一位女性企业家——不过，现在她的身份是一位全职太太。看着眼前窝在沙发里，一脸倦怠的少妇，你一定无法想象5年前的她是何等的精明能干，如何叱咤商界。墙上她身穿职业装，主持会议的照片是她过去白领生活的有力证明。杨芳在婚前有着一个不错的职业，而且她在职场凭着自己的精明能干，很快就取得了不俗的地位。每月4000多元收入做贸易很顺利的丈夫，让杨芳的生活过得很舒适且具有较高品质。

　　当杨芳怀上孩子之后，丈夫要她回家养胎，事业心极强的她当然不同意，可是后来她出现先兆流产，不得不在家静养。儿子的出生改变了一切。杨芳把全部的身心都放在了儿子身上。就这样，杨芳在不知不觉之间踏上了全职太太的人生旅程。刚开始的两年，她全职太太的生涯过得也有滋有味，偶尔的落寞，只在杨芳看到那些言情剧中职业女性的风采时才会出现。

　　征战职场的雄心壮志逐渐被安逸的生活所磨灭，全职太太的日子过得倒也精致。杨芳的丈夫也每天带回很特别的礼物逗她，可是当杨芳发现丈夫带回的尽是些睡衣、家居服这些小女人的用品时，她有些赌气了，心理上渐渐地开始不平衡了。难道自己的才华和成就感就这样不知不觉被淹没了？

　　"我现在的生活状态不完全就是一个小市民吗？"杨芳心有不甘。她开始厌烦那些柔美的真丝睡衣，反对丈夫整晚的应酬，介意儿子的大哭大闹，甚至连言情剧里的职业女性的镜头都会刺激她。

终于有一天，杨芳突然像急风暴雨般地爆发了。可是望着年幼的儿子，她又退缩了。她不知道自己坚持的独立和事业到底有什么真正的意义，更不知道年幼的儿子缺少了她的细心照顾会有什么改变，忧虑和遗憾使她痛苦而矛盾着……

婚姻中，往往会让一个人在不知不觉当中丧失自己的独立性。独立，不仅仅是男人的美德，也是女人的美德。

比如《甜蜜蜜》里的展翘，是一位可爱的女人。她是一棵无论在什么情况下都能够茁壮成长的草，有着极顽强的生命力，有着独到的见解。虽然相貌平平，但是因为她的独特的个性和爽朗的性格，同样也是一个让男人为之心动的女人。

总有人喜欢把一方柔弱的特性归属到另一方的羽翼之下，可他们从没有想过任何一个人都应该是有自己的思想和个性的生命个体。

有一位家庭主妇，是那种很"女人"的女人，完全是喜欢照顾家，喜欢孩子，喜欢为丈夫熨衬衫，喜欢做满满一桌子菜等家人的"小女人"。所以，当她还没结婚时，她就一脸温柔地想着嫁给一个喜欢的人，安享做全职太太的欢乐生活。

生活满足了她的理想。结婚后，收入颇丰的老公给了她一个安逸的家庭，同时让她过上了全职太太的生活。3年了，她就这样一成不变地在这样一个极小的圈子里生活。

一直蜗居在家的她很少接触外界，繁忙的家务活更是让她跟不上社会步伐。有时，陪同老公参加社交活动。她都会产生一种强烈的自卑感。她既插不上老公和同事的话题，更不了解那些太太们所说的网站名，她整晚就在那里傻坐着。

这样的尴尬经历多了，老公也开始对她"指责"起来，男人不再满足于女人细致入微的照顾，而总是摆出一副难以理解的模样。好几次，她甚至听到了酒后的丈夫用讥讽的语气说她的"精神世界一片空白"之类的话。

她的自卑也逐渐生了根，虽然努力地看书读报，企图以此来消

除与社会之间的隔阂和差距，可是一切看来还是那么遥远，她感到
自己已经脱离了这个社会。家还是那个温馨的家，丈夫还是那个体
贴的丈夫，可她的心里却始终有着一股不安全感，她已经害怕这种
全职太太的日子了。

如果你想得到另一半真诚持久的爱，那么请你做一个独立的人，只有当
你们站在同一个水平线上，才能够获得真正的爱。成熟而独立的人，是能够
让任何异性所欣赏的。在所有异性的心目中，都渴望自己的另一半能成为一
个与时俱进、能与之共同进退的知己。给自己一点竞争压力吧，给你的生活
注入活力和动力。太过温馨安适的生活，就如同逐渐加温的炉水，犹如青蛙
身置其中而不知危险，当温水逐渐变成沸水，青蛙却再也无力跳出水面。而
独立性却可以让你保留一点对生活的警觉和本能的抵抗，这样才能活出自己
的精彩，不至于被生活的风浪轻易地击倒。

活出自己的精彩

找到一个爱的人，并依靠终身跟他生活在一起的确是件非常美好的事
情。但这个"依靠"是相互的，你依靠 Ta，Ta 托付你，你们得互
相为对方负责。这就是说，你也得为 Ta 的幸福努力。神对男人和女人说：
"你们共进美食，但不要在一个碗中分享；你们共享美酒，但不要在一个杯中
啜饮。你们是一把琴上的两根弦，分开的也分不开；像一座神庙的两根柱子，
独立也不能够独立。"神的话贴切地描述了男女之间的关系，紧密而又独立，
独立却又紧密。

很多人认为步入婚姻的殿堂，用咱们老祖宗的话说就是"终身有靠了"。
于是，女人觉得自己可以当个甩手掌柜了，外面的事与我无关，我只要守着
这一亩三分地就行了；男人们觉得家里的事，从此也可以不过问了。有一个
父亲，妻子出差了，自己又不会做饭，开始的时候就带着孩子到孩子的爷爷

奶奶、姥姥姥爷家吃饭，后来就上自己的朋友家，再后来干脆就下馆子，等到妻子回来的时候，发现储备在冰箱里的蔬菜都已经腐烂发霉了，厨房里也满是灰尘。这样的状态，是不是有点熟悉呢？

诚然，两个人可以互相欣赏、互相交流、互相信任、互相扶助、互相陪伴，但这并不意味着你要把自己所有的思想、感情和生活都压在对方身上。适度的依赖有利于调节婚姻，但凡事一旦过度，必然适得其反。

她是某著名高校中文系的硕士生，在临近毕业时，她结束了长达五年的爱情长跑，接受了先生的求婚。到该找工作的时候，她也和其他同学一样开始做简历、挤招聘会。当时她以为凭着硕士文凭和在报社、电视台实习的经历，一定能找到一份如意的工作。谁知道一跳进人才市场的海洋里，她就发现情况和她想象的大不一样。

周围的不少朋友劝她："何必辛苦呢？你老公留学归来，又是工科博士，那么多单位开价都是一万两万的。你干脆不工作，在家写点小文章，赚点小钱，悠然自得不好吗？"于是她把档案往人才市场一放，选择了不工作。

可当最初的兴奋一过，才发现这样的生活过得并不美好，先生每天去上班时，她还在睡大觉，中午一个人在家随便吃点将就着，一整天就在家里穿着睡衣到处晃悠，于是她开始觉得失落，觉得不快乐，渐渐地脾气越来越坏，动不动就发火。家庭矛盾也随之产生，而且，她发现老公和她的共同语言越来越少，很多时候，老公闲着的时候就上网，两人之间的交流也越来越少。

深夜梦醒的时候，她不断地追问自己：这真的是我想要的生活吗？答案是：不。我要有自己的精彩，不是因为别的，而是需要。

于是，趁着先生到上海去发展的机会，她开始像一个应届毕业生一样，走上了求职之路。终于，她在一家报社开始做编辑，尽管工资不高，却让她觉得很踏实。她说："在这个人才济济的城市里，我看到了太多优秀的女人怎样生活。如果你问我，现在累吗？的确有点累，但我很满意。现在，见到我的朋友总说我比以前更有神采了。"而且，让她意外的是，她和老公的关系也越来越好。

后来，她总结了其中的原因：自己的生活多彩了，而且，心情也是快乐的。她不再对老公挑剔，自然矛盾也就少了许多。

"如果我爱你……我必须是你近旁的一株木棉/作为树的形象和你站在一起。根，紧握在地下，叶，相触在云里。每一阵风过，我们都互相致意，但没有人听得懂我们的言语。"舒婷在诗中这样写道。

两个人可以得到比一个人更多的快乐和幸福。很多人都是抱着这样的理想结婚的，最初也是朝着这样的方向努力的，但就像人生的路走着走着就容易偏离一样，原本为了相互温暖，却越来越觉得"扎得慌"。为什么会弄成这样？看看自己，脸上除了热情的笑容，手上是否还握着一副囚禁对方的锁链？除了挂在嘴上的种种付出，内心是否也有很多自私的欲求？

有一对夫妻，既是生活中的伴侣，又是事业上的默契搭档，按常理，只要在同一场合，应当是形影不离，可是这对夫妻在一起参加各种社会活动时，尤其是学术交流中，却总"说不到一块"、"走不到一块"、"吃不到一块"。好心人总是想把夫妻俩"撮合"在一起，可是他们总是笑笑，过不多会儿，又"分道扬镳"了。

其实，这是一对聪明的夫妻。要是在家里聚会，当然需要夫妻双双出场，因为这些场合中多是熟悉的朋友，要的是礼貌和气氛。学术活动则不同，那是汲取信息、拜师求教、结识新友、通力合作、开拓事业极为难得的短暂机遇，假若夫妻俩总是"亲亲热热"地在一起，就会形成一个无形的壁垒，妨碍与老友新朋的交往。

三毛是这样描述自己和荷西的婚姻："我们的婚姻与大多数人都一样啊，多属于生活上的琐事。我们的婚姻属于什么婚姻呢？要用一个什么定义来概括呢？要说是"开放式的婚姻"应该可以吧？我们保留各自的那部分，不打破也不参与。我们好像还是各自单身，但我们确实也生活在一起。他想出去就出去，我也不去找他，我知道吃饭时间他一定会回来的。而我要去哪里，也是一样的，自己决定，自己的事情自己安排解决。"三毛还说："我的心里有很多个房间，荷西只是进来坐一坐。"

婚姻中的你有自己的事业、想法，是成为你另一半的骄傲。依赖是爱的表现，但是爱不仅仅体现在一味的依赖上，你的依赖固然可以让你的另一半觉得你离不开 Ta，但久而久之，Ta 也会觉得很累，那么你在婚姻中，如何保持你的独立性呢？关键是要做好以下几点：

1. 要在思想上保持独立。

如果你是全职主妇或全职主夫，在经济上仰仗对方，那么，在思想上就一定要保持独立性。就算是你所有的时间、精力都花在了家庭上，那就请保持自己思想的自由吧，保持你的理想、爱好和对事物的个人看法，不要被对方的思想"拐跑"，在思想上和对方平起平坐，只要有机会，你还是要义无反顾地向你的理想狂奔而去。

2. 要有社会的生存能力。

生存能力，是指一个人既要有自己的在社会上打拼的一技之长，也要有自己独立的交际圈，以及处理各种各样问题的能力。如果一个人缺少社会生存能力，那就意味着离开家他什么也做不了。这样就会把自己置身于被动的地位，对对方的依赖性增强。在婚姻里只会噤若寒蝉，这样只会对自己的婚姻不利。

3. 要有独立建设家庭的能力。

换句话说就是，要有独立的经济能力，你的家庭就好比一个公司，用你自己的经济能力在你的家庭建设上注入你的股份，让家庭成为"股份制公司"，当遇到需要解决的问题时，作为"股东"的你有很大的发言权，从而按照大家都同意的方法处理问题。

夫妻双方要活出自己的精彩，这不仅能增进夫妻之间的感情，还能帮助稳定你的婚姻。少点依赖性，也许会收到你想象不到的效果。

学会说"不"，不失去你的主见

在一个家庭中，作为女人，你是不是已经习惯了受男人这种权利动物的支配；作为男人，你是不是已经把你的太太推向了最高的宝座，"凡是太太说的都是对的"。很多人喜欢将另一半视为港湾，喜欢被宠爱，但是"宠"字底下出两种人，一种是小女人；另一种是坏男人。女人理所当然地会认为男人喜欢"小鸟依人"型的女人，所以经常会委屈自己俯首帖耳；男人也会对自己心爱的女人言听计从。于是，难免便会有人成为对方的小绵羊，对对方言听计从依赖到底，甚至连个"不"字都不说。

其实选择在另一半面前做一个什么样的人，这是你的自由，恋爱中的情投意合，大抵上也不过是气味相投。

其实，温柔不等同于毫无主见，也不等同于不会 Say No。当一个婚姻中的人退化到了连 NO 都不会说的地步，那么对方的反应无非是三点：一是怜惜，二是无奈，三是轻视。你更喜欢哪个结局？

爱情是人生中一件非常大的"事业"，它所需要的是亲自经营，而不是委托经营，任何人也不能躲避这个责任。否则，也许会有很多你不愿意见到的烦恼来困扰你，甚至会有很多你不希望发生的事情突然发生在你面前。

雪莉的男友很霸道，不允许雪莉不听自己的话，从生活到工作，没有一件事男友不提意见的。于是恋爱了几年，雪莉被判了"无期"，吃的穿的用的全都是男友喜欢的品味，整个儿没了自己。

当男友要求她做这做那时，她从来没有说过一个"不"字，对于男友为自己所做的安排，雪莉也并没有觉得不妥，甚至还很享受这种凡事有人做主的生活。她单纯地以为，这样的男人才值得依靠，觉得自己是一个幸福的女人。她心甘情愿地把自己的一切都交给这个男人，他们结婚了。

但她万万没想到，有一天这个被她当做主心骨的男人却彻头彻尾地骗了她。一次因公出差归来，用钥匙却已经打不开自家的门。后来有人从里面把门打开，却不是丈夫，那个人告诉她说，自己刚刚买下了这所房子。雪莉傻了，这是自己的房子，怎么会被卖掉了呢？她打丈夫的电话却是关机，雪莉在家门口一直坐到晚上，才终于相信是丈夫骗了她。雪莉的房子，所有的私人物品、证件，甚至所有的存款都无一带在身上，甚至连个自己的小金库都没有。因为对丈夫的过度依赖，让她对自己的生活放弃了所有的管理，当终于有这么一天她不得不面对这个打击，站在慌乱而流离的午夜街头时，雪莉不知道该何去何从。

当然，雪莉没有继续糊涂下去，她及时地报了警，并且在法律的帮助下拿回了本该属于自己的东西。但是那失去的曾经那么倾力付出的婚姻，又从哪里拿回呢？

婚姻中的你千万不能失去主见，你要找的是一个陪伴你一生的生活同伴，不是一个管理你一生的领导和上司。即使是对于领导和上司，我们都不能不分是非惟命是从，更何况是对于自己生活中的另一半呢？

婚姻中的两个人，谁听谁的话、谁顺从谁也要有原则，不能事事都听从对方的吩咐，不能不会说"不"。一个没有主见的人，最容易让人一眼发现弱点，也会让别有用心的人发现可乘之机。

要知道，一个人真的爱你，会尊重你，即使是 Ta 有着强烈的支配欲望，也不能让你完全失去说"不"的机会，一个不会说"不"的人，别人是不会怜惜的。其实有些时候太过温顺的人，反而不招人喜欢，这也就是为什么有些人明明已经结婚，却还要义无反顾地爱上别人的原因。

所以婚姻中的你要学会说"不"，不要让自己有被人玩弄于股掌之间的可能，不要成为婚姻的傀儡。即使是一切都可以不顾及，但你要想到给自己留一条后路，不要让自己一点也没有保留。否则你的婚姻便无异于飞蛾扑火，究竟是能浴火重生，还是只会被焚而死，都不得而知。

守住自己的"界限"

有不少夫妻在困境中能够相互扶持，相互关心，风风雨雨一路走来；但是面对甘甜的人生，婚姻反而全出现危机。所以引来感叹：婚姻真是多变。那么到底是什么改变了婚姻，是什么改变着婚姻。夫妻之间有各自的界限，夫妻间的界限以爱为前提，界限将与生命结合，酝酿成婚姻关系中的养分，带出爱心、诚实、责任，甚至成为共同面对困难的凭借。

人际关系中的冲突、情绪问题的引发，往往涉及个人的心理界限，一种接受与不接受的划分、准则、范围；构筑于婚姻的亲密关系，界限问题格外暧昧、容易模糊混淆，过犹不及，都唯恐有失。其实，"界限"带来的意义不是隔阂或藩篱，而是在安全距离下，发展得更健全的自我制度与彼此共识。

导致婚姻失败的种种因素，大部分都来源于夫妻双方缺乏健全的界限。这里所谓界限，指涉及许多关于现代人内在需求的定律与迷思。婚姻关系中的界限，需要彼此方位上健全的理清和重整。

那么什么是界限呢？正如土地、住宅，拥有者必然会划定明显的地域疆界一样，附带明确的法律保障，逾越则意同侵占；在人的内心领域，界限也是必然存在的，即使看不见，却如现实存有一般真实，时时在发挥作用：牵引情绪，并影响关系。

更微观来比拟，界限如空气流通的纱窗，而非一堵墙。纱窗的功能，在于过滤空气中的尘埃杂质，不但发挥隔绝的功能，也同时保持流通性；反之，心理的城墙隔离了外界，冻结了空气，甚至将封死自己。不同于封闭式的自我保护；婚姻、人际关系中的健全界限，是积极的责任划分、承担与流通。

界限何来呢？心里界限，可以视为一种责任意志的承担准备：有开始，有结束；范畴清晰，责任清晰；从中得以尊重自己，也学习尊重别人。除了划定责任范畴、指明该负责的人或事，也排除了生命中不需要负责的对象，有担当而又得以靠神轻省。

婚姻是配合，也命定要成为一体。如此的亲密关系，为何谈到所谓的界限？既设了线，又如何同心合意、不分你我？这分际间如何拿捏掌握？

婚姻中一些人很爱自己的另一半，自己却没有一点原则。有时候对方犯错，却把责任一味地往自己身上揽，表示爱对方的心，并以此想留住对方的心。可是如果没有自己的界限原则，这样的爱就是一种明显的纵容。一个人爱自己的另一半从来不应该是无原则地去爱，如果在原则问题上守不住自己的界限，爱有时就会变成纵容。长时间如此，就算你再爱 Ta，你们的婚姻也难免会出现危机。

陈丽再一次地怒火冲天，她气急败坏地冲向坐在沙发上看报纸的丈夫成华，连珠炮似的怒问："为什么你的卡里又没钱了？怎么你这两个月又花了那么多钱？你答应过我不再发生这样的事，为什么现在老毛病又犯了？"成华望着妻子大发雷霆，心虚又无奈地回答："上个月有个战友从外地过来，所以钱就花多了点儿，你干嘛这么生气？"

陈丽气得瞪红了眼说："我怎能不生气，上个月我才刚刚替你还了之前欠的一笔钱，现在你又花得光光的，这几年下来，你有算过我到底替你还了多少债吗？你一个大男人究竟什么时候才能有点儿出息？"成华听妻子说这样的话也火了，从沙发上跳起来大声说："你又提以前的事，整天唠唠叨叨，你到底烦不烦啊，你就不能让我安静一会儿？"陈丽还没来得及反驳，成华便怒气冲冲地摔门而去了。

陈丽伤心透了，刚结婚那一年和和睦睦挺幸福的，这两年开始，几乎每隔一段日子她和丈夫就会为类似今天的事情吵架。每次吵完她的双眼就肿得跟核桃一样，内心痛苦不堪，心情也是十分的复杂。她很爱成华，可是，成华乱花钱的习惯却令她心惊胆战，陈丽这几年来的储蓄也因为不断替他还债而几乎掏空。这几年来，她劝、吵、骂、哭、求，几乎用尽所有的办法，就是无法让成华收敛他过度挥霍的习惯。陈丽的心情越来越恶劣，压力也越来越大。于是，她想到了离婚。

这样的婚姻家庭剧目在另外一个家庭也上演着，虽然内容不同，但最终的结局都是不幸的。

刘洋的公司这两年来效益情况越来越差，由于生意上的不景气，他每一天下班回到家，几乎都是紧绷着脸，从来没有给过孩子一个笑脸。有的时候孩子吵闹着跟他玩一会儿，他就会大声责骂孩子，斥责子清为什么没把孩子管好，自己每天工作那么累，回到家还要给他增添烦恼，这个家一点儿都不安宁等等。温顺体贴的子清，对于丈夫这些无理的苛责，心里感到十分委屈和难受。自从儿子出世以后，她就义无反顾地辞掉工作，把一切心思都放在家里，一心要做个好母亲、好妻子，让刘洋无后顾之忧地去为事业奋斗。可是这一切的牺牲丈夫从来就没看在眼里，事业上的不顺心、不愉快全发泄在了她的身上。

刘洋一向话就较少，有什么事都搁在心里，从不往外说。最初结婚的那几年，两人的关系还算不错，刘洋下班回来会跟孩子逗着玩一会儿。可是这两年来，他却总是沉默寡言，深锁眉头，常常对子清和孩子发脾气。只要他一回家。家里的气氛马上就变了样，子清和孩子都尽量少说话，以免激怒刘洋。

子清非常爱自己的丈夫，每当刘洋心情不好时，她就对他百般迁就与迎合，希望丈夫在她的关爱与包容下，情绪会有所改善。可是，日子一天天过去，刘洋的脾气并没有改善，整个家的气氛也随时因为他心情的变动而改变。

子清日益感到身心疲累，家务、煮饭、孩子已经够她操劳了，这两年再加上刘洋情绪化的表现，更令她沮丧。她不知道该怎么做才能帮助他。于是，她想到了离婚。

人生活在社会中，要与外界接触，不可能没有情绪。情绪具有感染力，尤其会感染最亲近的人。像刘洋在事业上不顺，把这些情绪都带到家里。回家后，尽管妻子子清殷勤关心，他还是横挑鼻子竖挑眼，最后对妻子发一通火，连孩子也难逃厄运。可见，当你把不愉快的情绪带回家时，会把原先和睦的家庭气氛搞得十分紧张、不愉快。如果给婚姻关系定个界限，就是把属于自己的问题挑起来，把不属于自己的还给对方。因为我们能够掌控及改变的只有自己的情绪、行为与想法。我们无法掌控与改变对方，除非对方自己愿意改变。

设界限和付出爱，是一体两面。夫妻需要担当彼此的担子，成为一体，这是普遍的道理。倘若能够认清及落实界限原则，只承担起属于自己的责任，把对方的责任交还给对方。那么，不但能增加彼此成长的机会，关系也会在两个成熟个体的互动下变得更加真实和健康。

不要把自己作贱成"保姆"

婚姻父母做主的年代已经离我们远去了，现在的人们都是因为爱而选择走进自己的婚姻。但是也因为爱而失去自我，因为爱而成为爱的附属品。当问起自己的婚姻时，很多人只是回答彼此很爱。自己在一味付出，为了爱，为了孩子，自己在默默忍受。为了爱都可以献出自己的生命，只要能够维持自己做什么都可以，只要能够委曲求全，只要对方能够回头，自己做牛做马都愿意。自以为自己在爱，但他们更多的时候是忘记了什么是爱，自己该怎么爱。只是自己已经在爱中迷失，只是自以为是地在爱。

现实生活中有多少对夫妻在履行着这样的模式：丈夫下班回到家，妻子贤惠地笑脸相迎，接过包、递上鞋、端茶倒水、嘘寒问暖；男人往沙发上一躺，女人又开始了新一轮的忙碌，端菜上桌、请男人入座就餐；吃饱喝足，碗一推，男人又去忙自己的事，看电砚、看报纸、上网、串门。而妻子要马不停蹄地收拾到很晚，才能捶着酸痛的肩膀靠在床上休息。第二天清晨，妻子又要揉着昏沉的脑袋起床开始重复前一天的忙碌。全职丈夫也是如此。

这样的夫妻，几乎没有语言交流。像是一对木偶，在机械地按着"设计"重复前一遍的动作。在婚姻里，要不要这样把自己塑造成一位兢兢业业、勤勤恳恳的保姆呢？当这样的日子成为习惯时，当习惯成为理所当然时，保姆似的你，就岌岌可危了。

贝拉和老公致远结婚已经三年了，贝拉一直觉得是自己高攀了致远。致远出身高知家庭，有教养、有学历、有相貌，致远尤其突出的特点是做起事来非常有计划性。每个星期天，致远就已经计划好下个星期每天都干什么。婚房装修完之后，致远就定出了房子的打扫计划，致远说："三年之内，我们就会有孩子，那个时候我们就需要大一点的房子，到时候我们就要把现在的房子转手，如果把房子保护得好一点，就能卖个不错的价钱。"贝拉想想觉得很有道理，就同意了。一开始，两人一起做家务，贝拉觉得很甜蜜。但是，致远是个典型的工作狂，喜欢把工作拿到家里来做，家务就成了贝拉一个人活。为了达到致远制订的打扫目标，贝拉每天都是一大早就起来去买菜，因为致远说，早上的菜新鲜，而且种类也齐全；下班吃完饭之后，就按照致远排的时间表进行每天不同内容的家务清洁，诸如洗马桶擦浴缸之类。打扫完之后致远打开电脑办公，贝拉负责端茶倒水，如果致远早睡贝拉也得跟着早睡，因为要是贝拉走来走去致远说他会睡不着；如果致远熬夜加班，贝拉也得陪着，因为说不定致远会因工作问题问问贝拉的意见。贝拉说："没结婚那阵子，我根本不会做家务，现在什么都会了，刚开始的时候，也觉得没什么，可是现在感觉我整个人就是围着他在不停地转。致远是个十分严谨的人，有的时候，擦完地，他要是看见地上有一根头发丝，都会觉得你的工作没做到位。"接着贝拉还不无埋怨地说："报纸上现在正在招涉外保姆，工资还挺高的，我现在要是去面试的话，人家一定肯要我。"

为了你们的婚姻着想，你更要照顾好自己。不是把对方照顾得无微不至、对 Ta 百依百顺就能混成好妻子或好丈夫。如果 Ta 需要个保姆，可以直接花钱去找；如果 Ta 需要个妻子或者是丈夫，你就不要用保姆式的周到服务来表现你的爱，Ta 不会稀罕的。有一个女强人在外面有自己的一片江山，和外面的男人较量惯了的她，回到家里，看到趴在地上擦地的老公，觉得很别扭，于是就和丈夫说："老公，别擦了，已经够干净了，过来陪我看会儿电视吧！"但是，那个老公却说："我衣服还没洗，晚饭还没做，明天早上做早餐的材料还没买好，你的衣服还没熨好……"夫妻之间的感情就这样为成全你做"保姆"的角色而越来越淡。不管别人怎么提醒你，你依然事无巨细地关照 Ta 的生活，但不会在他的需要里呼吸那稀少的空气。你还是会尽力照顾孩子、孝敬长辈，但不再那么步履蹒跚、神情疲惫。在某个特殊的时刻，你们已经谈好了"条件"，要么 Ta 帮你一起做家务；要么 Ta 找个专业的保姆。你偶尔也会向 Ta 抱怨，你实在太累了，其实你也很忙，要健身、美容、逛街、喝茶、陪孩子去游乐园。也许 Ta 让你一连串的词堵了个哑口无言，乖乖地投降并向你道歉："亲爱的，你辛苦了。"于是，你又重新回到原来的位置上去。

其实婚姻里，别太早亮出你的底牌。你掏心掏肺地付出，不一定是一种美德。一旦 Ta 知道你可以给更多，Ta 就会更进一步向你要更多。你也要清楚地知道，你自己有营养，才能养别人。能长出参天大树的土壤，肯定很肥沃。如果那土壤，只知道一味地奉献，把自己的营养一骨脑儿地给了大树，那营养总会耗尽的。到时候，它们会一起玩完。有的树挪走了，因为它不想在这块贫瘠的土地上葬送自己的生命；有的则活活枯死。所以在婚姻里，千万别把自己当成保姆，因为你的另一半要的不是一个事事都提前做好的保姆，而是一个可以分享情趣，可以相互抚慰共伴一生的爱人。

留块感情的"自留地"

当你爱上一个人时，你最想做的事情就是希望天天都能看见对方，恨不得二十四小时在一起，但是这样的爱，也是最窒息的爱，就算一个人长得再美丽动人，倾国倾城或者是英俊无比，风流潇洒，长时间看下来也会"审美疲劳"。因此留一块感情的自留地，不论对谁都是有好处的。

现代婚姻中的男女，就像是交叉但不重合的圆圈。交叉的部分是夫妻双方共同拥有的世界，在这个世界里，他们共同承担、分享、交流。不交叉的部分是他们各自的天地，这里是男女双方各自的"隐私"，不容任何人侵犯。婚姻的自由和美好在这里得到充分的体现，在这里保持最真的自我，也是自我魅力的来源。反而是那些毫无距离、毫无自由的夫妻，由于相互之间缺乏神秘性，反而变得相互淡漠甚至厌倦。想方设法地寻求解脱，"家里的世界很无奈，外面的世界却很精彩"的想法正是长期处于这种状态下的男女的真实心理写照，正是这种心理才使得妻子和丈夫矛盾不断。

丽攀的丈夫王政是仪表堂堂，气宇轩昂，更难得的是对丽攀是一往情深。走在大街上常常会引来别的女人的侧目，刚开始丽攀也觉得没什么，觉得自己找了个这样的老公真是自己的福气。但是慢慢地，丽攀产生了危机感，丽攀觉得世界上漂亮年轻的女人多的是，俗话说"男追女隔座山，女追男隔层纱"，指不定哪个女的看上王政了。于是丽攀便开始注意起来，不让王政离开她的控制范围。

王政在一家银行作高级投资顾问，平常业务上的应酬比较多，早出晚归是正常不过的事。可是就是这件曾经在丽攀看来很正常的事，慢慢在她眼里变了味，使得丽攀产生王政是不是在外面有了女人的想法，就逐渐疑神疑鬼起来，他真的会有那么多应酬吗？她便开始"查岗"，跟踪过几次之后，看到王政和男男女女出入酒楼、保龄球馆、咖啡屋这些地方，丽攀就更加不放心。她想出了一个对策，每当王政说有应酬时，她不动声色，但是只要王政出门以后，她便开始打电话，今天是自己突然得了急病；明天是宝贝儿子放学没有回家，找遍了亲戚朋友和儿子的同学家也没有找到，儿子突然失踪了；后天又是自己的钥匙锁在家里，而自己只穿了一套睡衣站在楼梯间里……更离奇的还有父母出了车祸、家里遭了盗窃等。

王政由于爱妻心切，每次都上当回家，每次都无奈地苦笑，再后来是发火、愤怒、大吵，可是丽攀铁下心来，坚持自己的做法。王政屡次和客户失约，或半途退场，生意也丢了一单又一单，最终在又失去一笔大生意后，被老板炒了鱿鱼。无可奈何的王政受不了这一切，自杀身亡。这就是没有私人空间所引起的悲剧。

悲痛欲绝的丽攀怎么也没有想到，这场悲剧是自己一手导演的，她想把王政完完全全地据为己有，但最终却永远地失去了他。

两人在相处的过程中，不要一味地为了保持私人的空间而忽略了必要的情感沟通。如果把个人空间留得越来越大，一方得到满足的同时，可能就会令另一方感觉受到了伤害。两个人之间，一旦产生了误会、猜疑，时间一久，脆弱的情感就会不堪一击，甚至酿成悲剧。

另外，夫妻间如果一方权利欲、占有欲过高，同样会对婚姻产生巨大的杀伤力。平时人们可能司空见惯，能忍也就忍了，可是它就像定时炸弹，一旦爆发起来就会把婚姻炸得千疮百孔。婚姻的基础在于相互平等和相互尊重，一方总是凌驾于对方之上，必然会导致婚姻关系的解体。试想想：谁会一辈子愿意受控于人？Ta也是一个鲜活的、有骨肉、有感情、有自尊的"人"。

在婚姻稳固的条件下，要给对方适度的自由——在金钱、时间、社会活动方面让对方拥有自主的空间爱你，这才符合人的心理需要。夫妻之间要以承诺为重，不能互相猜忌，要知道，猜忌对方是对双方感情最大的伤害。如果一方总像一贴膏药，牢牢地贴在另一方的身上，使丈夫没有丝毫自主生活的空间，天长日久，必然招致对方的反感，甚至破坏苦心经营的爱巢。

人的性格不同，不要把对方管得死死的，或者疑心太重、缺乏自信、喜欢挑剔、揭疮疤、爱发牢骚等。要适当给对方和自己一块感情的自留地。

婚后仍需精心装扮

美满的婚姻由许多因素组成，其中之一就是：从感官的角度去选择和要求自己的配偶。夫妻生活在很多时候都可能被柴米油盐、教育子女、照顾老人所淹没，但一有机会，它就会顽强地表现和展示它的本质属性：感官上对美的追求。一个人自身做得如何姑且不说，爱美是每一个人的天性。在婚后你要靠什么要征服Ta，除了温柔、体贴、爱意等，还需要时髦的打扮、迷人的情态。魅力女性靳羽西说："魅力就像屋里的一盏灯，向四处照射着。每个人都有一盏完全别样的灯，或许您还没有意识到。无论气质还是个性，世界上没有完全一样的两个人。"每个人生下来都是块美玉，是什么原因让美玉失去了光彩？如果自己是一块好玉，也需要长期的发掘、雕琢——通向魅力的路确实就在你的脚下。

没有人可以一辈子容忍素面朝天的她；或者不修边幅，邋里邋遢的他。婚后的你更不可抛弃爱美的天性，因为爱神从来就是美神！

名扬和爱青是在一次同学聚会上认识的，当时的爱青青春靓丽，如诗如画，给名扬留下了深刻的印象。经过打听，名扬才知道爱青和自己学的是同一个专业，比自己小一届。于是名扬就以为爱青辅导为名，常常找爱青出来。就像所有的情侣一样，经过了浪漫的爱情故事之后，他们步入了婚姻的殿堂。朝夕相处的两个人，在婚后逐渐和那淡漠了的芳华一样，热情慢慢褪去。

有一个星期天，爱青和名扬都在家，爱青想起堆了一个星期的衣服还没有洗，就早早地爬起来做家务了。把脏衣服扔进洗衣机之后，又开始给全家人做早饭，吃完早饭，又去孩子的房间整理屋子。然后她记起来，洗衣服的时候看见丈夫的衬衫破了。今天是星期天，大家都在家，她想一起上街给名扬买件衬衫，就和名扬说："我们一起上衣服店转转，给你买件衬衫吧，你做销售，要常见客户，穿得要像那么回事。"

看着妻子从早上起来就披头散发，不修边幅的样子，名扬忍不住问："你洗过脸没有？"

爱青却不在乎地说："你没看见吗？从早上起来，我就一直忙到现在，哪有时间洗脸啊，出门前，擦几下得了，又没人看。"

说完就从沙发上拿起一件居家服，换了身上的睡衣，镜子也不照一下，一边用手整理头发，一边对名扬说："走吧，买完早点回来做午饭。"

名扬看着妻子这么随便，梳头发都不用梳子，把头发往后一窝就要出门，实在是忍受不了，开口道："你结婚后怎么成了这副样子，哪个女人出门不照镜子，梳头是用手的？瞧瞧你都成了什么样子了，家里也穿这衣服，出门也穿这衣服，这样你就要出门了？碰上我同事我熟人怎么办，你不觉得丢脸啊？"爱青一听就火了："不就逛个街吗？我就怎么见不得人啊？你想让我再打扮成什么样？打扮成妖精似的和你上街，你就不丢脸了吗？再说了，你不看看我从早上忙到现在，我可没那功夫照镜子打扮！"

名扬见妻子不听劝，接着说："但是你也不能这么不讲究，这么邋遢啊，你看你，还像个女人吗？"这下爱青的火气又上来了："说了这么多，你不就是嫌我人老珠黄了吗？我可没闲情打扮得花枝招展地讨你欢心。嫁给你的这些年来，我就是怕尽不了当媳妇的责任。原来你还是没满意。我打不打扮都一样，你不就是嫌弃我老了吗？想休了我，你就休吧，悉听尊便！"

名扬没想到自己的一句话能让妻子想到离婚，呆在那里半天也没回过神来。

夫妻争执、闹矛盾是常事，但名扬和爱青的争吵却不是小摩擦、小误会，而是夫妻俩在婚姻态度、审美意识方面的巨大反差。虽然名扬说话语句方面有不当之处，但主要原因是爱青疏忽装扮太久，她以为结婚后就不需要天天化妆，于是乎整天"蓬头垢面"，觉得没必要为每天生活在一起的那个人打扮，这是很大的错误观念，这样的结果只会给他们的婚姻大打折扣。

俗话说："女为悦己者容。"可如今很多人认为这个"悦己者"已不是老公、老婆，有的人发起火来骂对方更是能穷极天下之脏话，嗓门可以盖过帕瓦罗蒂；一边吃饭一边说话，饭喷得到处都是，把家庭当成了丑陋的展厅。

在现实生活中，许多人一味地强调家庭的自主和随意，因而毫无顾忌和遮拦，不自觉地把陈旧、粗俗、丑陋的一面暴露给对方，他们不知道，这其实是对对方的一种打击和伤害，也就是等于向爱情和婚姻投毒和纵火。家庭不是丑陋的展厅，如果说男女相爱之初就是从魅力的角度去选择和要求对方，那么这种选择和要求绝不会一劳永逸。

一个人的魅力来自先天的赋予与后天的修饰，一副好相貌是一个人展现自身魅力的条件，而内在的素质修养与独特的个性更是展现魅力的一种最好的手段。

所谓爱情保鲜术，有时也是性感魅力的翻新术。所谓夫妻和谐、婚姻美满在很大程度上来源于夫妻对美的领略和鉴赏、创造和交流。多少妻子为能有一张生动的脸不厌其烦地涂涂抹抹；多少妻子为能有一副时髦的打扮不断更换时装；多少妻子为能有一副标致的身材节食减肥；多少丈夫愿意在妻子面前保持绅士风度；多少丈夫愿意在休息日的时候坚持早上刮胡子。

岁月可以流逝，但爱情不应该流逝；面容可以衰老，但不应该终结对美的追求。要捍卫婚姻，就要永远保持自己的魅力。

为婚姻，就要以一颗美丽的心相随，无论在什么时候，什么地点，都不要忘了为 Ta 保留那份美丽。那份美丽，是你的爱人一生中最重要的财富，它会深深影响对方的心，使 Ta 永远因你"为 Ta 美丽"而骄傲！

给对方一个爱你的理由

很多人都说，爱是不需要理由的，只要感觉对了，两人在一起就很幸福。正如那首《糊涂的爱》里唱的，大家都以为糊涂有理。糊里糊涂地爱了，糊里糊涂地分了，糊里糊涂地痛了，仿佛这样才可以证明自己爱得执着，爱得深情，爱得浪漫，爱得悲情感人，凄美无比。

而古往今来的文艺作品也热衷于对此类故事大肆渲染、大加赞美，更加坚定了那些痴男怨女们的爱情信念：为爱而死，死得其所，无怨无悔。可是毛泽东却说：世界上没有无缘无故的爱。

十年前小茜还在读大学，小茜是一个很有灵气的女孩子，就像金色的阳光在露珠上跳舞。

小茜算不上是十分标准的美人，因为她个子不高。一个晚上，小茜趴在图书馆的桌子上写作业，闭馆的铃响了，忽然听到有人对她说："明天我帮你占座位。"她吃惊地看到一张漂亮的脸，是小嘉，与她同系不同班。他是系里有名的帅小伙，是众多女生中的白马王子。小嘉一句话就像一张网，朝小茜兜头罩下，她像狂奔着突然被逮住的小动物，完全不能分析突发的情况。

小茜一向不喜欢被众星捧月的人，尤其是被女孩子们宠的男生。她知道他们班的一位丹凤眼的高挑女生从进校就开始向小嘉发起攻势，可是小茜不明白为什么小嘉会把万千种爱掷向自己。

从此，每晚图书馆里的找寻渐渐成为小茜生活的重心。在成百个人头或背影中细细辨认最熟悉的那一个，像拨开花丛找寻一朵独为你开放守候着的百合，每当她看见他温暖的背影时，愉悦的心情铺展开来。走过去，把书往静静等候她的桌面上一搁，对面的脑袋就抬起来。彼此相视着一笑，人群就渐渐隐去，他们的世界只剩正视对方。从此小茜和小嘉坠入疯狂的热恋中。小茜曾问小嘉为什么偏偏选择她。小嘉说："我十二岁时看《射雕英雄传》，很喜欢黄蓉，想将来要有个这样的女朋友就好了。她聪明、灵秀、美丽。像你一样可爱。"以后的三年里，他们一直是校园里的一道风景。小茜内心的缺憾被小嘉的柔情织补，小茜成为世上最自信的女子。毕业时，在本地能找到好工作，小嘉就是当地人，小茜当然决心和小嘉在一起。到了工作稳定需要谈婚论嫁的时候，小嘉却提出了分手，理由是小嘉的母亲不喜欢小茜。"我们分手吧。"他说。"你说你爱我的。"小茜的血流狂乱起来。"当初不懂事。"他说。"不懂事？真可笑，现在懂事了？""你别再缠着我好不好？"缠着他？小茜觉得很委屈，从来没有准备在一世珍生的爱情里有这样的对白。"如果你不想分手，那就做出点什么让我妈看，好让我也能交待。"小茜忽然变得很没情绪。那些燃烧了多年的爱连一丝烟都没冒就被泼上大水一样无声熄灭了。小茜突然觉得自己确实找不到自己被爱的理由了。

宝哥哥为什么独爱林妹妹？大观园里美女如云，若论才貌贤德，宝姐姐一点也不输，甚至比林妹妹更胜一筹，而宝哥哥却是情有独钟。只因为偌大的荣宁两府，只有这个林妹妹"何曾说过这样的混账话"，只有她从来不会劝宝哥哥"多读圣贤之书，求取功名"。林妹妹在窗外听得宝玉如此赞她，禁不住泪如雨下，心中暗忖："素日原当他是个知己，原来他果然是个知己。"自此两人心意相通，再无猜忌，他们爱得一点都不糊涂，很清楚很真实。

长生殿里的三郎，后宫佳丽三千，玄宗却将三千宠爱统统归于玉环一身，不仅仅是因为她天生丽质难自弃，回眸一笑百媚生吧。若论美貌才情，梅妃亦是丰神楚楚，秀骨姗姗，能诗善赋。玄宗本就是精通音律和舞蹈的创作型音乐才子，他一手创建了大唐宫廷乐队"梨园"，并亲自训练乐师舞女。而玉环亦是精音律，擅歌舞，善弹琵琶，还是个击磬高手，她演奏时"拊搏之音泠泠然，多新声，虽梨园弟子，莫能及之"。由他们两人倾心创作，玄宗任总导演，玉环担任第一女主角的大型音乐剧《霓裳羽衣曲》，堪称大唐歌舞的盛世经典，至今依然是音乐舞蹈史上一颗璀璨的明珠。

对此，有白居易诗为证：千歌万舞不可数，就中最爱霓裳舞。

这样相爱的理由还不够吗？这样的两个人，他们不再是单纯的君王和宠妃，他们惺惺相惜，没有人可以拆散这样的爱情，恐怕连死亡也不能。

决不放弃你的尊严

婚姻中的尊严就是爱和宽容，但原则性问题决不让步。人无完人，无论是你自己还是你的另一半，都会有缺点，也都可能会做错事。爱是解决婚姻问题的一把总钥匙，既然爱，当然就必须学会大事化小、小事化了，婚前要睁大眼，婚后则要学会适时闭眼。但显然，爱不等于失去原则，不等于溺爱纵容，对方所犯的一些原则性错误则坚决不能让步，特别是第一次，因为有了第一次则可能会有第二次，所以必须坚决阻止，比如背叛婚姻的行为。当然，并不是说一定不要原谅，要视情况而定，而且态度要果断坚决，要让对方感觉到你的明确态度。

婚姻不是奴役，而是生长于自由空间的爱的关系。只有在爱与尊严并行之处，爱才有存在的空间。

子木是在学校毕业典礼上认识何晴的，她是晚会的赞助商。晚会结束后的晚宴上，子木认识了这个事业有成的女人，何晴给了子木一张名片，让他想找工作的时候就去找她。几个月后的子木，跑了很多个招聘会也没有找到工作，这时他想起了何晴，何晴很爽快地说："上我这来工作吧，我都给你留好位置了！"有了何晴的承诺，子木果然很顺利地进了她的公司。

来到公司后，何晴总是会有意无意地带子木出入一些重要宴会，公司有什么重大决策，她也会询问子木的意见。子木不是不知道何晴的意图，只是他不愿意去多想。直到有一天何晴向他吐露了内心无法释放的苦闷和对他的爱意。原来商场得意的她，情场却很失意，何晴的未婚夫就在离结婚还有一个星期的时候，突然提出要和何晴分手，原因是他爱上了别人。子木当时不知道要怎么做，毕竟何晴比自己大了6岁，况且，自己对何晴除了敬仰之情，有没有爱情自己也不能确定。但是，有的时候看见何晴的背影，子木还是会涌起一股怜香惜玉之情，觉得一个女人独自闯江湖也很不容易，于是子木就和何晴走到了一起。

可是结婚后，子木才发现自己对何晴之前的了解都是肤浅的，了解越多失望就越浓。子木发现何晴的未婚夫离开她是有原因的。因为何晴是一个极度自私怪异的人，为了个人利益，什么事情都能做得出来。做惯了女强人的她，从来不理会别人的感受。比方说，子木想把家里的父母接来同住一段时间，于是他把这想法告诉了何晴，却遭到了她的极力反对。她恶狠狠地说道："一个房子怎么能住那么多人？何况还是没文化的老头老太。"她把"没文化"那三个字说得特别重，子木感觉自己的自尊受到前所未有的伤害，心寒一阵又一阵。他终于明白，其实在何晴面前，自己已经没有了尊严。子木愤怒了，跟何晴大吵一架，最后何晴退了一步，只准许子木在外面租房子让父母独住。还有一次五一节，子木和何晴驾着车去旅游。在城外的加油站，竟然遇到了子木大学里的好朋友。遇见很久没见的好友，子木的心里满是欢喜。"有空来我家玩吧！"子木热情地发出邀请，并留下自己的名片给他。朋友刚接过名片，还没来得及回话，何晴便冷漠地把子木拉进车里，一踩油门，扬长而去。

这样的生活让子木觉得对婚姻已经没有任何的期望。子木在表面上很风光，内心压抑并痛苦着，没有朋友，也没有亲戚家人的相互走动，公司员工对子木的毕恭毕敬也有别于诚挚交往。子木突然意识到自己在这场婚姻中是一个彻底的失败者，丝毫没有任何尊严可言。于是他想到了离婚。

不轻言离婚但也不死守婚姻。任何人想要得到别人的尊重，首先自己要尊重自己。尊严是别人给的，但首先是自己给的。这个世界上谁都可以不尊重你，但你自己永远必须尊重自己。生活是这样，婚姻中也一样。一个过于好脾气的人有时正是懦弱的代名词，人都是有些贱性的，婚姻中人想要赢得对方的的尊重，想要赢得该有的地位，就得首先尊重自己！路上有一位美貌非凡的女子，引得路人禁不住抬头看上两眼。一位绅士途经此处，他被女子的美貌深深的吸引，便上前向她表明爱意，女子高傲地说："如果你真的爱我，请在街的那边站上一百天，我自会在那里等你。"绅士什么话也没多说，就开始站在街的那一头。九十九天过去了，再有一天就要到期，女子慕然回首，看那三个月都纹丝不动的绅士，突然女子惊呆了，只见那个绅士缓缓地直起身，若无其事地走了。九十九天！绅士欠缺的不是耐心，他恰如其分地表达了自己的深情，又恰如其分地保留了自己的尊严。人的尊严必须像树那样高耸挺立。如果你不想失去 Ta，那就请爱护对方的尊严。

重视婚姻但决不把婚姻当做生活的全部。男人多半以工作事业为中心，女人则多半把婚姻当做一辈子的事业，事业除了自己的主观努力外，却还需要对方的配合，否则即便你再努力，你的婚姻也还是会失败。其实无论是工作事业还是婚姻爱情，有时候不妨抱着一些随缘的心态，过于在意反而可能坏事。一个人当然应该要重视婚姻，婚姻本就是人生最大的事，但重视婚姻决不等于要把婚姻当做人生的全部。很多人栽就栽在将人生全部的幸福快乐一股脑全压在婚姻中，可婚姻能否成功却要取决于另一个人是否配合，而一个人不可能总是能支配另一半，于是婚姻幸福似乎总难有保障。想一想，人生的幸福快乐主要来自婚姻，但也可以来自其他很多事或物上，即便是一个人过一辈子，也同样可以过得快乐、幸福无比。

不轻言离婚但也不死守婚姻敢于说不。婚姻不是儿戏，岂能说结就结说离就离？不赞成闪婚，更不赞成轻易就离婚。结婚离婚不是进出菜园子，牵涉的人太多，而投入过感情的事岂能离合自如？这世上没有不付出努力的幸福，无论是工作生活还是婚姻情感，都不会总是一帆风顺，有甜蜜幸福，也可能会有痛苦泪水。遇到问题，就要学会去面对，并试着去解决，而不是一遇到问题就离婚。

婚姻是一种无私无畏付出的过程，往往包容太多的牺牲。为婚姻而殚精竭虑，赴汤蹈火，但是更重要的是你对婚姻的诚挚和严肃，而绝不是卑微的祈求。感情需要争取，如果一个人连尊严都没有，那他又有什么资格去追求爱情呢？婚姻中的男女应该站在平等的地位，尊重自己，同时也尊重对方。

给你的另一半制造一点危机

当两人陷入恋爱时，总有人在说"爱你到永远"，又有另外的一些人在问"永远到底有多远"。在爱情的发展变化里，两人之间的相处可能越来越好，感情随着时间的沉淀而越来越深；也可能彼此之间越来越冷淡和厌恶，在抱怨和不满中将就着过日子；甚至还可能反目成仇、劳燕分飞。这就需要恋爱的双方不断地为这份感情加分，让它保值升值，方能推动两人的爱情朝着良性方向发展。

有一位妻子深有感触地说起自己的婚姻。从结婚的第一天开始，丈夫总是习惯于对她说："你快去做饭吧，我已经饿了。"等她辛辛苦苦将做出来的饭菜端上桌时，丈夫不是挑剔她炒菜的手艺，就是嫌弃菜肴的搭配不合理。妻子觉得很委屈，但从小在母亲那儿受过的传统美德教育让她没有争辩，而是暗下决心：下次争取做得更好。这样持续了近半年。有一天，当丈夫又提出要她去做饭时，妻子突然大声质问："为什么不是你去做饭？"丈夫很吃惊。接着，他们发生了争吵，而且冷战了一个星期。后来，他们有了一个约定：谁先到家，谁去做饭。妻子单位离家近，事实上，妻子做饭仍然是大多数，不过，这以后，丈夫的挑剔少多了。妻子说："其实，做两个人的饭也不是什么特别重的活儿，我只是让他知道做饭不是我的职责，他也应该负责。他如果不能去尽职，至少不该抱怨，我保护了我自己。"

可见在婚姻中当大家已经习惯一种模式时，要改变它是很困难的，而且有时候，模式的改变还会给当事人带来伤害。但是，如果不能改变这种没有界线的模式，它带来的将会是更长久的伤害。婚姻本身有惰性，杜绝婚姻的惰性，必须给对方一点危机感。比方说当一个人和另一个人说："给我一些时间。"那么在那段时间里，另一个人的每一刻都要好好表现。正因为每一天都充满危机感的不确定性，所以，每次离别都像是分手，每次见面都会让人觉得无比幸福。

小舒大专毕业就走上了社会，刚毕业那会儿还是个小女孩的心态，整天疯狂工作，疯狂逛街，疯狂购物。可是自从结婚后，就变得收敛了许多，用她的话说："老公是研究生，我有危机感啊。"小舒所谓的"危机"，其实是害怕在学历上与男友的差距，唯恐将来"没有共同语言"。于是，她放弃了疯狂购物的嗜好，腾出很多时间，报考了专升本的补习班，"升了本科后我还要考研"，这是小舒当初的誓言。

而小舒的丈夫有着一脸的书生气，言谈举止中没有丝毫傲气，从来没有让小舒感觉彼此之间有多大的差距。但小舒还是坚持自己的观点，乐此不疲地学习着。日子顺风顺水，可是小舒的"学业"却丝毫没有长进。"也许是离开学校太久了，书根本就看不进去，好几次考试都考砸了，补考费倒是交了不少。"朋友们劝她，算了吧，你们都结婚了，而且现在感情不是很好吗，干嘛还在乎那些学历上的差距呢？可是小舒死活不干。她说："他也曾让我不要再考了，在我们刚刚开始恋爱的时候，他就说过根本就不在乎。可我不，我觉得爱情就应该是双方平等的，虽然在一起生活了几年后，我也感觉到大专生和研究生的学历并不成为感情的障碍，但我还是想通过自己的努力能够赶上他。"小舒说，现在他们的家晚上的情景经常是：他在电脑前写文章，听音乐；她在书房里埋头苦读，遇到不懂的，她时不时会跑来问问他；他也会悄悄削个苹果放在她的案前，给她加油鼓劲。

其实只有给对方危机感的情况下，对方才会用自己的"追赶"表达着自己的爱，婚后的你有没有因为"反正有人要了"而疏于外表形象的管理？有没有想过自己正变得越来越唠叨、越来越邋遢、越来越庸俗，再也不像青春年少时那样单纯明媚、保持对生活旺盛的热情和好奇？

给你的另一半制造一点危机感，是保鲜亦或是拯救婚姻的催化剂，在这种催化剂的作用下，夫妻双方一定会更懂得如何去捍卫自己的婚姻，更懂得如何给婚姻生活补充和添加新鲜营养。

可是制造危机要适当，不要让危机感太大，持续的期限太长，否则会让对方承受不起而选择离开。因为，在婚姻中安全感和危机感是相辅相成的。所以，危机感就像一只风筝，收缩自如。给对方一点酸的同时，也不要忘了给 Ta 一点甜。有时和你思念的人保持距离，让 Ta 品尝品尝思念的滋味。过于紧密的关系并不利于婚姻的发展，它会让婚姻过早地步入疲劳期，减短寿命。而适当地保持距离，不仅会让婚姻中的双方更多地体味到初恋时那种怦然心动的感觉，还能对婚姻起到催化的作用。此外，危机感还来源于很多方面，如你的学历、谈吐、性格、修养、魅力、经验等等。

当你的婚姻因为危机感而产生了华丽的美感时，感谢自己吧！适度的危机感是一种恰到好处的提醒，提醒你的另一半应该多重视你一点，多爱你一点。这难道不正中你的下怀吗？

第五章

改变能改变的

别让你的爱情过期

在婚姻里，你的爱情容易过期，但是对于许多身处爱情之中的男女来说，没有几个人会这么认为。是啊，爱情到来时，花前月下，卿卿我我，这么厚实的感情基础，谁都感觉是坚不可摧的。可是，事实又如何呢？

事实是，轰轰烈烈的恋爱后是热热闹闹的结婚，而婚后的生活，就像一壶烧开了的水忽然撤了火，顿时平静下来，进而逐渐冷却，剩下的就是去品尝那淡而无味的白开水。"千里之堤，溃于蚁穴。"生活中的繁杂琐事就像成群结队的蝼蚁，在一点点地吞噬过去引以为自豪的厚实基础，两个人难免变得彼此不能相容了，常为一些鸡毛蒜皮的事大动干戈已经是司空见惯。

他和她是青梅竹马的一对儿，恋爱那会儿要多浪漫有多浪漫，要多恩爱有多恩爱。像许多恋人一样，她也从来不相信婚姻会是爱情的坟墓。但是，同样和许多走进婚姻生活中的人一样，当他们开始了婚姻生活之后，也很快就发现婚姻生活并不是他们当初想象的那样美好。

那次，同样因为一件小事，他们闹了个天翻地覆。结果，气愤的她把他赶出了家门，并宣布给他 10 天的准备时间，上法庭离婚。丈夫走了，她感觉心空了，整天呆坐在家里，望着大堆大堆的爱情信物，泪如泉涌。

日子在泪水的浸泡中膨胀，她始终转悠在对往昔的美好回忆里，这却让她更加痛苦。为摆脱这种心境，她决定走出家去散散心。离家不远处是县里的一所博物馆，尽管已近黄昏，可还是有不少游人。从表情上可看出，他们是心满意足的。那博物馆她去过多次，所陈列的不过是一些锈迹斑斑的破铜烂铁罢了，不时还散发出腐尸一般的气味来。可人们总能够剥去它们身上的沧桑，穿越时空，回忆起当时或群雄纷争或天下大治的情景来。文物，它本身就是历史的一个浓缩。她想起了家中那几大抽屉的爱情信物，它们不也浓缩了她曾经的爱情么？可这些爱情信物于她却只能是伤心的回忆。

坐在馆门前的台阶上，邻居方老太凑了上来。那是位退休的教师，多年来一直独身，为人热诚善良。也许是看见了她残留的泪痕，方老太问："啥事不开心？"等得知事情原委后，老太太长长叹了一口气："唉，年轻人总这样。要不我给你讲个故事：

有这么一对恋人，他们是邻居也是同学。从国外留学回来后，男的从事考古工作，走南闯北；女的在学校教书，兢兢业业。他们夫妻恩爱，在别人眼里是天设地造的一对。可女的总嫌男的不够体贴，少有时间陪她，对他怨言不少。不久，在一次文物挖掘中，一块松动的石头突然从天而降，重重压在了男的身上，等女的赶到时，他早已气息奄奄。临终前，他的手始终指向搁在一边的旅行包。待女的打开包时，惊呆了：这包可真算得上一个小型的爱情博物馆，题诗的枫叶、凝泪的花瓣、玫瑰信笺、纤纤玉照……里面珍藏着各式各样的物件，而每件物品上都贴上了标签，上面不但注明了物品的来历，还在它背后注上了隐藏着他俩的爱情故事。他是以这种特殊的方式来表达对她的思念和爱意。女的一见，顿时晕死过去。"

方老太像在回忆一般，眼圈微红：

"爱情对他俩是不公平的，他们本应该成为白头偕老的一对，可如今，只给她空留一堆爱情文物，从此阴阳两隔……其实，爱情不应该被保留，不应该成为只有在锈迹斑驳时才体现其价值的文物，应该常驻心间，像不竭的甘泉，与时间、生活一起流动，一起消逝……"

夕阳斜照，金黄色的余晖静静地泻在方老太布满皱纹的脸上，像陈列文物的斑迹一样，让人感到世间的沧桑。"现在年轻人购买很多昂贵的物品来作为爱情信物，钻石戒指或铂金项链或翡翠手镯，以为这样爱情便稳固了。的确，爱情需要珍惜，但更应在心中去珍惜，去体味。"

回到家里，她反复思量方老太的话。丈夫不知几时偷偷回来了，悄悄地蒙住了她的眼睛，她猛地扑了过去，早已泣不成声："别让我们的爱情成为文物，好吗？"丈夫虽一脸惊讶，却在使劲地点头。

在"没有钱，爱情只是一种奢望"的社会，在柴米油盐酱醋茶不停地吞噬我们激情的日子里，让我们好好珍惜，想尽一切办法来延续我们的爱情，别让我们的爱情成为"文物"。

生活虽平淡，但感情很真，谁也离不开谁。现在的年轻人好的时候海誓山盟，爱得死去活来，一说分手就什么都不顾，这样的婚姻怎能白头到偕老？在当今社会，婚姻自主权得到了充分发挥和实现，不受他人干涉。过去传统的"嫁定终身"，"嫁鸡随鸡嫁狗随狗"等封建思想已越来越少，这时，如何保鲜婚姻，成了每个人、每个家庭的一道门坎。其实，每个人在婚姻生活中都扮演着不同的角色，有成功的，也有失败的，这似乎取决于你对婚姻生活的理解和你对婚姻的态度。那么，听听网民是如何看待的。当最初的激情过去后，在漫长的婚姻生活中，无论新婚燕尔还是老夫老妻，都会困扰于"感情淡漠"亦或"婚姻乏味"，那么在日复一日，年复一年的平淡生活中，该如何将充满暗流的婚姻经营得有声有色、保持新鲜呢？

那些能保持自己的爱情，即使在结婚多年以后仍能幸福地生活在一起的夫妻，绝不把他们之间的关系当做理所当然的事情。他们每天都将他们的感情看做是新的和始终变化的。

1. 经常说"我爱你"。

幸福地结合在一起的人会用语言表达他们的爱情。而不是说："干嘛老问我是否爱你？不爱你会和你结婚吗？"

2. 相互尊重和欣赏。

幸福的夫妻会谈论使对方满意的东西。"我的丈夫始终是我最好的听众"，一位妇女说，"不管是我工作的感受还是我对一个晚会的看法，不管我穿衣的方式，还是我做的饭菜——他都非常注意。他显示出因我而自豪。"

3. 彼此开诚布公。

幸福结合的夫妻要比其他人对配偶更敞开他们的内心世界。他们诉说想法、感觉、希望和要求，同时还有病情、生气、思念和尴尬或者痛苦经历的回忆。

4. 互相支持。

幸福的夫妻在对方生病、遇到问题和面临危机时都会守在对方身旁。他们相互保护和照顾。

5. 他们通过礼物表达爱情。

幸福的夫妻常常因为普通的理由互赠礼物，或者常为对方干一部分工作。这些礼物的价值不是主要的，唯一目的是能为对方带来快乐。奖赏是幸福的表达或脸上的满足。

6. 接受合理要求也容忍缺点。

每对幸福的夫妻中都存在着合理要求和缺点。双方都清楚对方好的一面可以更多地弥补差的一面。双方都更喜欢积极的反应，而不是消极地让过分繁忙影响相互间的感情。这并不是说不要请对方改变一定的行为方式。但他们不会过高地估计困难。

7. 为二人世界挤出时间。

在重要事情的排序中，呆在一起是非常靠前的。他们知道爱情需要集中精力和时间，不乐意使他们分开的事情入侵。夫妻呆在一起的时间最受限制的不是工作，而是被称之为"社会责任"的东西。访亲探友可能是美好的事情，但它们不是夫妻二人独处的代用品。

为婚姻重新培养你的性格

有一个故事：英国女王伊丽莎白和丈夫发生了争吵，晚上发现卧室的门紧关着。女王敲门，丈夫问："谁?"女王傲气地回答："英国女王。"丈夫没有开门。她又敲，丈夫又问："谁?"女王回答："伊丽莎白。"丈夫还是没有开门。伊丽莎白女王似乎意识到了什么，最后，她答道："亲爱的，我是你的妻子伊丽莎白啊。"听到这话，丈夫才打开门。在婚姻之中，无论是谁，都要收敛自己的脾气和性格，要磨平自己的棱角，幸福不是随心所欲，而婚姻和生活是性格的最佳雕塑师，在年龄适宜、具备一定的改变潜力的情况下，性格的改变自然会发生。性格发生改变的核心机制，就是在婚姻的这一内在驱动力之下，通过角色的转换或者生活经历塑造人格。这也就是说，性格的改变，是生活经历塑造出来的，这是婚姻对一个人性格和习惯上的主动改造性；反过来，一个人在婚姻中，为了能更好地适应婚姻生活，也会从主观上进行自我性格和习惯的改观。其实，我们每个人的性格，都在随着时间的推移，发生着或大或小的变化。人的性格变化，是对自己婚姻的适应过程，也是婚姻和谐的一个重要因素。但是一个人性格的培养最关键的，还是人本身的改变潜力、改变欲望和改变能力。

1986 年出身的陈琳和同样是 80 后的于鹏结婚了。婚姻没有陈琳想象中的甜蜜和幸福，反而矛盾越来越多，于鹏和陈琳都是家里的独生子女，从小于鹏就养成了大手大脚花钱的习惯，一个月工资一发下来，很快就花完了。陈琳就对于鹏说："婚前做'月光族'也就算了，现在结了婚有家要顾，还当'月光族'就有点说不过去了。"于鹏听了就有点不高兴了："就会说别人，你自己也要检讨一下自己，家里的活，什么收拾屋子、做饭洗衣服，样样你都拿不起来。"与此同时，两人个性方面也不时发生冲撞，换新手机必须两人一人一部，MP3、数码相机甚至电脑要置办也得平分秋色，可即便如此，因生活琐事引发的争吵还是越来越频繁。终于有一次，双方的矛盾彻底爆发，互不相让的两人在结婚周年时领回了离婚证。

这是如今典型的 80 后的婚姻，不肯改变自己也不肯过多地包容对方，经济不独立、家务低能，又缺乏婚姻该有的宽容，使得婚姻匆匆谢幕。

不相信爱情的人是可悲的，只信爱情的人是幼稚的。爱情是主观的东西，用唯物主义观点来分析，是客观实际见之于主观而形成的印象，你爱 Ta，说明 Ta 身上固有的东西吸引了你，有些东西是暂时的，比如说甜言蜜语，帅气靓丽。有些东西是永久的，比如性格，比如进取心，比如品质。无私给予和大度在短期也是容易付出的，无论何种性格何种品质，因为那时 Ta 确实对你有好感，但是这种给予和大度能够持续多长时间，关键看性格。由此可见，在婚姻上重新培养你的性格是何等重要。

改变性格的要点有三：

首先是在不能改变的情况下，暂时接受自己的性格缺陷。自责和自卑不会给自己带来丝毫益处。况且，性格缺陷不是自己的错，它是父母亲的杰作，我们只是命运的承受者和改变着。

其次，完全接受了自己之后，就是冷静地分析自己性格的所长所短，尽可能扬长避短。

第三就是学会从对方身上找优点，来补充自身的弱点。夫妻之道在于共同进步，应当多惦念对方的好处，将自己的心态放宽，把对方给予你的包容、宽厚、理解等爱的各种形式也在潜移默化的生活中一点点回馈给对方，或者再加上你自身的一些优点，要知道在一定程度上改变自己，也就是在改变你的婚姻现状。

在婚姻生活中没有绝对好的人格，也没有绝对的希望。无论喜欢与否，每个人都有各自独特的性格，每种性格都有一定的合理性和适应性，也伴随着与性格相应的希望和可能。无法选择父母赋予你什么样的性格，但是，你可以选择在后天当中慢慢地改变自己，寻找适合自己婚姻的性格，做自己能做的事情，不伤害对方也就是不伤害自己。

不要太强调你的"付出"

经常听到一些久在围城里的女性朋友们抱怨："我就像一只陀螺一样，从早上开始就一直围着他转，围着孩子转，然后就转到单位里，晚上回来还要在一大堆家务里打转，你说，我一天天容易吗？就这样，他还不满意，嫌这嫌那。"

社会心理学上有一个人际交换理论，认为人与人之间的关系，存在一种类似于商品交换的规则。而我们每个人心中也有着杆秤，衡量着自己的付出和收获。这一原则，同样适用于夫妻关系。人们之所以经常会产生这样或者那样的对另一方的抱怨，是因为在自己倾其所有为这个家付出的时候，实际上他们也是期待着对方给予自己同等的回报，一旦觉得对方的回报没有达到预期的"量"，他们就会感到失望，抱怨由此产生。而且，不仅仅是"吃亏"的一方感觉不好，貌似"占便宜"的一方感受也不好，尤其是在夫妻等亲密关系中，总"占便宜"的一方容易感到压抑、窒息。因为一方付出的太多，另一方似乎就没有了价值，没有了成就感。被动地生活在所谓的舒适中，是一种压抑，一种窒息，而不是一种轻松和自得。婚姻就像一个天平，左端的付出多一点，右端的为了平衡关系，就会付出更多一点，然后左边就会再增加一点……于是，夫妻间的爱在趋于平衡的天平两端长久地维持着。但是，倘若一方拼命地往天平的一端加东西，天平就会过度倾斜，婚姻也就出现问题了。

有句话叫"善良的最高原则是保持受施者的尊严"。这句话放在婚姻里来说，就是"不要太强调你的付出"。说多了，对方会烦、会有压力、会觉得你是在施舍。你又何必做些出力不讨好的事呢？如果 Ta 看到了，你的付出自然会有价值；如果 Ta 看不到，你说再多也没用。

晓萍原本是个幸福的女人。大学毕业时如愿嫁给了自己的男朋友，跟他结婚生子，日子平静顺利得让人羡慕。而她，也从来没掩饰自己的幸福。

可是，这段让人交口称赞的婚姻突然间像失去了藤蔓的牵牛花，在一夜间迅速地垮掉了。听者无不惊奇感慨。其实，毁掉这段婚姻的不是别人，正是晓萍自己。

丈夫家境贫寒，当初创业时用了晓萍娘家20万。好在丈夫也争气，不出几年，不但挣回了本钱，还把事业发展得很大，生活越发有声有色。而丈夫一直忙于扩张事业，家里的事都落到晓萍头上。晓萍一边照顾孩子，一边忙着自己的工作，还有两边的老人。虽然很累，但是想到丈夫、家、孩子，又觉得非常幸福。但她又要忙工作，又要照顾家，精力明显不够。晓萍跟丈夫商量过后，把工作辞了，做了全职主妇。

开始的时候倒也不错，但慢慢地，晓萍看着光芒尽显的丈夫，心里总会产生一种难言的恐慌。特别是跟他一起参加一些社交场合时，晓萍看到一些年轻漂亮又野性十足的小姑娘，毫不忌惮地表示着对丈夫露骨的兴趣，她心里就像压上了块大石头，沉重得喘不过气来。她们正是大好的年华，而自己却是个终日待在家里看家、照顾孩子、伺候丈夫的黄脸婆。

一害怕，她的行为就有些失常。晓萍开始无端地怀疑丈夫，回家太晚就会神经质地追问他去了哪里。丈夫累了一天，一有点不耐烦，晓萍就会恶狠狠地甩上一句："你别忘了你的今天是怎么来的！是我们家给了你20万！我为了你、为了这个家，辞了职，全心全力地伺候你爹娘、你儿子！做人不能没有良心！"

开始的时候，丈夫总是无言地忍了。看着丈夫那张隐忍的脸，晓萍就觉得特别安全，这个男人欠自己的，所以，他永远都是自己的。

但是，她显然低估了自己这些话的杀伤力。特别是到最后，她已经形成了习惯，每次吵架总会拿出来说道一番。在一次激烈的争吵之后，丈夫终于咬着牙说出了"离婚"。晓萍气得浑身发抖，忍不住又要拿出那段说词，还没说完，就被丈夫打断了："我知道，我用了你们家20万，我欠你的今天再还一次，连利息一块算上。行了吧！"

晓萍试图用不断地提醒丈夫的"起家史"来引发丈夫愧疚的做法，从本质上讲是愚蠢的。丈夫先前的容忍，确实有愧疚的因素在内，但长此以往的强调，会让他想起过往的"难堪"。他觉得自己受到了侮辱，进而产生摧毁婚姻的欲望，因为这段婚姻在时时地提醒着他，他的成功，是因为一个女人无条件的付出和牺牲。这是他的自尊心不允许的。也许，以前这段婚姻并没有带给他这种难堪。每一个人都是有自尊的，随着晓萍的不断提醒，晓萍丈夫潜意识中不想重视的一些因素就会跳出来折磨他的尊严。很显然，这段婚姻出现问题几乎是必然的。

其实，任何一段婚姻中，都会存在不同程度的付出和牺牲。不论男女，在婚姻面前都是有牺牲的。丈夫为了家庭，放弃了很多和家人欢聚一堂，共享天伦的时间，在外面浮浮沉沉，说不定还要受尽冷眼算计，才能换来一时的成功；而妻子为成全丈夫的事业而牺牲、割舍自己的前途。当你一旦决定走进婚姻，那么，也就意味着，你同时选择了面对这些牺牲，并且在这些牺牲上，保持"缄默"。你可以记得，可以偶尔拿出来叨念一下自己的付出，但切忌不可太过强调。毕竟，当时你是用它换取你们婚姻的相对平衡。可是，普天之下，做出牺牲的并不只有你一个，至少还有你的另一半，有一切和你一样呆在围城里的男男女女。当你把"付出"当筹码不断地向Ta"邀功请赏"时，你的付出反而会累坏了婚姻。

幸福和谐的婚姻，需要智慧的付出、适度的付出。如果你的付出超过了对方所能承受的，最后的结果很可能是"累"坏了婚姻。超额付出最有可能导致两种负面的后果，第一种是让付出者本人产生一种抱怨心理；第二种是给付出的对象造成过大的压力。

很多人好将自己的牺牲和付出看做是对对方的一种爱、一种成全。如放弃工作、放弃圈子、放弃朋友、放弃属于自己的时间，以为这就是爱。殊不知，放弃得越多，安全感越薄弱，生怕对方不能给自己的付出以反馈。于是，"我为了你……""你这样做对不起我"等抱怨产生了，这些抱怨的背后实际上是不安和危机。而如果过度地付出，没有以抱怨的形式表达出来，而是以一种居高临下的姿态凌驾于对方之上，这种情况下，接受付出的一方会感到很压抑，很难受。

德国心理学家海林格认为，在婚姻生活中，如果一方只是付出而不接受，另一方很快就会不想再接受；如果一方给得太多，超过了另一方报答的意愿和能力时，另一方就会想结束这种关系。因此，作为相爱的双方来讲，需要认识到所谓婚姻，是两个独立的人选择了在一起的生活方式。你们可以相互温暖、相互依靠，但是，千万不要太强调你的付出，这样Ta累，你累，婚姻也会累。

Ta 的过去你别刨

有这样一个小故事：

一间屋子里住着两只龟，一只是公龟，一只是美女龟妹。

"今天你喜不喜欢我？"龟妹问。

"喜欢……"

"可是你只是今天喜欢我。那你昨天和明天就不喜欢我？这说明你对我的爱是短暂的。"

"我永远都喜欢你。真的，我发誓。"龟兄鼻尖冒了汗。

"我每次问你你才说，一点诚意都没有。"龟妹说。

"那你昨天为什么不喜欢我？"龟妹又抠着自己的指甲问。

"因为昨天我还没遇到你啊？"龟兄很坚定地说。

"如果今天你还没遇见我，你怎么办？"龟妹又问。

"那我就使劲爬，争取早点遇见你。"

"你之前都干嘛去了？你为什么不早点使劲爬，这样不早就遇见我了吗？"

"……"

很多人就是喜欢这样，死死地扣着对方的"昨天"不放，一定要刨根问底，问到对方哑口无言，不知道怎么回答才行。其实在这种步步紧逼式的追问下，隐藏的是一颗不安的心，这样的人在爱情婚姻上没有足够的自信，而一个人的阅历如果足够丰富，那么 Ta 会做一个上等的情人，决不主动打听伴侣的爱情履历，因为 Ta 有足够的自信。知道自己才是最好的。他们只会选择尽情地分享他们今天的婚姻，而不是去刨 Ta 的过去。

碧莲和小彬结婚快两年了。小彬从名牌大学毕业后，找到一份收入不菲的工作。而且他是一个顾家的丈夫，碧莲被他宠得像一个幸福的公主。

刚开始相处的那段日子，他们对生活充满信心和希望，也最大限度地投入其中，对彼此曾经的感情经历都没有时间顾得上多问。在小彬之前，碧莲交过一个男友，虽然两人在一起的时间并不长，但是碧莲在心里还是不自觉地常常把小彬和他拿来作比较。越比较，就越觉出小彬的出色，于是就下决心一定要好好珍惜这段婚姻。

碧莲觉得，夫妻之间应该坦白，于是她向丈夫追问起他过往的感情经历。可是，小彬却对此闭口不谈，因为他觉得逝者已矣，自己已经结婚了，过去的事情没什么好提的。碧莲为了向小彬表明自己并不介意，先向他坦陈了自己的感情经历。小彬只好也断断续续地谈了他之前唯一的一次感情经历。从小彬的口中得知，他的初恋女友和他是大学同学，人既漂亮又聪明，两人在大学里谈了 4 年，感情一直很好，后来因为毕业分配去向不同而无奈分手。

虽然小彬说这些的时候就像是在说别人的事一样，已经没什么太大的感触了，但碧莲心里还是酸酸的。那么出色的女孩，难道仅仅是因为毕业分配问题就分手了吗？碧莲对他的说法很是怀疑。于是，有事没事就挖掘他们以前相处时的细节，试图从中找到事实的真相。

后来，从小彬的女同学口中，碧莲套出了事情的真相，大致情况的确如小彬所说。只是，他隐瞒了他当时因为分手而痛苦得无法自拔的事实。碧莲的心却再也平静不了了，他现在真的忘记了他的前女友吗？他是把我当成她的替身吗？他到底爱谁更多一些……诸如此类的问题，天天折磨着碧莲。

每当他们像以前一样手拉手出去散步的时候，碧莲就会想到小彬和他的前女友曾经也这样浪漫。面对小彬的体贴和呵护，碧莲也不再感动，心想他对那个女孩可能比对自己还要殷勤。

从此，小彬的前女友像影子一样，在碧莲的心里晃来晃去。常常是他们正在做着一件事，碧莲就会马上想到小彬和前女友当时是否也是如此。当从小彬那儿问到结果后，她的心里又很不高兴。她觉得小彬记得这么清楚，肯定是对前女友念念不忘。终于有一次，碧莲忍不住问出了口："我和你的前女友到底谁比较好？"小彬听了先是一愣，可是马上又回过神来，碧莲没想到就是自己的这句话，使得平时温文尔雅的丈夫，对自己发了结婚一来的第一次火。

追问对方的过去，就是在潜意识里，拿对方过去的情人和自己做比较，这不仅表明这个人没有足够的自信，也说明 Ta 对婚姻以及对方的不信任。

知道对方的情史，是为了更了解 Ta。可是，你并没有必要了解他的旧情人。好奇，也要留有余地，留一点空间给对方和自己。逼迫 Ta 说出某年某天的一个情景，譬如说，Ta 曾经对以前的 Ta 做过什么浪漫的事。如果 Ta 说的浪漫的事没有对你做过，那么你就会心存嫉妒；如果 Ta 也对你做过这样的事，你也不再感动，因为 Ta 对别人也做过。此外这样的重演也就是在帮助 Ta 重温旧梦，在你妒忌之余，你开始怀疑 Ta 到底爱谁更多一点。显然对 Ta 的过去打破砂锅问到底的做法是不明智的。

其实谁没有过去呢？

前尘往事，是无法介意的。知道了，便无法控制自己，想不介意也难。若是不知道，那就无从介意了。所以不要再做这种傻事；因为结了婚，Ta 就是你的，你才是对方命中注定要在一起的人，从另一方面来说，正是 Ta 的过去才造就了现在的 Ta，没有 Ta 的过去就不会有 Ta 的现在。

有一个很凄美故事：在医院病房的一隅，躺着一位奄奄一息的病人，在世间弥留的最后一刻，他把苍老的手伸给抹着眼泪的老妻，感谢她几十年来对自己无微不至的照顾。他深知自己不久就要离开人世了，为了报答她的真情，也为了安抚自己的心，他决定告诉她一个深埋在心底的秘密。但是，没等他把这个秘密说出口，他的老妻就把手轻轻按到他的嘴上，她说："我不需要听什么秘密，在我看来，最大的爱的秘密就是我们在茫茫人海中相识、相爱，手牵着手一道走过了 50 年的风雨历程……"丈夫感动得涌出了热泪，最后带着那永远的秘密平静地离开了人间。

人都是有过去的，正是因为有了过去或喜或悲的故事，人才会被铸造得更加成熟。聪明的人要懂得包容彼此的过去。也不要渴望自己能够取代别人。当自己没法取代另一个人的时候，不要因此而悲伤。因为你是你自己，你用不着取代任何人。

千万不要考验你的婚姻

美国心理学家詹巴斗曾进行过一项有趣的试验：

他把两辆一模一样的汽车分别停放在两个不同的街区，其中一辆完好无损，停放在帕罗阿尔托的中产阶级社区，而另一辆，摘掉车牌、打开顶棚，停放在相对杂乱的布朗克斯街区。结果怎样呢？

停放在中产阶级社区的那一辆，过了一个星期还是完好无损；而摘掉车牌的那一辆，不到一天就被偷走了。

以这项试验为基础，美国政治学家威尔逊和犯罪学家凯林提出了一个"破窗理论"。他们认为，如果有人打坏了一栋建筑上的一块玻璃，又没有及时修复，别人就可能受到某些暗示性的纵容，去打碎更多的玻璃。

破窗效应的核心就是当意外发生的时候，大家都有可能受到某些暗示性的纵容，而去把事情搞得更糟糕。

你是否有这样的经历：刚开始谈恋爱时，对方每天一个电话，但是渐渐地，3天或更长时间才有一个电话；刚开始谈恋爱时，每次见面都浓情蜜意，有说不完的话，但是现在，连你的生日 Ta 都记不清。于是你开始担心，开始焦虑：Ta 是不是不再爱你了？于是，你就因为担心 Ta 日后的移情别恋而陷入恐慌、绝望中。你被你所幻想出来的分手场景折磨着、煎熬着，这种滋味痛苦极了。此时，你一定希望有一种爱情试纸，能验出 Ta 对你的感情究竟有多真、多深。

有时候，你的敏感是正确的，Ta 的确已经不再爱你似从前，但是更多的时候，原因出在你身上，因为你对自己没信心、对彼此之间的爱没有信心或者对爱抱有太多不切实际的幻想，才会被自己想象出来的情节所伤害。

曾经看过这样一个故事：

一个即将结婚的年轻女人，在最后一刻决定要试探她的心上人。

于是，她选了一个相当漂亮的女友，虽然她知道这是冒险，但她还是对她说："今晚我会安排约翰带你出去，在月光下的海边散步，然后享受一顿烛光晚餐。为了试探他的忠贞，我要你向他索要一个吻。"

女友笑了笑，红着脸同意了。危险的计划进行了。

第二天，这个热恋中的女子去见了那位女友，焦急地问："你要求他了吗？"

"没有。"

"没有？为什么不呢？"

"我没有机会，他先要求我了。"

婚姻当中的所谓考验，就是你自己亲自动手砸碎了窗户上的第一块玻璃。

无休止的猜疑和考验，会使对方失去耐心和兴趣，结果你担心的事情真的发生了。也许本来，你们可以相安无事、终老一生，尽管日子平淡，但也其乐融融。

爱 Ta 就信任 Ta，不要经常考验 Ta。你考验 Ta 的过程，就是 Ta 被折磨、或者被戏弄的过程，没有人喜欢被折磨、被戏弄，到最后，不是顺水推舟真的出轨，就是发现真相怒不可遏，或者干脆将计就计结束跟你的恋情。直到所有的玻璃都被砸碎了，冷风飕飕，后悔莫及。

如果一个人不断地用自己的自以为是的联想去考验 Ta 的另一半，任何人都会对这此退避三舍。你买汽车时，先试一下车，经销商是绝不会反感的。但一个人不是一辆汽车，不信任将会破坏感情的基础。考验会使 Ta 受不了痛苦的折磨，会离你而去。

别让小事破坏了婚姻大事

俗话说："千里之堤，溃于蚁穴。"婚姻亦是如此，大多数失败的婚姻常常是被一些日积月累的小事所破坏的。一些婚姻专家们对家庭中让人恼火的小事进行研究后发现，人们几乎都会对伴侣的小缺点屡说不改感到"厌恶和反感"。多次提醒或抗议无果的情况下，无法忍受的一方会提出离婚的请求。如一对夫妻协议离婚，仅仅是因为妻子不能忍受丈夫挤牙膏每次都从中间挤。这些现象说来令人匪夷所思。观点上的分歧、生活细节上的不同，严重起来竟然会导致婚姻关系的破裂。可见，维持婚姻的稳定的确是件很微妙的事情，两个人的婚姻过程也是一个磨合的过程。

在婚姻生活中，你和伴侣有没有因为"小疙瘩"而顶真儿呢？在冲动的瞬间，你是怎么处理的？

月月和赵启恋爱三年多，结婚了。月月自以为对赵启各方面的考查和了解已相当全面，再加上老妈的那双识人的慧眼，肯定是万无一失的了。然而婚后，月月发现赵启有很多小毛病。

比如说赵启回到家，在门口换的鞋永远是这里一只，那里一只，从来不肯好好放鞋；洗衣服的时候，也没有将袜子和内衣分开洗的习惯；洗澡时，永远不会把浴帘拉好，每次洗完澡都溅得卫生间地上满是积水；他洗碗永远都没耐心把碗里的水倒干净，等到下次再用时，里面足有小半碗水；他离开房间从来不记得关灯，关空调如此种种。其实都是小事，可一样样凑在一起，便让月月难以忍受。那段时间，月月的心情郁闷极了。离婚的念头在脑子里转过好几回。

不久月月出差，南下半个月。回家之前月月特地提前一天打电话回家，告诉赵启明天自己坐飞机回家。然而当月月疲惫不堪地回到家时，看见家里却是垃圾成堆，而赵启却埋在挤满脏衣服的沙发里看电视，厨房里的碗大概有三四天没洗，旅途的劳累和多日的思念换来的是这样一个场景，月月积累已久的不满终于爆发了，月月哭着把所有的脏衣服扔到赵启身上，歇斯底里地对他狂轰滥炸，数落他的种种不是，不由分说把他轰了出去。赵启也没有多说什么，按了几下门铃就走了。第二天当月月冷静下来之后，赵启主动找到了月月，他告诉月月，自己昨天好好反省了一下，觉得自己是有不少毛病。但是他同时也说，他不喜欢月月的唠叨，不喜欢月月把穿过的衣服往柜子里放，不喜欢月月把衣服反过来晾，但是，既然决定在一起，大家就必须彼此包容。

第一次听到丈夫对自己的不满和他的想法，月月有些震住了。月月不知道，原来自己身上也有不少让人"不喜欢"的地方，但是让月月感激的是，丈夫一直在劝服自己包容这些"不喜欢"，因为这些都是小事。

了解到包容不是单方面的行为后，月月的心态平和多了。现在，月月不再纠结那些小事，而赵启自己反而改正了不少。

在很多婚姻矛盾中，并非所有的家庭矛盾都是因为一些重大的事件而引起的。相反，往往是由于一些小小的事情。在婚姻生活中，这样的例子并不少见，细细想来简直太不值得。

没有一触即发式的问题，小事累积久了，总是让人如鲠在喉。每一个家庭的问题都不是一朝一夕引发的，然而任何一点生活习惯上的微不足道的小事都仿佛成了美玉上令人难以容忍的瑕疵，看多了，这个瑕疵慢慢地长在心上了。冲动的时候，就容易忽视整块美玉，而这点瑕疵就成了离婚的导火索。直到数年后，彼此才发现大家为了小小的挤牙膏问题而离婚是多么的可笑。也许，你应该给自己婚前的双眼更多一些信心。既然，婚前细心挑过选过，那么 Ta 的人品、性格、能力这些大方向的东西总归是不会错的，至于生活习惯的小事，只要无碍大局，那就闭上一只眼，不看或少看。毕竟，这世上谁能没点缺憾？诚如富兰克林所说："结婚以前睁大你的双眼，结婚以后闭上你的一只眼睛。"这正是婚姻最高超的经营之道。

戒掉你猜忌的"瘾"

纪伯伦说："恋爱和猜忌是永不交谈的。"猜忌是伴随爱而生，但它不是爱的成分，相反猜忌会葬送爱。猜忌的本质是害怕失去，但是猜忌对夫妻任何一方都没有任何好处。猜忌的一方，整天疑神疑鬼，寝食不安，身心健康都会受损害，甚至会有荒唐的行为出现，加重猜忌的破坏力。被猜忌的一方，会觉得自己委屈、无辜，认为对方无聊、卑鄙、素质低下、不可理喻，甚至会对对方产生抵触、厌恶、鄙视的情绪。

　　小陈的妻子升为总经理助理了！小陈十分理解妻子为了这个职位已经努力了很久，并且在这之前做了多大的努力。只要公司还有人在，妻子就绝不会提前回家的，大小事统统得管。现在好了，妻子的努力终于得到了回报，为此，小陈特别为她安排了一顿浪漫的晚餐来庆祝。可是，还没替妻子高兴多久，问题就来了。自从做了总经理助理后，妻子整天跟那个年轻有为且英俊潇洒的总经理一起应酬，还隔三岔五地出差。老婆跟如此有竞争力的上司走得这么近，做老公的心里怎能不多想。有一次朋友聚会，大家都有些醉意了，就听朋友们半真半假地调侃："哥们，你老婆现在在外面好风光，呼风唤雨的，要看紧哦。"连朋友都看出来了，这里面肯定有问题。回到家，看见刚出差回来的妻子正在睡觉，小陈就拍桌子嚷起来，要她交代跟上司的关系，接着要求老婆辞职以示清白。可是妻子却说："你闹够了没有，别捕风捉影，含血喷人，听风就是雨。"可是小陈却不依不饶，非要妻子说出个所以来，两人吵了一夜都没结果。有了这一次，接下来的日子就跟《中国式离婚》里的情形差不多，因为猜忌，两人什么都说不到一块，大吵三六九，小吵天天有。吵到最后，妻子无奈了，只好先搬回娘家暂住，给双方冷静的空间。

　　猜忌心重的人，常常会被自己的嫉妒心蒙蔽了双眼而看不到事实的真相。猜忌会迅速加剧夫妻之间的敌对情绪，破坏婚姻的和谐，伤害两个人的感情，拉开两个人的距离，加速婚姻的毁灭，而且还会让第三者有了可乘之机。

　　猜忌会给婚姻增添麻烦，甚至会改变婚姻，置婚姻于不稳定的状态之下，进而影响到一个人的身心健康，消磨精力，使我们不能把全部的精力投入到工作和事业当中去，对家庭和事业都会产生不良的影响。如果影响程度过大，就会改变婚姻和事业，进而改变一个人的一生。

有这样一对夫妻，他们仿佛是战场上对垒的两个士兵，相互挖苦又相互猜忌，婚姻眼看要走到尽头。有一天，他对她说："我们离婚吧，这样没有灵魂的婚姻勉强维持只是浪费人的生命。"她平静地回答："好吧！"分手之前，他突然想起自己对她的一个承诺："等有了条件，就带你去旅行。"而她默默地接受了。一路上两人默然无语，坐在一起，目光却分别游离在路的两侧。他们在一座古刹前停下车。下车后，她和他，一前一后踩着石梯，拾级而上。她径直走进一扇门里，一位雕塑家正拿着一把凿子，对一个栩栩如生的美人作最后的修葺。

雕塑家休息的时候，她好奇地问："就靠一把小锤和凿子，你就能雕刻出如此精美的艺术品吗？"

雕塑家笑笑："其实很简单，我的脑海中早已有了我的雕塑作品，我只是把不属于我脑海中雕像的所有东西，用小锤和凿子凿掉。最后，我雕刻出来的作品，就和我想象的一模一样。"

她和他，默然了。曾几何时，自己的脑海里也有过对婚姻的雕刻，可是那些不属于婚姻图景的东西太多，淡漠了原本属于幸福的图景。一淡漠，就忘记了凿掉与图像无关的东西。与幸福无关的东西，统统凿掉！他突然紧紧握住了她的手："从现在开始，你拿小锤，我用凿子，一点点地来雕琢我们心中的图像……"

对照心中的幸福图腾，一点点凿掉与猜忌这个与幸福无关的东西，就能拥有真正的幸福。夫妻两个人走到一起，是靠感情为纽带、理解为桥梁、信任为保障的，这样才能保证家庭的和谐与统一，促使两个人在事业上取得更大的成绩，快乐幸福地分享对方的成功和生活上的乐趣。

夫妻两个人在一起，不可能没有这样或者那样的矛盾，这就要求夫妻双方应以大局为重，尽量地抽出更多的时间与对方在一起，最大限度地丰富家庭的生活，扮演好自己在家庭和婚姻中的角色，尽好自己的义务，不要寻找借口，避免让对方产生猜忌。

戒掉猜忌的"隐"，是捍卫婚姻的内容之一，不能让无端的猜忌改变了婚姻，甚至是改变命运，那样是得不偿失的。

莫用冷漠惩罚婚姻

印度诗人泰戈尔在他那首著名的诗《世界上最遥远的距离》里，有这样几行诗句："世界上最遥远的距离/不是生与死/而是我就站在你面前，你却不知道我爱你……世界上最遥远的距离/不是明明无法抵挡这股想念，却还得故意装作丝毫没有把你放在心里/而是用自己冷漠的心，对爱你的人，掘了一道无法跨越的沟渠……"

冷漠是一个黑色的、缺少生命力的词，它是婚姻中最具杀伤力的"武器"，它是对情感的蔑视，是对婚姻的一种否定。如今它已经成了家庭冷暴力的一个新概念。冷漠的出现，往往带来婚姻的不幸。

夫妻双方存在这样的冷淡关系，已经在现代的家庭中成为一种常见的生活方式。这就是家庭"冷暴力"。"冷暴力"让许多人都"痛在心里"……

一位正在遭受冷暴力伤害的女士这样说到："我们每天几乎都不说话，我有时想和他作一些沟通，可是他却一副冷冷的样子，我的话根本就说不出来。如果再这样下去，我的精神真的要崩溃了。"

中国法学会曾对浙、湘、甘三省3500多个家庭作过调查，发现在有矛盾的家庭中，六成以上的家庭出现过"冷暴力"。有专家表示："实际上几乎百分之百的家庭都会不同程度地存在冷暴力现象。"

关于冷暴力，社会上的说法有很多。那么究竟什么是冷暴力？是言语上的谩骂攻击？精神上的漠不关心？从"冷暴力"的字面意义上将其拆解成了三个内在含意，即"冷酷"、"暴戾"、"杀伤力"。

为什么越来越多的中国家庭会失守于情感婚姻的阵地？这个令人震惊的数据背后究竟藏匿着怎样令人震惊的事件？家庭冷暴力究竟体现在何处？

小西出嫁的前一天，奶奶告诉她，夫妻之间的争吵是不可避免的，但是谁打赢了结婚后的第一场"战争"，那么谁从此就是家庭的主宰，以后另一方就会言听计从。小西对此深表怀疑，觉得只是一种说法而已，两个人好好的吵什么架呢？

在婚姻中，总也不吵架的夫妻的确很少。小西也不例外，蜜月刚过，小西和老公的战争就来了：谁做饭洗碗，吵；谁拖地叠被子，吵；下班回家晚了，吵；和朋友喝醉酒了，吵……只是两人都"斗志昂扬"，从来没分出胜负。小西想起那个说法，是不是自己一开始没赢了他，才让自己后面的战争总是没法获胜？

可是现在已经这样了，索性就这样继续下去，于是，双方谁也不服输。在一次次的争吵中都疲惫了、倦怠了，可双方的结又没办法解开，于是便自然地转入了冷战。两个人常常就这样对峙着，几天不说话。好不容易结束一场冷战。新的冷战又来临了，在这个没有硝烟的战场上，婚姻开始变得危机重重，到了最后，连冷战都没了，只有两人冷漠的眼神。

在现实生活中，夫妻吵架很正常。只要是世俗的人，就不可能不吵架，就是非常恩爱的夫妻，也在所难免。但是，如果争吵成为一种习惯，那么这场战争一定会持续下去甚至不断地扭曲自己，毁掉婚姻，到了最后，不是不战，而是冷漠了。如果真是在日常生活中对对方表现出冷淡、轻视，那就表明感情开始出现某些问题。这些问题，有的也许过一段时间就会好了，有的也许会发展到放任、疏远和漠不关心的程度，这样只能让婚姻陷入绝境。

夫妻之间的冷漠，表现为两个人几天不说一句话，虽是同居一室，却视对方为无物。曾经对婚姻的热情被冰冻在无止境的冷漠之中。冷战和冷漠不同，冷战虽然对双方是一种折磨，各自也深知对方会为冷战而难受，但是这也是冷战的意义所在；冷漠是一种对峙，是眼里心里有对方却故作冷静，在对峙中也许握手言欢，也许愈演愈烈。前者开始和平、安定的幸福生活，后者则慢慢把夫妻变成了冷漠的两个人，于是开始对对方熟视无睹、可有可无。这样的战争，最后的后果可想而知了。当家庭这个社会的基本元素、这个本应温馨和睦的空间被"冷暴力"侵蚀，生活出现不和谐的音符时，夫妻双方应当正视问题、敞开心扉，从生活中、思想上，从感情方面选择适当的办法，以相互都能接受的轻松的话题来交流，进行推心置腹的沟通，让彼此在对方那里感受到快乐、安慰，受到鼓励和得到休息，以提高婚姻质量。

许多婚姻的破裂无不是经历争吵、冷战，到冷漠的过程。当冷漠来了，婚姻就走进了坟墓。冷漠就好像一把双刃刀，在一面冲向对方的同时，别忘了刀的另一刃正对着自己。何不通过沟通来化解这层坚冰，有时候一个关切的问候、一个微笑、一次耐心的倾听、一个拥吻、一份小小的礼物都可能化腐朽为神奇。

不要让婚姻起沉默的皱纹

有人说过："婚姻是一场长久的谈话，双方永无止境地倾诉心声。"夫妻之间日益成熟的感情基础就是靠语言的交流来维系，通过语言的交流来折射感情的火花，构建双方爱的窝巢，而沉默从某种意义来说则意味着漠然、冷淡。

热恋中的男女，总有说不完的甜言蜜语。而婚后的夫妻，却似乎在热恋时已把情话说尽，语言简练到了令人吃惊的地步："饭做好了吗？""孩子衣服脏了！""该睡觉了。"调查研究发现，许多人认为：一旦成为夫妻，就是自家人了，他爱我，我爱她，这谁心里都明白，何必唠唠叨叨地说出来呢？作为夫妻，他做的是他应该做的，她尽的也是她的责任，两人又何必客套，显得假惺惺的？再说，恋爱时都是年轻人，"我爱你，我少不了你"之类的话，如今再说起来，也怪不自在的。这就是现在一些夫妻对待感情交流所持的态度。

美芸的老公志军是一个沉默的人，这个现象在结婚之前美芸谈恋爱的时候就发现了，但是当时美芸不以为然，而且当时她和他工作都比较忙，两人都经常出差，就连在刚结婚的那阵子两人基本也都是在出差中度过，在一起的时间很少，家里常常一个人都没有。

后来，女儿出生了，因为没有人带小孩，美芸也就在家带孩子，志军也在孩子出生后换了工作，不像从前那样经常出差了，于是两人在一起的时间才慢慢地多了。可是，美芸发现，虽然每天志军都回家，但是他一回来就看电视，或者和孩子玩一会儿，或者做一点儿家务，和美芸很少说话，而且多数时候美芸和他说话都需要喊他好几遍，志军才知道是妻子在和他说话。美芸的话说完了志军通常没有任何反应，如果美芸问他有什么看法，志军通常说：没有。

简单地说，几乎每一次都是美芸在主动找志军说话，而得到的回答千篇一律的是："嗯，哦，不知道，没看法，好"，这些词汇，连女儿都知道，"爸爸一点儿话都不说"。对于家里的事情，比如找保姆，孩子生病，送孩子上什么幼儿园，婆婆腿疼是不是该给她买点药，过年了该给双方家人有点什么表示之类事情从来不予过问，而且多数在美芸和他说过以后他也没有反应。有时候美芸一个人带孩子在家生病了，希望他出差早点回来，他告诉美芸明天回来，结果没有回来，也不给家里打个电话。美芸打过去问，志军就继续说明天回来，结果又没回来，也继续不会通知美芸。

有一次，美芸的同学要出国了，临走之前举行婚礼，美芸想去，想买件像样的衣服，告诉志军后，志军没有任何反应。然后美芸让志军陪她去买，带着孩子一起去了商场以后，志军突然问："我们来这里干什么？"看好了衣服钱不够，回去后，美芸一个人带着孩子去又不方便。第二天美芸要去参加婚礼，结果那天晚上志军回去的极其晚。美芸还自作多情以为丈夫去把那件衣服买下来了，结果志军只是下班后在公司打了会儿游戏。美芸感到很难过，就出去溜达一圈，等美芸回来时，志军像没事人一样。

家里要请保姆那时候，美芸带着孩子出不去，志军也不去请，从来不管，连家政公司的电话都没有问过。结果还是美芸让同学帮忙找了一个。美芸说："沉默，可怕的沉默。他也做家务，和女儿说话是最多的，每天下班回家，朋友也很少，他很少打电话，以前和他联系的朋友现在基本都不联系了，但是如果他需要打个长途电话，还要问我怎么使用长途电话卡。这样的婚姻，我实在是厌倦了。他带给我的，除了沉默就是冷漠。真的很寒心啊！"

很多中国的已婚男女一反热恋时的亲密与热烈，在婚后，表达感情反而觉得忸忸怩怩，甚至到了冷漠寡情的地步。这样的夫妻，实际患了心理上的"爱情聋哑症"。

"爱情聋哑症"在生活中主要有以下表现：

很少对配偶说一些十分甜蜜的话，觉得都已经结婚了，已经没什么好说的了，那都是谈恋爱时才干的事；

喜欢一个人做事，不愿意和配偶商量；

认为故意取悦对方是庸俗的，所以很少去想配偶需要些什么物品；

搞不清配偶对自己的感情如何，而且认为这不是需要考虑的内容，反正，结婚就是为了生活，就是为了过日子；

不向配偶认错，认为这样很丢人，遇到矛盾和问题时，也总是自己独自生闷气，不爱和人诉说；

对有些事心里很不满，可是从不说出来，因为怕说出来会伤了彼此感情；

不知道配偶对自己哪方面不满意，婚后很少坐下来交流感情；

配偶生气时，总是置之不理，认为过一段时间，他自然就会好的；

心里有很多秘密，但不愿意和配偶分担。

导致夫妻"爱情聋哑症"的原因很多。当然，如果夫妻之间已不再相爱，或一方有了外遇，那么，"爱情聋哑症"只是"伴随"症状而已。得了"爱情聋哑症"怎么办呢？

1. 应打破错误的观念。

结婚后，生活确实变得现实多了，但只有不断发展类似婚前的那种恋情，平凡的生活才会产生乐趣，人们才能从生活的繁琐中体味到俩人互相支持与体贴的幸福。否则，每天埋头于生活琐事，渐渐地就让人产生了厌倦的情绪，"结婚是爱情的坟墓"的感觉也就被印证了。

2. 要学会共同创建新的生活。

许多事情并非需要一天就完成，要注意从烦琐的事务中理出头绪，分清轻重缓急，学会忙中偷闲，为夫妻的娱乐和交流感情创造条件。应该认识到，夫妻俩的娱乐和感情的交流，不仅仅是巩固和发展夫妻关系的需要，同时也是对繁忙紧张工作的调剂，它可使紧张的神经、压抑的感情得到放松，从而使人们能以旺盛的精力和充沛的体力，去工作和应付日常事务。

3. **在夫妻之间的亲密关系中，不要总是想到自己的尊严。**

一般来说，夫妻之间是不应笑话谁表现得主动，或谁表现得热情的，因为这本身就是对爱人的一种尊重和依赖，对方若以此取笑，岂不是不知好歹？

4. **男人对"男子汉"要有正确的理解。**

真正的男人应该是：既懂大义，又明细情；既有七情六欲，又会适当地进行表达。那种缺乏温情的、冷酷的男人，实际上是心理不健康的人。

5. **要在婚后继续表达爱慕之情。**

夫妻感情的加深和稳固，取决于自身的努力。人的感情会随着生活条件、地位、交往等而变化。只有不断地沟通，使双方相互理解，才能维系和发展夫妻间的感情。为此，夫妻间应学会表达自己的感情，适时地对配偶的行为给予反应，赞扬的事要说出口，反对的事要讲究分寸与策略。装聋作哑，只能害己害 Ta。

语言是人类文明的标志，生活在现代文明社会的夫妻，更要充分利用语言进行沟通。一方说句笑话，或开一个玩笑，一下子就使气氛活跃起来了。表示一下亲热，说一句温柔体贴的话，立即唤起对方心底的春潮；一句抱歉和亲切的抚慰，立刻化解了对方的怨气。争论不休的问题，却因一句甜蜜的情话和温柔的爱抚而变得心平气和……语言有着如此奇妙的动力，每个人都不妨试一试，你肯定能使对方和自己都感到幸福！在婚姻中需要重新"学说话"。

不做感情攀比的斗士

人总是喜欢拿东西作比较，你比我多，我比你好，什么都喜欢比一番，以满足自己的虚荣又或者为自己寻找生活的支点。这种虚荣心蔓延到感情上就会变成：谁嫁了个好丈夫，谁娶了个能干的妻子。当婚姻被人拿来比来比去的时候，一段感情就会被人为地添加很多附属品，如对方的背景、地位、学历、成就、家产等等，正是因为有了这些附属品的存在，感情的攀比才找到了外在的形式。男人喜欢把漂亮的妻子往外带，因为这样可以让更多人见到自己妻子的美貌，从而向自己投来羡慕的眼光；女人喜欢坐着丈夫的车子上朋友家，好让别人知道，自己嫁了一个又有钱又懂得疼自己的老公。

攀龙附凤者，喜欢将自己的感情置身攀比之中，其实这很容易挑起矛盾，喜其长怨其短，如果这只是一场自我折磨也便罢了。但可怕的是，这种攀比所伤害的不仅仅是自己，还包括那个和你一起在感情的路上相伴的人，包括你的婚姻甚至你的家。

小蕾的老公是国外一家企业的亚洲总代理，在外人看来，小蕾嫁了一个"钻石王老五"，应该是人人羡慕才是。但是婚姻中的苦与甜只有小蕾自己知道，三年前，小蕾放弃了交往四年的大学男友，义无反顾地嫁给了刚从国外回国、认识才三个月的现任老公。原本以为从此就可以飞上枝头变凤凰的小蕾，没想到的是，在婚前老公提出要和她签署婚姻财产公证，丈夫解释说："我和你的婚姻，我家里一直反对，为了给我的家人一个交代，也为了证明你是真心爱我，这是最好的办法。"事已至此，小蕾不得不签下财产公证。婚后，小蕾想继续出去工作，没想到惹怒了婆婆："我们家是没钱养你怎地，要堂堂一个少奶奶出去抛头露面。"于是工作的事，小蕾再也没敢提，只是每月从丈夫那里支取一定的生活费。有一次，小蕾的哥哥得了尿毒症，需要一笔钱做换肾手术，小蕾和丈夫说了，丈夫同意拿出钱来救急，但是迟迟不见动静。小蕾的嫂子不高兴了："飞进豪门就不认得自己亲哥哥了，向她借点钱，还摆这么大的架子。"小蕾有苦只能往肚子里咽。最后还是小蕾找以前的朋友筹的款。

小蕾的丈夫有一个表妹，这是所有表亲中最小的妹妹，丈夫一直很疼爱她。表妹现在正在英国念大学，每年暑假都会回来探亲，每次回来，小蕾的丈夫都会带她出去玩上十天半个月。有一次，小蕾从娘家回来，想去泡个温泉，刚走进浴室，她看到了令她震惊的一幕：丈夫和他的表妹居然在同一个温泉里泡澡，看到小蕾的到来，他们并不掩饰什么。晚上，小蕾好不容易等到自己平静下来，尽量用正常的语气问丈夫，希望丈夫能给她一个解释，没想到丈夫居然说："男女同浴有什么要解释的，这在国外很正常，再说了，她是我表妹，这个你也要怀疑吗？"丈夫的一顿抢白，说得小蕾觉得是自己多心了。小蕾越来越觉得自己就是一只金丝雀，看上去很美，其实已经想飞也飞不起来了。她怀念大学的时光，更怀念大学时的男友，要不是自己的虚荣，要不是喜欢将感情在姐妹们之间作比较，也许现在的自己不会这么不快乐。

小蕾不知道，每个人的生活不一样，际遇也不一样。在感情的问题上，我们应该看中的是是否感受到被爱，是否甘愿付出自己的爱，而不是与别人相比之下，自己得到的更多或是更好。处于攀比中的感情会让人觉得很累，身心俱疲。当爱情中所有的理解与包容都被消磨在虚荣的攀比之中时，你还能感受到什么？当你一味地要求别人却不要求自己，这本身就很不公平。如果感情被外在的东西所包裹，被当做物品放在称上按斤论两，那么婚姻就会失去感情这一灵魂，而成为空有其表的躯壳。如果你的 Ta 有倾城的美貌，富可敌国的家产，但是 Ta 不爱你，Ta 的心不属于你，这又有什么用呢？相反，Ta 平凡如树如水，天热的时候给你送上一片荫凉，口渴的时候为你奉上一盏茶，为你排忧解难，为你遮风挡雨，这难道不正是人们在婚姻中苦苦找寻或者失落已久的幸福吗？

为什么不让自己的婚姻更轻松一些呢？不要让自己的婚姻变成攀比风中的斗士，否则，战败的终将是你自己。选择了，就要好好去爱，齐心协力地去为了共同的目标与梦想拼搏，别人的爱情始终是路边的风景，偌大的城市中，千家万户的夜晚灯火，只要有一盏能属于你就足够了，不要太不知足。

中国人婚姻情感状况调查报告也显示：36.43% 的被访者认为经济能力或收入是最重要的。调查报告还显示了择偶标准存在的两性差异。调查表明，47.79% 的女性对经济能力或收入的重要性表示认同。

以上调查表明："经济能力或收入是最重要的"已经为社会的多数人所认可或已成为"社会主流价值观"。

无论是古老的《诗经》里的"执子之手，与子偕老"，还是现代的结婚誓言"不论富贵还是贫穷，疾病还是健康，相敬相爱，不离不弃，永远在一起"，都说明了婚姻的神圣和誓言的庄重，可它们在金钱与物质面前却显得那么不堪一击！

但英国哲学家弗兰西斯·培根却说："用物质来供奉的爱情，当你停止给予的时候，它就很快消灭了。"可见，建立在物质基础上的家庭一样是不稳定的。有些人认为，趁自己还年轻有机会，离了婚再找，人生将会是另外的模样。这种认识不但可怕，而且可悲。可悲在于 Ta 预设的未来的人生未必就是 Ta 想象的那样。

莫泊桑的《项链》：小说中的女主人公玛蒂尔德为没能过着"高雅而奢侈的生活"而不断地感到痛苦；为参加一次舞会因没有项链而找同学借了一条；因丢了项链，结果是用了 10 年的时间来还债，可是到头来知道那是一条假的钻石项链。是虚荣的攀比心理害了她。

攀比心理是一种红眼病，它的本质是嫉妒，是欲望的不能满足；是打开了的潘多拉盒子，贪欲的火焰将焚烧掉过去美好的一切。在婚姻上的盲目攀比是不可取的，它只能滋长人们的虚荣心，甚至嫉妒、嫉恨心理，导致心灵的扭曲，导致家庭的解体，甚至作出更可怕的行为。

有一种婚姻悲剧叫攀比，避免此类悲剧的唯一做法是坚守自己的结婚誓言。

婚姻不需要"喋喋不休"

恋爱期的唠叨是爱的呓语，结婚后的唠叨是爱的杀手。唠叨是婚姻和家庭的产物，唠叨就像生活的本来面目一样真实。陶乐丝·狄克斯认为："一个男性的婚姻生活是否幸福和他太太的脾气性格息息相关。如果她脾气急躁又唠叨，还没完没了地挑剔，那么即便她拥有普天下的其他美德也都等于零。"苏格拉底的妻子兰西波是出了名的悍妇，为了躲避她，苏格拉底大部分的时间都躲在雅典的树下沉思哲理；法国皇帝拿破仑三世、美国总统亚伯拉罕·林肯都受尽了妻子的唠叨之苦；而恺撒之所以和他的第二任妻子离婚，是因为他实在不能忍受她终日喋喋不休的唠叨。

心理学家认为，女性比男性喜欢抱怨，她们是唠叨的主力军。的确，在现实生活中，女人比男人更习惯于用抱怨来发泄自己的不满。女人爱唠叨，就像男人爱抽烟一样，是一种嗜好，虽然有时候，以抱怨的方式把郁积在心中的不良情绪发泄出来，要比闷在心里对健康有利。但是，如果你每天都在对方面前唠叨不止，那样只会引起对方的反感。唠叨是抱怨的另一张面孔，也就是说，唠叨就是在对方身上找到足够多用来唠叨的理由，比如 Ta 总爱在别人面前吹嘘自己，比如 Ta 总是不知道换洗内衣等等。唠叨和赞美的作用截然相反，当一个人听到"你真是了不起"、"我为你感到骄傲"、"我能拥有你真是幸福"的赞美时，几乎所有的人都会觉得心花怒放，高兴得跳起来。但是当 Ta 听到你的唠叨之后，Ta 可能会没了斗志，而变得垂头丧气。也许，你只是想借此让 Ta 改掉自己的一些坏毛病，可是这只会让 Ta 对你愈来愈厌烦，和你的预期目的也只会南辕北辙。

牛莉和丈夫朱崇在大学就相识，经过了解慢慢相知相恋，大学一毕业他们喜结连理。从青涩的恋爱走向婚姻的两人，照理应该是男才女貌的金童玉女。可是，自打结婚以后，牛莉的手中就拿起一把无形的尺子，丈夫无论做什么事都必须要量一量。丈夫喜滋滋地将一个月的工资交给牛莉时，牛莉却说："你们单位怎么还不给你们涨工资啊，这物价都涨了一大截了。"朱崇做饭时，她会说："少放点油，现在油都快吃不起了，你不要这么大手大脚。"朱崇擦地，"这地你真擦了啊，怎么还是这么脏啊，这么马虎就叫擦地啦，擦和没擦有什么区别啊？"丈夫上班前，"这几天在你们总经理那里多表现表现，升职的事，你可得用点心，别像块木头似的，往那一站，连话都不会说，让人怎么信任你啊？"诸如此类，家庭噪音不绝于耳。

刚开始的时候，朱崇常常是黑着脸不吱声，时间久了，他就开始和她顶嘴。他会说："嫌这嫌那，那你来你来，我看看你比我强多少。"然后把东西往那儿使劲一甩，拍拍屁股走人了。他还会说："油放得多，嫌我大手大脚，放得少，就嫌我菜做的不好吃、没油腥味，那你到底想我怎么样啊，你说，想我怎么样？"每到这个时候，两人就会大吵一通，然后谁也不理谁。就算过几天，两人和好了，朱崇仍然改不了自己的习惯，而牛莉则继续会在他做事的时候唠叨不止，日子就这样在吵吵闹闹磕磕绊绊中过了几年。终于有一天，牛莉又在唠叨他没有刷牙就睡在她身边的时候，他再也无法忍受，拿起被子和枕头到客厅睡去了，过了十分钟又气呼呼地冲进来，大声吼道："你烦不烦，看我不顺眼，干脆离婚算了，看谁顺眼跟谁过去。"

牛莉做梦也没想到，朱崇这么轻易就将"离婚"两字说出了口，她有点失神了："我这么说，都是为你好，你个白眼狼，居然还嫌我烦，要离婚是吧，好，我成全你。"过了几天，在家人的劝说下，牛莉终于明白，用一把刻度精确的尺子来衡量丈夫是不对的，地没擦干净可以再擦；菜做得不好吃可以重做。但是丈夫只有一个，自己不断的唠叨把这些常人都有的微不足道的小毛病加以无限的放大，而且还养成了习惯。正是因为她对丈夫的挑剔，婚姻差点毁在了自己手里。

一般的人，只要心理健康，就不会因为争执而产生感情上的裂缝。如果一个男性，每天回家后面对的是毫无休止的、长时间的唠叨，那么不管他做出的事业多伟大，最后一定会从巅峰上滑下来。毫无疑问，唠叨会拖垮任何进取心。

精神长期疲惫不堪，很可能转化成唠叨。有效的治疗方法是：找出疲惫的真正原因，并尽量将自己的生活安排得更有效率。根据心理学家分析："精神受到压抑也会造成唠叨。"当一个人受到打击——婚姻出了问题、爱人的冷落、对生活不满——这些都会造成精神上的压抑，郁积在心里，最终用唠叨、埋怨的方式发泄出来。出现这种情况，应立刻分析 Ta 的心理，找出精神压抑的原因并引导它们发泄出来，才能将它消除。一味地唠叨只不过是雪上加霜而已。

如果你是一个爱唠叨的人，是否已经明白唠叨是一种破坏性的疾病，以及了解它所带来的巨大痛苦？如果你已经习惯了"喋喋不休"，那么，以下的建议可能对你会有帮助。

1. 不要重复同一句话多遍。

训练自己把话只讲一遍，然后就忘掉它。如果你必须很不耐烦地提醒对方六七次，说 Ta 曾经答应过要一起去做某件事。如果 Ta 现在已经在做了，你就不用再浪费唇舌多说几遍了。唠叨只不过使 Ta 更想拒绝而已。

2. 培养你的幽默感。

常常因为芝麻小事而不高兴的人，精神迟早会崩溃。有的人就连催促对方到浴室去拿浴巾也大动肝火，脾气暴躁的程度让人无法想象。一个理智的人从不会对一件便宜服装付出法国名牌的价钱，因为他们深知那是一种浪费。

3. 尽量采用温和的方式。

温和的方式比重复唠叨的方式有用多了。每一个人都喜欢被人请求，而不是命令。"如果你愿意去割草，亲爱的，我就给你烘你最爱吃的水果饼。"或"亲爱的，你每次都把我们的草地修得这么整齐，谁都羡慕我有你这么好的老公呢。"类似这样的话，会比你的唠叨更容易达到目的。

4. 保持冷静。

当你与另一半发生不愉快时，要记得保持冷静。在不愉快发生时千万不要唠叨埋怨个不停，而应当在你和 Ta 冷静下来时，再把这些事情拿出来讨论。

5. 换个角度看待对方。

你抱怨 Ta 粗心大意，不拘小节，可是换个角度你也许会发现 Ta 开朗率直，随和易处；你抱怨 Ta 冥顽不化，但 Ta 很可能做事极有恒心和毅力；你抱怨 Ta 自以为是，但 Ta 也许真的聪明能干。上帝待人很公平，他给一个人缺点的同时也会给 Ta 优点。所以，你要得到 Ta 的优点，就得容忍 Ta 的缺点。你左右不了别人的性格行为，只能左右自己对他们的看法。想抱怨的时候，将脑筋转个 180°的大弯，朝好的方面想一想，便会释然。

如果是微不足道的小事，你一定不要再提起。如果你认为很重要，就心平气和地和对方谈谈，在理智与平静的情况下，利用相互信任和合作来消除它。

请记住，你不可能用唠叨的话套牢一个人，这样做的结果，只会是破坏 Ta 的精神，毁灭你的幸福而已。

大男子主义的是与非

大男子主义，和我国几千年"男尊女卑"封建思想影响分不开。男耕女织的普遍生活方式，造就了第一批大男子主义者：男人是家庭和社会的主体，在当时的生产力水平下，上帝赋给男人的力量是社会前进的充分必要条件。所以妻子无奈下必须遵从丈夫，就是所谓的"三从四德"。那时候的女人更像是畜生，一切生杀大权都被掌握在男人手中，"娶来的媳妇买来的马，任我骑来任我打"，丈夫可以胡作非为，妻子却不能有半点恼怒。时至今日，这种现象虽然有了很大程度的改变，但在绝大多数男性当中，仍能看到这种烙印的痕迹。通常而言，现在人们口中所谓的大男子主义，是一种理论和一种行为，男人觉得自己比女性更有力量和权利，大男子主义者认为男人是社会的主宰，男人应该承担生活中的最重要角色，妻子应该满足于她低于男人的地位，并且她们需要依靠男人。大男子主义，是一个很复杂的词，让女人又爱又恨，而男人如被冠以这个名头时，表面不服，心里还是十分受用。大男子主义，是一种可以原谅的男人"缺点"，就好像台风，被定义为"灾害性气候"，但是，它又可以缓解旱情、降温，甚至有些狂野的美。

大男子主义通常有以下两个表现：

小敏今年24岁，和丈夫结婚已经三年了，因丈夫是少数民族人，他们今年刚生了第二胎。"生下第二胎之后，我丈夫就不想我再出去工作了，他一直都不太赞成我到外面去工作，他啊，是个大男子主义。"小敏说这话的时候幸福表情无法掩饰。"和他在一起之后，我就再也没干过重活儿，一起出去逛街，连手提包他都替我拿。一个大男人，拿着个女士包，他一点都不觉得难堪。"小敏每提到丈夫时，口气中不无炫耀："和他在一起很有安全感，不管晚上加班加到几点，他都会每晚回家，因为他知道我害怕一个人睡觉。他体型壮硕，不运动就会发福，每天晚上他都会驮着我做俯卧撑，我是他的沙包。"

这样大男子主义的男人，骨子里他们觉得女性天生柔弱，有很多苦、重、累的活是女孩不能承受的，他们会将家里最苦最累的活，统统揽下，如果没把自己的爱人照顾好，让她们承受了生活的艰辛他们会内疚，认为是自己的失败，是男人的失败。

还有一种大男子主义是这样的：

在选对象的事情上跟母亲一直意见不和的晓琪终于承认自己错了，上周她正式跟丈夫国富提出了分手。现在晓琪毫不回避地承认被家人认为"大男子主义"的国富是个地道的"小男人"。无论遇到什么情况，只要夫妻俩意见不同，最终都是以晓琪的让步为结束；家里的家务活不管是什么都是晓琪包揽，因为国富认为家务是女人的分内事；外出就餐每次国富都很自然地点上自己爱吃的，对晓琪说："反正你也没什么忌口的东西，吃什么都一样。"国富对晓琪说话总能一语中的，比方说，晓琪要求买件衣服参加朋友聚会时，国富会说"你能不能不那么虚荣。"同事和老公吵架，晓琪想去安慰的时候，国富会说："女人别那么多事。"晓琪上班前要是化了妆，国富会说："女人别那么爱出风头。"当晓琪表示对国富的缺点不满时，国富会说："女人别那么唠叨。"国富的亲戚和朋友们都知道，国富有一个很听话的老婆，羡慕之情溢于言表。

这样的男人是普遍意义上被称为"大男子主义"的公害，所谓"大"出自其以己为大，凡涉及自己感觉好的事情必以"大"自居，他非常裸露地沿袭中国封建社会的"男尊女卑"思想，不管在家庭还是在社会上，他都歧视女人的能力和地位，对自己的妻子指手画脚，在家里"横行霸道"，但让人感觉到的却是一个小心眼、小肚量、小气到极点的自私鬼。

几乎所有的中国男人骨子里都含有那么一股大男子主义的劲儿，男人从来都喜欢自己是强者，这是一种性别的角色定位，也许从小的时候开始，男孩子们就被教育：你是男孩，注定要流血不流泪。这是血性男儿的"大男子主义"，带有一种难以言表的豪迈的色彩。可是如果男人做的任何事，都以"我是男人"为借口来掩盖，那么"大男子主义"的定义就会被歪曲，比方说，一个男人回到家里，满身汗味往妻子刚换好床单的床上一躺，当妻子转过身来问他，满身汗味为什么不去洗澡的时候，他会说："这可是真正的男人味啊！"男人味就被如此套用，其实不用细想就知道其中的含义，首先这样的人对妻子的劳动没有丝毫的尊重，妻子刚换的床单，就被"男人味"糟蹋了；其次这样的人有点强词夺理，明明是自己不爱干净，居然还振振有辞，借口不少；第三这样的人也免不了自私的嫌疑，因为自己身上汗味也许自己闻着没什么，但是，对于身边的人，那也许就是受罪。

女人是复杂的动物，一面想依靠，一面又想独立自由。新时代的男人，似乎也识时务地淘汰了传统大男子主义的糟粕，但是保持了原来"强有力"、"负责任"等核心优点。他们在社会、单位、家庭中往往处于举足轻重的地位，为周围的人带来安全感。

《白蛇传》、《天龙八部》中的美女演员刘涛，就公开表示自己喜欢"大男子主义"的男人；李亚鹏公开说自己有大男子主义倾向；曾有"中国足球第一帅哥"之称的刘云飞也在时尚杂志上承认自己有些"大男子主义"；世界冠军申雪对"冰上情侣"赵宏博的评价是：敬业，很细心，有点大男子主义；至于光头老男人凌峰更是从不忌讳谈自己的"大男子主义"作派。

男人之所以是男人，是因为男人需要让他所爱的人幸福，而幸福需要付出爱才能实现。只要丢掉那"大男子主义"的糟粕部分，那么大男人照样也能很温柔。

切除"妻管严"的病根

"**妻**管严"现象这些年可以说在社会上日益风行，高速度的漫延成长，使现代女性越来越不满足于家庭里的角色，其中有好多女人认为"矫枉必须过正"。于是，不少妻子自觉不自觉地扮演起"妻管严"的角色。

杨宇的战友齐先生要来上海开会，顺便来见见杨宇这个多年不见的战友。于是，杨宇和妻子李丹为了给齐先生接风，特意在上海大酒店包了个雅间。这顿饭大家吃得很愉快，大家聊工作、聊家庭、聊以前当兵时候的事。饭后，齐先生余兴未尽，他对李丹说："嫂子，我最喜欢和老杨聊天，等我开完会，我把老杨请过去，高兴的话说不定我们会说到天亮……"

没想到，李丹当场就拉下了脸，没好气地说："请老杨聊天当然可以，但是我们家有我们家的规矩，一夜不归是不行的，你们最多不要超过十二点，他要是敢违犯……"

哪知她的丈夫感到当着朋友丢了面子，下不来台，就大声对李丹吼道："够了！你到底有完没完？真没劲！"一时大家都很尴尬。这时齐先生赶紧说："对不起，对不起，这事都怨我，算我什么都没说，告辞了。"

这让杨宇花钱买了一肚子气，也扫兴而去，剩下李丹一个人还不知道自己错在哪里。

但是，回到家里杨宇觉得齐先生难得来上海，自己招呼不周不说，还让他觉得自己是个"妻管严"，越想越生气，就对李丹说："够了，这样的日子我再也不想过下去了，咱们离婚吧！"

原来，李丹很爱自己的丈夫，自打结婚的那天开始，不管杨宇的什么事，李丹都要过问，在恋爱时这种情形还说得过去，让人觉得这是恋人的柔情蜜意。谁知结了婚以后，李丹对丈夫寸步不离的纠缠让杨宇觉得这简直是一种监视，加上今天的情形，终于使杨宇感到自己没有了一点人身自由，再也受不了这种约束与管制了，于是便向妻子提出了离婚。

在婚姻里，男人和女人性格各有侧重。如果双方个性都比较要强，要想家庭和谐，必然需要一方示弱。很多"妻管严"的男人，不仅能意识到男女的个性差异，还能主动欣赏女性的优点，以家庭大局为重，是男人心胸宽广的"大智慧"体现。正如《叶问2》的宣传活动上，甄子丹被监制黄百鸣爆料："叶问不一定怕老婆，但是甄子丹一定怕老婆！"而甄子丹则笑着回应："这不是怕，是尊重老婆！"

有人曾做过一项社会调查，在被接受调查的1000名中国男人中，能够主动承认自己"怕老婆"的不足10%，而承认自己有"妻管严"的92人中，年纪越大的男人坦承比例也越高，而在35岁年龄段以下的人当中，绝大多数都否认自己怕老婆，许多男人都会使用"夫妻共同商量"作为委婉回答，这种不承认自己有"妻管严"但缺乏底气的标准答案，相信很多人都能心领神会。

同样的问题交给妻子们回答就会出现有趣的变化，在被接受调查的女性中，有90%以上的女人都说自己完全有权决定家庭事务中所有的事情，绝大多数年轻妻子都觉得家庭事务无需与老公商量。年纪越轻的妻子越是会表现出自己在老公面前的权威性，甚至还有的年轻妻子感到不能让老公带太多的钱。然而，在上了年纪的女士中，大部分的回答是"凡事都会和老公商量"比较好，在她们眼里老公地位和年轻妻子有很大不同，她们会听从老公的意见和建议，不再和老公争权夺利。

妻管严也需要一定的限度，把男人拴在腰带上，一点也不肯松懈是不可取的。正如上面事例中的杨宇和李丹夫妇，从表面看来，妻子掌握大权，可是背后却暗藏危机，不仅使丈夫丧失了人身的自由，而且引来反感，严重时甚至导致家庭破裂。

"妻管严"是一种女权主义泛滥的产物，在"妻管严"的家庭中，缺乏温暖，空气窒息，对家庭危害极大，妻子强悍的约束，使丈夫在心理上产生了一种危机感，整天在委曲求全、胆战心惊的心理支配下生活，失去了欢乐，丧失了自信。表面应付，实则是貌合神离，夫妻在思想上产生了一条鸿沟。因此大多数丈夫对"妻管严"这种精神枷锁叫苦不迭，迫切希望摆脱这种没有和谐气氛的家庭桎梏，实现真正的男女平等。作为妻子一定要有自知之明，事实上，女性的自尊和独立，并非以要打倒男子为目的，而是屹立在和男子同等的地位来撑起那半边天为旨归；作为丈夫，消除"妻管严"这一家庭弊病，就要做到以诚待妻，克服自卑的心理，除了充分肯定妻子在家庭中的功劳外，还要经常善意地指出她的弱点、毛病，并用自己的实际行动感化妻子，改变这种弊病。

爱一个人而走向极端的方法是不可取的，婚姻需要守望而不是捆绑，切除"妻管严"病根，让你的婚姻在自由中徜徉。

女人不要试图去对抗男人的友谊

古人好将天地万物按阴阳来划分，男人是阳，女人是阴，友情应该是阳性的，爱情是阴性的。天地间最伟大友情的主人公都是男人，就像最最死不悔的爱情都是女人在演绎。男人常常愿意为朋友上刀山下油锅，两肋插刀在所不惜；女人则愿意为了心爱的男子倾其所有，殉情表志。

刘备说："兄弟如手足，妻子如衣服。"这句话在当代是半真理，也就是说，"妻子如衣服"未必是真，但是"兄弟如手足"对于男人来说却是实打实的真理。在男人眼里友谊是必需品，就像口渴了需要喝水，饥饿了需要食物果腹一样；友情是奢侈品，无论它的造价有多高，他们也愿意为之付出自己的时间和精力；友谊是收藏品，对于男人来说，他的友谊可以很长久，他也许会不记得自己老婆的生日或者今天是情人节，但是他会记得和朋友上次去旅行时朋友带的运动表是什么牌子；他会将朋友以前帮助自己的事情记得一清二楚，但是他可能不会将妻子对自己的关怀完全放在心上，男人会将朋友当做收藏品一样一直在心里放着。

记得 2010 年郭冬临和牛莉的小品《一句话的事儿》中，一个男人有一晚没回家，隔天他跟老婆说他睡在一个兄弟那边。他老婆打电话给他最好的十个朋友，有八个好兄弟确定她老公睡在他们家……还有两个说"他老公还在他那儿！"

莎士比亚名剧《威尼斯商人》讲了这样一个故事：

> 威尼斯商人安东尼奥为了帮助好友巴萨尼奥成婚，向犹太人高利贷者夏洛克借了三千金币。夏洛克因为安东尼奥借给别人钱不要利息，影响了他的生意，又侮辱过他，所以借机报复，在借约上戏言三个月期满还不上钱，就从安东尼奥身上割下一磅肉抵债。安东尼奥因船失事，不能如期还钱，夏洛克就提起公诉，要安东尼奥履行借约。

> 新婚的贵族巴萨尼奥接到消息之后，有感于安东尼奥的恩情，决定暂别妻子，赶往好友那里帮忙。临行前，妻子赠与他一只戒指，并且相约：绝不可让这只象征他俩爱情的婚戒离手，否则婚姻必将破裂。贵族青年回到威尼斯之后，却一直无法协助好友脱困；高利贷者夏洛克坚持要割下那可怜人的胸前肉，即便巴萨尼奥答应加倍还款，也无济于事。巴萨尼奥的妻子闻讯之后，立刻女扮男装乔装成法官，赶往威尼斯主持审判。她当庭判定高利贷者夏洛克可以执行双方约定，但依据合约内容，他仅能取肉，却不能让人流血。最后，这项刁钻的条件终于让犹太老板知难而退。巴萨尼奥始终不晓得法官即是妻子乔装，为了感谢法官，于是坚持送他一份纪念礼物。妻子为了考验丈夫的忠诚，便要求后者将手上戒指脱下送她。为了代友报恩，巴萨尼奥慷慨应允。回到家后，妻子询问戒指下落。丈夫据实已告，却遭来一顿责难；最后，甚至差点变成一场婚姻悲剧。所幸，在妻子对丈夫的一番晓以大义之后欢喜落幕。

在这一剧目中上演了真正的"事业诚可贵，妻子价更高，若为友情故，两者皆可抛"的一幕。男人喜欢呼朋引伴，为友情，抛头颅、洒热血，既付出时间，又奉献精力，仿佛为友牺牲，是多大荣誉，但却难得见到他们对妻子、女友，投以相同热忱。

　　男人之所以会对朋友豪气干云、义薄云天，其实是适应社会竞争的结果。在过去，主外的男人比主内的女人更需保持良好的社会关系。因为只有建立良好的关系，才有利人脉的开拓、方便事业的扩展、顺遂位阶的晋升。正因为友谊即是一切社会关系的核心，因此，珍惜友谊、重视朋友，就成了每个追求成功男士所必须配备的性格。

　　男人和朋友在一起可以吹牛出洋相；他们没有"形象"，打扑克输了可以学狗叫；他们互相理解对方的苦恼和快乐；他们一起打游戏斗个你死我活；他们喝醉了拍着桌子对骂，醒了还是朋友；他们的友谊很奇怪，打一架就能成为朋友。不管什么时候，男人总是背负着更多。社会要求他们尽义务；父母要求他们尽孝心；孩子要求他给父爱；老婆要求他给承诺；陌生人要求他给风度；上司要求他给忠诚。在大部分情况下，男人总是要装出一幅无所不能的样子，装出一幅道德高尚的嘴脸。其实他们心里不见得很喜欢这种"定位"。所以，他们在互相知道这种苦楚的朋友面前，真实无伪，甚至可以有点"集体发泄"的味道。想怎么样就怎么样。可以桃园结义；可以歃血为盟；可以高山流水；也可以臭味相投。不拘任何形式，男人总是喜欢或者陶醉于那样一种一呼百应、前呼后拥的气氛。在朋友中，特别是在亲密无间的朋友中，男人感到踏实，并且也体会到自己的力量。

　　其实男人的友谊和婚姻并不冲突，男人需要婚姻，也需要友谊，缺少友谊的男人和缺少爱情的男人一样，都是不完整的男人。他可以在外面一身西服，酷得飞扬跋扈，可是这不妨碍他回到家里将一切都化为绕指柔，这两者之间没有矛盾。所以作为妻子不必将自己置身于和丈夫的朋友敌对的位置。所谓"爱屋及乌"，他的朋友也就是你的朋友，不要对抗他的友谊，给他交友的自由和空间，他会对你的理解感激涕零。

第六章

用吵架促进和谐

善用争吵这支婚姻的润滑剂

恋爱时轰轰烈烈，结婚后实实在在，夫妻两人，不仅性别不同，性格、观念、习惯等亦互有差异。恋爱时，彼此还有机会掩饰；结了婚，朝夕相处，互动频繁，大大小小的冲突是无法避免的。面对这些冲突时，若是大惊小怪，以为有了争执就表示两个人不适合在一起，这是一种错误。

反之，若以为美满的婚姻就是两个人永远不争吵，所以在冲突时，只好极度的容忍，百般的委曲求全，以维持一个表面的和平状态，这也是不正常的现象。

雨薇也不知道为什么，从认识到现在，自己和丈夫就从来没有吵过架，用举案齐眉和相敬如宾来形容也丝毫不过分。许多邻居都美慕地称他们是"模范夫妻"。其实，雨薇心里清楚，丈夫是一个很内向的人，平日不爱说话，在和雨薇发生争执时总会很大度地让着她。直到有一天，雨薇无意间翻看了丈夫的日记，里面的字句让她触目惊心："我感到压抑，很想和她大吵一架，可又顾及到我的形象和我们完美的婚姻，于是，我就一忍再忍。有时候真的很想离婚，再也难以忍受她的无理。"

雨薇难以描述当时的心情，她万万没有想到，自己看似平静的婚姻生活却蛰伏着巨大的隐患。

冷静下来，反思自己的婚姻，突然发现自己和丈夫的心早已离开好远。有多少年没有痛快淋漓地吵架了？许多问题一直在他们婚姻虚伪的掩饰下衍生着不满和矛盾。如果能在遇到矛盾的时候可以痛痛快快地吵上一架，也许会找到问题的解决办法，他们的矛盾也不会积累到考虑离婚的地步。

由此可见，没有争吵的婚姻才叫可怕。没有争吵就无法窥见对方的内心，也无法寻找到自己的不足，这样的婚姻状态就如同一股寻找不到出口的洪流，一旦时机成熟终将会突破婚姻的堤坝。没有吵架，也就意味着婚姻山穷水尽、无路可退了。有人说，"婚姻是两个人在一张床上同做一个梦，吵架是两个人在同一个梦里醒来时的交谈"。

事实上，正是通过夫妻间的吵架，一是相互之间了解了对方的心理、处世的观点、解决问题的思路，使双方达成共识；二是各自把心里的怨气发泄一通后，化解了积郁在夫妻之间的怨气；三是吵过之后的和解与理解反而进一步融合了夫妻间的感情。也就是说，通过一次次的吵架，达到逐步的理解与融洽，进而润滑了夫妻之间的感情，自然也稳固了婚姻。

严保和淑英结婚已经有二十个年头了，但是夫妻之间的感情，用他们邻居的话说："夫妻恩爱，琴瑟合鸣。"但是严保自己说："没有舌头不碰腮的，哪有夫妻不吵架的，我和淑英也吵架，有时甚至还动手呢！"

严保记得刚和淑英结婚那阵子，家里还没有完全脱贫，为柴米油盐而和妻子绊嘴，那是常有的事，当时两口子都年轻气盛，情绪化严重，因一点点鸡毛蒜皮的事，气来得快，生得急，嘴绊得响亮，话说得直白。双方你一言我一语，你不让我，我不让你，于是双方打起了沉默与拉锯战。而严保又是一个死要面子的人，为了男人的面子经常做事有点不计后果，更是不管妻子的感受，可到头来呢，还得向妻子赔不是，道歉。现在严保和淑英已经相伴走过二十个年头了，婚姻就像秋天的庄稼那般成熟了，稳重了。虽然激情不再随时而发，但是怒气不再随时而来，这二十几年来吵架就像润滑剂一样作用在他们中间，他们从中学会了婚姻中必要的忍让、控制、把握和珍惜。

可见，吵架的出发点和目的是为了消除分歧与误解，达成共识。有了这两点，通过吵架就可以达到逐步的理解与融洽、加深感情与稳固婚姻。人们常说，夫妻生活是白天吃一锅饭，晚上睡一个枕头，床头打架床尾和，小两口打架不记愁。其真谛就在于男女二人之所以能结为夫妻，实乃"十年修得同船渡，百年修得共枕眠"之缘分。如果双方无缘，也就不会同入围城。又或者，如果双方无缘，即使结为夫妻，无论是否有架吵，仍终将分手。

婚姻中的男女关系总是非常矛盾，各自在家庭中的地位和角色的不同，决定了夫妻相处的习惯方式。在两个人意见不同的时候，一方如果一直委屈自己来迁就对方，就会逐渐丧失自我，无形中也降低了自己在对方心目中的地位；如果固执己见而根本不考虑对方的看法，那么又会伤害彼此的感情。人与人的感情需要交流，夫妻间更需要保持沟通。语言在这个时候不再只是甜蜜的味道，在摆事实讲道理的过程中，免不了会有争辩，吵架也就在所难免。如果不是为了爱，那么吵架只是家庭中的战争；如果是为了爱，那么夫妻吵架就是一种积极的沟通方式。有个孩子问妈妈："妈妈，爸爸为什么老爱找茬和你吵架呢？"妈妈笑着对他说："那是因为妈妈是爸爸最亲的人哪！"事实的确如此，一个人无端地在自己的另一半面前发脾气，说明什么呢？在爱人面前，人们常被一丁点儿小事激发出脾气来，这背后隐含着一层深层的交流意义，那就是发脾气的一方心里有委屈，那么作为爱人，如果能读懂这一含义，就不会去妄加责备，而是像上面孩子的母亲那样有时吵架，但是表现出更多的是体谅。所谓爱得越深，就越能体谅和包容对方，等事情过后，发脾气的一方也会感悟到这一体谅背后，其实隐藏着深沉的爱，那么夫妻在情感上就做了很好的交流。

当然，要用好这融合夫妻感情的"润滑剂"，要注意的关键是"适当"。既要注意适时，如果积怨太深，那么吵架就更像火山爆发，又要注意适当地小吵小闹，如此方可起到融合夫妻感情的"润滑"作用。但如果是吵架过了头、说些难听刺耳又伤人的话，或者不分地点、场合的大吵大闹，自然就会产生恶劣影响。有些说出去的话就会复水难收，而这就必然要影响夫妻间的感情，为婚姻造成裂痕。所以，夫妻在吵架之时务必要适当、适时并适可而止，否则，就会"一失口而成终生恨"了！

总之，勺子在锅里，难免有磕磕碰碰。舌头和牙在一块儿，难免有被咬着的时候。夫妻人生路也难免有分歧，融合需要吵架。所以，适当吵架是融合夫妻感情的润滑剂。正如人们所说：不吵不闹不是夫妻，小吵过后更加甜蜜！

不要将吵架送入歧途

在婚姻当中，不可避免地会有各种情绪。我们需要用直接的方式让对方理解到自己的感受，而不是用指桑骂槐、发泄或在其他方面的吹毛求疵来表达。强调自己的体验，讲出自己的感觉和想法，而不去描述对方做了什么，或猜测对方的想法与感受。每个人都有表达的责任，如果你什么都不说，对方又如何理解你呢？没有人是你肚子里的蛔虫，交流是在不断的表达中促进的，吵架可以，但是千万不要将它送入歧途。

吵架中的愤怒等负面情绪也并不总是破坏性的，如果我们能够理解这种情绪，并且做适当的处理，负面的情绪也有正面的作用，愤怒是提出要求的一种方式。当一方表示出蔑视和生气时，这可能表明，对方没有像自己一样同时增加对婚姻的满足感。有时一方的生气也许预示着另一方的退缩。柔弱、悲伤的感情也是一个重要的线索，它通常会暴露出夫妻生活中的某种失败。

冲突如果造成了伤害，要允许对方进行适当程度的惩罚。婚姻是个平衡的关系。如果一方受到了伤害，另一方必须进行适当的补偿，这样才能维持平衡。就如同天平一样，如果一边少了一些东西，那么必须给另一边增加一些。有人可能会说，婚姻不能进行惩罚，否则会导致恶性的循环。其实不然，为了让双方进入一个平等的角色，必须允许被伤害的那一方有惩罚或取得补偿的权利。当然，惩罚的强度和损害不能超过原先的伤害，有时只能是象征性的，否则就会导致吵架变成伤害。那么吵架中的歧途有哪些呢？

1. **冷战。**

这种行为偶尔为之还可以，而一旦演变成习惯，一而再再而三地重演这等闹剧，则会令对方深恶痛绝，不但无助于化解矛盾，还会给日后的婚姻生活带来隐患。因为人通常都是要面子的，如果不论自己是对是错，都把冷战作为对付对方百战百胜的武器，使对方不得不做出让步，这样不仅会伤害对方的自尊，还会对你的行为生厌甚至生恨。如果气急了，则暴力事件或婚外恋随时都有可能发生。

2. 翻旧账。

夫妻争吵时你说一句，我还两句，而且越扯越远，若一个人把平时的种种不满都一一拿出来念叨，这样只会火上加油。此时明智的做法是暂时闭嘴，或只陈述事实，这可以让大家暂时都冷静下来，吵不起架来。如果寸步不让，最终只会激化夫妻矛盾，甚至导致家庭决裂。

3. 冷嘲热讽。

吵架时万不可因心情恶劣就说出类似的话来："你给我死到外面去，再也不要回来!"或"快滚吧，我不想再见到你!"这类气话可能令气头上的对方没有后路可退，没有选择的余地，会像伤疤一样给人留下阴影。

4. 迁怒东西和孩子。

有人吵架时喜欢摔盆砸罐，或打骂孩子，以泄心头之恨，这会令人觉得你不是一盏省油的灯，正在"宣战"，从而令对方余怒难消。

能避免以上几点，吵完架后的火药味儿就会很快散去。接下来的程序就该化干戈为玉帛了。

颜丽说自己和老公吵架的原因千奇百怪，大到关乎经济原则，小到丢了他的臭袜子。过程则完全相似——开始尚能客观论事，总是一方激动，一方不以为然，然后，就开始蹬鼻子上眼，双方都处于全神贯注，努力抓住对方口不择言的罪证，再在对方停顿间隙进行全面反攻，然后，翻来覆去地吵到大家都累了的时候，双方就开始进入冷战区，谁也不肯认输，谁也不肯先低头。

刚结婚时吵架，颜丽好拿离婚吓唬丈夫，丈夫也会立马放低姿态，赔礼道歉；可是过了一段时间，颜丽再叫嚣"离婚"，丈夫再也没搭理她；再过一段时间，颜丽又拿出离婚相威胁，丈夫居然懒洋洋地说："喏，法院就在前面，要不要我告诉你法院的门在哪里?"

颜丽说："结婚5年了，其间吵了多少次架，我已经记不清了。我不是一个很用心的女人，但有些吵架时的片段，我却是刻骨铭心的。"

有一回，他们吵架冷战了一周，下班回家后，颜丽发现怎么也打不开家门，只好硬着头皮给丈夫打电话，让他赶快回家，后来颜丽才知道，那门是他做了手脚，可是颜丽一点儿生气的感觉也没有，而是深深的感动；有一回，丈夫独自摔门而去，颜丽马上追下去，走了两条街也没找到他，回到家里，看着空荡荡的房间，颜丽放声大哭，这时丈夫从另一个房间的角落里跑出来抱住她；有一次吵架，丈夫用身体紧紧抵着门，生怕她要负气离家出走；有一次吵架，丈夫拿起行李要走，颜丽紧紧拽着他的包，哽咽着说："你不能这样走，我是你最重要的行李，要走带上我一起走。"结果他们一起出去旅游了一圈；有一次吵架，丈夫将结婚照藏了起来，生怕颜丽赌气将结婚合影剪得稀烂。

颜丽说，被自己摔过不下 10 次的电饭锅还将继续为他们煮饭，正如他们的婚姻一样结实、健康。

以下八个和好方法不妨一试。

1. 睡前达成共识。

无论发生任何激烈的事——互相嘲弄侮辱或者乱扔东西，你们在睡前一定要达成某些协议。这并不是说要言归于好，而是在关灯前同时扑灭双方的怒火。例如说："等明天大家都比较清醒的时候再解决吧！"如此，争吵才不会无止境地继续，双方亦不必因此而无法入睡。而且，这样做过后，双方经过冷静思考后也不会那么怨恨对方，从而有利于解决矛盾。

2. 主动为对方做点事。

有时，你需要做点事打破良久的敌对气氛，你可以问 Ta 是否想喝杯咖啡，或替 Ta 做一份三明治。这些举动有助于消减你与 Ta 的怒气，让彼此再看到自己所爱的人的长处。若你先作出和谈态度，Ta 必有所回应。

3. 承认错误并主动道歉。

若你在吵架时说了或做了一些具有伤害性的事，那便需道歉。这并不等于整件事是你的错，只是表明你主动作出道歉，可打开真诚对话之门。既然你已踏出第一步，Ta 也会静心聆听，即使 Ta 想道歉也不会觉得没面子。

4. 衡量后做决定。

若吵架的导火线是一些重要的事情，大家需各自想想，随后再讨论。这些事件并不简单，往往需衡量各种因素，作多番讨论才可决定。

5. 别计较胜败。

别执着要做胜利者，能够与爱侣言归于好才是真正的胜利。假如是你首先平息怒火，说出来又有何妨？若坚持抱着"不能先认输"或"要赢 Ta"的心态，只会重燃战火。在争辩时人总是想尽力说服或赢了对方，但记着你的目标是夫妻要有一段良好的关系——你是想选择永远胜利，还是宁可拥有一段好关系？

6. 放弃沉默，主动沟通。

你希望对方明白你愤怒的原因，若你不发一言 Ta 又从何入手？对 Ta 不理不睬只会令你们的隔膜愈来愈深，而不能令 Ta 了解你因何不快乐，更不可能作出任何改变。若相反是 Ta 对你不加理睬，你须直接问 Ta："请告诉我你因何不快？"假如 Ta 依然故我，可给 Ta 写一张便条，说你挂念 Ta，想与 Ta 好好谈一会儿。

7. 接受道歉。

不断要求 Ta 道歉只会令争吵无止境地延续。一句"对不起"应该使你冷静下来，尝试采取不同手法处理类似的情况。"最初和梅结婚的时候，吵架犹如家常便饭。"文说，"我是个懒人，经常把屋子弄得一团糟。虽然我每次都会为此道歉，但梅总是喋喋不休。最后，我告诉她我无法全部接受她的批评，而她则答应要是我尽力保持屋子整洁，她就不会再多说。"

8. 爱的举动。

只是低声说一句"对不起"并不足够，需要做一些发自内心的事情，以表达你的爱意。花一点时间让二人独处，可以散散步或享受烛光晚餐。这相聚的时间可让夫妻彼此明白平和关系比争吵更好，亦提醒对方你是深爱着对方，并愿意解决任何难题的。

以上几点也可看成吵架的收尾善后工作，善后工作做到位了，将直接影响到整个吵架的质量，不可大意，否则极容易适得其反，误入歧途，使吵架升级，风雨过后再想看到彩虹，只能是一个梦想了。

在处理冲突时，需要立足于此时、此地、此事。用看着现在，看着在这个空间、这个时间的彼此，聚焦于此事，解决当前面对的问题。牵扯以前的旧账，只会导致旧怨新仇一起涌上心头，让矛盾更加尖锐，让情绪更加冲动。

所以，我们需要给冲突画一个界限，就像孙悟空用金箍棒画圈一样，让它只在这界限之内冲撞。千万不要在情急之下揭对方的伤痕，这样等于捅了情绪的"马蜂窝"，会激起强烈的反抗，陷入无休止的清算历史旧账之中。在冲突之中不要纠缠于细节，如果过于注重夫妻之间的细节，那么永远只是剪不清，理还乱。

"吵"出你们的感情

吵架也是一门艺术，把架吵好了，不但不会伤感情，反而能使你们深刻体会到对方的良苦用心，进而增进你们的感情。

有一对夫妻异常恩爱，有一天，妻子回来对丈夫说："人人都说我们是举案齐眉，羡煞神仙，气死鸳鸯，恩爱事迹载入史册可为后人立人，获史上情侣最佳榜样大奖而无愧的最佳夫妻，我看不见得。"

"为什么？"丈夫有点丈二和尚摸不着头脑。

"因为我们没有吵过架，人家都说，感情是吵出来的。我和你都没吵过架，说明我们的感情还是有点名不副实啊？"

"可是，我觉得吵架总是会伤感情的。"丈夫说。

"谁说的，吵架有很多好处，吵架可以只动口不动手；人一吵架，吃不下东西，还能省钱；吵架，可以导至几分钟或几小时或几天思想上的独立；吵架，容易冲动性消费，平时看中没舍得买的衣服化妆品之类的，可以很名正言顺地搬回家，爽；吵架，可以不用再处处为别人考虑，可以充分发泄出自己的情绪；吵架，能充分调动你的脑细胞，有助于身心健康，大大降低脑中风和老年痴呆的危险；吵架，声高八度，可以达到练美声而特意喊嗓子的同效，兴许一不留神还能吵出个歌唱家来……"妻子开始掰着手指头历数吵架的好处。

丈夫想了想说："既然吵架有这么多好处，那我们就来吵吵架吧，把我们的感情从名不副实变成名不虚传！"

妻子说："好呀。"

于是，丈夫铆劲儿说："是谁让你把菜做那么好吃，害我都吃不惯外面的饭菜。"

妻子说："你含血喷人，那我做的饭菜有时咸，有时淡，你怎么都吃得那么香，吃得那么惯！"

丈夫又说："我最铁的哥们结婚那天，我出差外地赶不及去，是谁让你自作主张，以我的名义给人汇去的随礼钱。"

妻子说："你少来，你以为我就不知道你都背着我干了什么好事，我妈过生日那天是谁送去的蛋糕，你还是坦白从宽，说，是不是你？"

丈夫又说："还有那次上医院，干嘛非得要我挂吊瓶啊，你这是女权主义泛滥，你知道不？你这是侵犯人权！"

妻子说："你……你居然到现在还想骗我，那次我病了，你三天没合眼守在一旁，最后我好了，你却病倒了，你到底还有多少事隐瞒我，你到底有没有把我当你妻子啊？"

……

这是一对有趣的夫妻，吵架居然有这种吵法。在很多人的意识当中，吵架是一件很伤感情的事，但是从上面的事例中，我们却看到，夫妻双方明明用着吵架的口吻，诉说的却是对方的好处。而通常夫妻之间吵架也都是因为在乎，所以要吵。不少人深有感触地说："跟你生气最多的和让你生气最多的，往往是那个和你最亲近的人。"如果夫妻二人表面上风平浪静，而暗地里却波涛汹涌，那么问题积累成多，势必酿成最后的结果是惊涛骇浪，与其那样，还不如在吵架中找出吵架的根源，看看为何而争吵，并在争吵中体会乐趣，而且还能增加夫妻之间的情趣，最终和好如初。有一位准新娘到朋友的家里做客，目睹了主人夫妻的争吵全过程。一件微不足道的小事成了吵架的导火索。很快，情绪的火种就被点燃。两个人情绪激烈，开始了唇枪舌剑的争吵，女主人更是涕泪交加地哭诉男主人的种种不是。准新娘一时陷入了尴尬，更见识到了婚姻里男女双方的吵架功力。令人感到意外的是，不到半个小时时间，主人夫妻又和好如初——这就是婚姻！女主人微笑着对准新娘说："这就当是你即将步入婚姻的第一堂课，也是最重要的一课，当婚姻走到无架可吵的时候才叫悲哀。"

那么吵架为什么能吵出感情呢？

1. 吵架是一个发现问题和解决问题的过程。

婚姻是一次长途跋涉，两个人要并肩而行白头偕老，在漫漫的婚姻长路上不可能一直都一帆风顺。由于性格、价值观的差异，矛盾肯定是在所难免的。而那些"一辈子没有红过脸"的夫妻，并不是不想吵，可能是碍于身份、面子，而选择了压抑自己。短时间内可能风平浪静，时间长了肯定受不了。心里的怨恨、不平得不到及时的宣泄，问题就会越积越多，一旦爆发出来势必要像火山爆发那样玉石俱焚，新仇旧账加在一起算，那后果就严重了。而吵一次架，将矛盾及时提出来，最后达成一致，那么矛盾就不会因此得到质飞跃，化身大矛盾。

2. 争吵可以让夫妻找到彼此的异同点，并搞清楚两人到底需要在哪些方面磨合。

诚如卡耐基所说："推心置腹的争吵能使友情进一步巩固，从不争吵的伙伴心里最清楚，他们之间的关系是容易破裂的。只是为了维持关系，他们才会避免发生争吵。"夫妻之间的吵架也是如此。夫妻争吵的过程，是双方疏导矛盾的过程，也是双方不断磨合、不断适应、感情不断升华的过程，是婚姻之花不可缺少的养料。

"夫妻没有隔夜仇"，正所谓"床头吵，床尾和"。小打小闹的吵架，能够将夫妻之间的不满、怨气化解于无形。而在吵架之后对方的体贴与讨好也会让人怨气全消。可以说，吵架使人痛并快乐着。而当两个人之间连架也懒得去吵时，婚姻也就进入了一潭死水的境地。当婚姻家庭中的一切大小事都让你感到无所谓的时候，婚姻也就岌岌可危了。感情是"吵"出来的，正所谓"大雨过后天更蓝"，吵过之后的夫妻感情，一般都会升华到一个新境界。

修炼争吵的上乘功力

没有一对夫妻不吵架，这是所有"过来人"的经验，可有的夫妻吵到两败俱伤，最终只好挥手说"拜拜"；有的夫妻却能越吵越相爱，在争吵中磨合理解，感情指数上升。如果吵架"功力"到位，架吵得好，也许可以成为两人感情的催化剂，使你们的感情在经历"冲突"之后，比以前更加稳固和坚实，那么，感情在遭遇"冲突"之后，怎样才能比以前更加稳固和坚实呢？下面就介绍吵架的三层功力。

吵架功力第一层：就事论事，不伤及无辜。

张先生和太太又吵架了，免不了摔锅摔盆，互相指责。张先生指责太太过年过节给自己父母买的礼品多过给张先生父母的；太太指责张先生总是把家里的钱借给他的发小，对张太太的朋友总是一毛不拔。张先生觉得这么多年来自己受了不少委屈，越想越生气；张太太觉得自己吃亏，这么长久以来自己一直都是以丈夫为重心，两人都认为对方有错，互不相让。

在发生口角时，你通常会怒不可遏，口无遮拦，只要和对方有关的人，无论是父母朋友，还是同事邻居，一律"杀无赦"。一个简单的争执，却因为你的乱"开炮"，这样的指责使得"战事"无限扩大，而无法收场。

许多夫妻吵架到最后，都发展成一场"控诉会"，你恨不得把心掏出来，而对方却句句都在误会，这样，几乎所有的吵架都以冷战不了了之。那么，在争吵时，怎么样才能进行有效沟通呢？

吵架一定是事出有因。"会"吵架的人在吵架的过程中会集中在事情的叙述上，让对方知道自己的状况与需要；"不会"吵架的人却喜欢夸大地表达自己在生气，因此常用最偏激的形容词来激怒对方。如冷嘲热讽，这是夫妻吵架时常用的蹩脚伎俩，用途只是激怒对方。但这种伎俩的负面影响却很大，会给双方带来巨大伤害，很可能会一下子给感情减去很多分。

吵架时说"我"不说"你"。"你居然用这种态度对我？""你又犯老毛病了。"这样的句式是不是很熟悉？当我们开始用"你"句式谴责对方时，就已经把对方逼到一个自卫的角落里。对方认为你在乱下判断，第一个自然反应就是捍卫自己，然后反攻。当防御体系建立起来时，沟通就立即停止了。

当对方说话时，不要打断 Ta 说话。抢白 Ta 或打断 Ta，你认为你完全知道 Ta 想说的是什么，这无非是"借口"而已。如果你拒绝倾听，那么对方怎么会注意倾听你的想法呢？不如告诉对方你的理解，以此来确定这是否是 Ta 想要表达的。在争吵时，常常用"你是说……吗？"、"你的意思是……"的句型重复对方说过的话，如有误差则让 Ta 纠正你的错误理解，这样才能达到聆听的目的。

吵架功力第二层：夫妻吵架应该"讲情"，而不是"讲理"。

汪小姐最近刚刚从一场失败的婚姻中走出来，她和比她小两岁的丈夫分手的原因很简单：就是性格不和，两人在短暂的一年半的婚姻中大小战争无数次，不断升级的口舌之争，两个人经常为一些鸡毛蒜皮的小事吵架，为晚饭到哪家餐馆吃而争吵，甚至会为了一句话中不恰当的形容词而吵架。婚姻就在这样的不良争吵中渐渐失去原来的温情。终于，疲惫不堪的丈夫提交了离婚申请书。汪小姐和前夫在离婚后的一个月意外的重逢，揭开了汪小姐前夫想要离婚的真正原因，前夫说：两个人在一起，吵架很正常，但是最让人受不了的就是，每次吵架，汪小姐总是喜欢摆出一副大姐大的面孔拿大道理来教育人。

一般吵架的特征是争理，所以拼命地抓住对方的语病，找出对方逻辑的缺陷，集中火力而攻之，让对方没有招架的余地。问题是"争理"的过程中往往会"伤情"，赢了理往往使对方更对你没有感情而已。夫妻之间的争执用"交情"来处理，远比用分析、辩论的吵架更有建设性。

吵架功力第三层：千万不要赢。

金女士目前最想做的事就是和丈夫离婚，长期以来一直受着严重精神抑郁困扰的金女士，之所以想离婚，起因是丈夫的家庭暴力。金女士回忆，刚结婚的那阵子，每次吵架，丈夫的态度就是不理她，不接她电话，或者一气之下彻夜不归。没过几天烟消云散之后，金女士就会追问丈夫："知道错没？"以后一吵架，金女士先会把丈夫数落一番，然后就问他："知道错没？"没想到，丈夫居然以拳头相向，以后每次吵架都是如此，金女士表示自己再也无法忍受。

夫妻吵架不管结果如何，实际上没有正真的赢者，双方都是输家。万不得已吵架时，会吵架的人顶多只是"点"到为止，从来不想赢架。因为夫妻吵架的主要原因是以为事情一定只有一个答案。吵架者的基本心态是"这件事一定是我对，而对方一定理亏"。问题是当两个人都这样想时，吵架就层出不穷了。可是事实上，家庭纠纷、夫妻争执等经常都没有固定的答案，因而也就没有输赢问题，"会吵架"的人在争执的过程中，努力地去体会对方的真正意思，或比较两人之间的差距在哪里。"不会吵架"的人，在争执的过程中却极力地要驳倒对方，只要证明自己的"无误"，结果反而两败俱伤。就像金女士在事情过去之后，还要继续问丈夫知错了没有，也就是在吵架上一定要分个输赢，结果惹怒了丈夫，也害了自己。由此可见吵赢了架不仅没有实质上的好处，而且可能使情况更糟，甚至会招来家庭暴力。会吵架的人，事事给对方留余地，让对方有台阶可下，不会吵架的人却时时想把对方赶尽杀绝。

练就吵架的"上乘功力"，就事论事，只争"情"，不争理，不做吵架的赢家，才能让你不因吵架而毁了婚姻。

第一个转身的是天使

曾经有两家人，张家经常吵架失和，李家相处非常和睦。张家就问李家："奇怪了，为什么你们家的人都不吵架呢？"

李家的人回答："因为你们家都是好人，都认为自己是对的，所以会吵架；我们家都是坏人，都认为自己不好，所以就不吵架了。"

张家一听，说道："这是什么道理？为什么好人的家庭会吵架，坏人的家庭却不吵架呢？"

李先生就说了："你们家的人都要做好人，都认为自己是对的。举一个例子说，一个人把一杯水放在这边，另一个人没看见不小心打破了杯子，水洒了一地，打破杯子的人马上就说：'谁把杯子放在这里？'那么第一个人马上就会反驳说：'谁叫你把杯子打碎的。'大家都认为自己对，想要不吵架也难。但我们家的人不是，不小心打碎杯子的人会说：'哎哟！对不起，我不小心把杯子打碎了。'那么，第一个人会说：'这不怪你，是我把它摆在这儿，才使你不小心打碎的，这事儿是我不好。'所以，有些事自己先认错，也就不吵架了。"

可见，吵架有的时候可能是角度不同所引起的冲突，成熟的人会极力地设法去避免。如果自己先认错，那么对方会觉得在这件事情上，让你承担全部责任是不公平的，也会提出这件事情不能全怪你，所以避免吵架的最好的方法就是自己先转身认错，而不是背对背地冷战。这种反应只有有足够的自信心，与有成熟度的人才能做出来。

对自己的配偶让步绝对不是损失，而是收获。而配偶听到对方先让步时，千万不可说："早就说你错了，到现在才承认！"相反地，应该给配偶更多的鼓励与尊敬，那么下一次吵架时，配偶就更愿意先让步了。

《吉尼斯世界纪录大全》宣布，世界上保持婚姻时间最长的夫妻是英国的珀西和佛罗伦斯夫妇，珀西今年105岁，佛罗伦斯正好100岁，他们两人的年龄之和为205岁，这使他们成为全球年龄相加最大的夫妇。1925年6月1日，珀西和佛罗伦斯·阿罗史密斯踏上了神圣的红地毯。那时，深受尊敬的英国女王伊丽莎白二世还没有出生呢。

光阴荏苒，如今的珀西和佛罗伦斯已经白发苍苍，他们的婚姻也达到了难得的里程碑：80周年。6月1日这天，这对老夫妇被众多亲友包围着，脸上洋溢着幸福，他们的3名子女、6个孙辈和9个重孙辈在做着各种准备，为两位老人庆祝这个特别而有纪念意义的日子。

能拥有如此幸福、长久的婚姻自然人人羡慕，同时，几乎所有人都想知道，他们究竟是如何维系婚姻的？到底有什么秘诀？

这对夫妇表示，其实，他们婚姻幸福的秘密是常说"对不起"、多说"是，亲爱的"，还有每天来一杯威士忌、一杯雪利酒。

妻子佛罗伦斯表示："我认为我们得到了上帝的祝福。直到现在我们仍然彼此深爱着对方，这是我们婚姻幸福的重要因素。"

她说，他们是1922年相识并相恋的，那时她是一名老师，珀西在一家律师事务所工作。说起来，他们并不属于一见钟情，佛罗伦斯回忆道："刚开始时，我并不觉得他有什么特别之处，因为他看起来非常严肃。不过，他后来变得很放松，我们也逐渐坠入爱河。"

而关于婚姻"长寿"的秘诀，佛罗伦斯说，你永远都不要羞于向对方低头认错。她深情地讲述说："有一段时间，我热衷于看肥皂剧，但他对此很不满，我们之间是有矛盾的。但是，我们达成了我们的协议，总是一起解决所有矛盾和麻烦。"

这位可爱的老太太表示，每当有问题出现，他们从来不害怕说"对不起"，而且会在每天睡觉之前把事情解决。她说："你一定不能和一个糟糕的朋友同床共枕。我们总是解决问题之后，像好朋友一样亲吻、拥抱，然后才睡觉。"

其实转身或者认错，是爱的另一张面孔，是对你的爱人真挚的爱的体现，在你的转身中，Ta能感受到你的爱意，所以矛盾自然而然就迎刃而解了。

认错包含四层意思：

第一层意思是真心和解。

最常见的就是说"对不起"。表达歉意意味着你的行为可能伤害和冒犯了对方，为此你感到内疚和痛苦。有一点需要提醒，如果你真有什么不得不辩解的苦衷，也要留到合适的时机再做沟通。要知道，在说了"对不起"之后马上跟个"但是"，可能会让你之前所做的一切变得毫无意义，因为一旦我们在口头上把责任推卸给对方，道歉就变成了攻击。

第二层意思是承认过错。

在一些人看来，只有"我错了"这三个字才是最真诚的。如果没有说出类似承认过错的话，他们就感受不到你是在道歉。对他们来说，既然道歉，就应该为自己的行为承担责任。

第三层意思是弥补过失。

这意味着冒犯者必须拿出实际行动来。比方说，丈夫忘了曾经答应妻子在结婚纪念日给妻子买花，认错之后，那也就是意味着下不为例，下次一定记得，或者在这次马上买花补上。

第四层意思是请求原谅。

请求原谅是你认错的目的，只有摆出"你可以原谅我吗"这样的态度，才是表明道歉者诚意的关键。

俗话说："家和万事兴。"婚姻中的认错是一种婚姻的智慧，第一个道歉的人就像是婚姻的守护天使，Ta 的认错为两人情感和精神健康开辟了一片崭新的天地，在争吵之后继往开来，继续婚姻的幸福生活。

两个人因相爱走到一起，当最初的浪漫与激情日渐淡去的时候，彼此性格、脾气、生活习惯、个人喜好的不同，便慢慢突现出来，于是就有了争吵与沉默，似乎爱的感觉已经淡了化了，甚至以为已经没有了，轻之相互没了交流，重则彼此埋怨对错。然后，婚姻里的对错、是非，又有谁能分得清呢？

很多时候我们关注的是自我的感觉，尤其是在针锋相对时，似乎全天下于自己不公。然而坐下来静心想想，一切，又是何必呢？争吵之后的沉默与冷战，似乎一切都烟消云散，看着自己和爱着的人冷冷地面对面，心里会是思绪万千，爱情怎么成了这个样子？

"你生气的时候，就多想想对方的好。"一个朋友这样说。于是，想对方的好。想得越久越觉得伤心，想得越多越觉得爱情的不易，想得越多越心痛，不是爱情消失了，是我们自己的耐心与宽容消失了。对对错错，在那个已经携手了准备相伴一生的人面前，又有多少重要呢？

说句"对不起"，用真心的，或者只是在心里对对方说，就感觉伤心了，那种伤心比与对方的争执来得还重。

幸福与快乐，其实就是这一句话、这一闪念之间了。对不起，我爱你。婚姻里，有时候道歉也是一种美丽。

放弃婚姻中的权利斗争

人有七情六欲，爱有形形色色。夫妻生活有了矛盾时，对对方冷漠、疏远，少则几小时几天，多则几周，但当一方憋不住了，僵局也就结束了，双方和好如初，美满超前。其实夫妻之间的争吵从本质上来讲是男女双方在婚姻中的权利斗争。这个权利问题，并不是在家庭问题上由谁说了算，也不是经济上如何管理和分担，而是指心理上的控制与反控制，对引起冲突的责任承担等。

婚姻权利斗争，或者赤裸裸，或者含蓄，或者以一种隐喻和象征的形式表现出来。有的甚至以相反的方式表现出来，如在婚姻中完全顺从对方。控制与反控制正是权利斗争的本质。

这个问题是随着现代婚姻意识的崛起，对传统观念的冲破而产生的，在以往的男权社会里，女人从属于男人，所以就没有什么权利斗争可言。但是到了现代，女人地位的上升和经济上的独立，女性和男人的地位趋向平等，于是婚姻中的权利斗争就产生了。个人的强势，强迫对方顺从自己的意愿，事必躬亲，事无巨细都要自己做主，否认对方的意见，否认对方的独立、自主性，在潜意识里认为"没有我，你就没有办法过好生活"，因此把一切的决定权、处理权都抓在自己手里。在这种情况下，配偶在家庭里面被边缘化了，因此对家庭事务也就采取了旁观的态度，这样也许又招致了"对家庭不关心"的指责。

姚先生上夜班回家，发现从隔壁邻居马先生家里传来打骂的声音，还有女人的哭声，于是马上报警，警察赶到之后，马先生家的一幕让在场的所有人都惊呆了：邻居马太太被捆绑在凳子上，全身上下有多处青紫淤伤。经过调查发现这是一起婚姻权利斗争的悲剧。被民警解救后，马太太一刻没有停留净身离开了家，躲到女朋友家中，连手机号码也更换了。马太太的朋友说："马太太结婚前是一名钢琴家庭教师，有着与众不同的艺术家气质，长发飘飘，皮肤白皙，大家都说她很懂得生活，经常召集大家吃饭、活动。然而，婚后不久，大家却发现她变了：非但不主动邀请朋友一起逛街喝茶，有时请她出来也常常被她找各种理由推辞。也许是生了孩子没时间吧！当时大家是这么想的。直到有一次她哭着上我家的时候，我才弄明白是怎么一回事，马太太当时说：'我老公说我不会理财，让我把钱全部上交给他。他还说，我们跟他父母一起住，没什么生活开销，每个月只给我五十、一百元零用钱！我想要买衣服，他总会嫌这嫌那，不肯给我钱，有时候没办法，我只好向我父母伸手要。'这是典型的'经济控制'！这说来简直不可思议。可是传统的观念，模范丈夫都是把收入交给妻子保管。而事实上，现在有不少丈夫却掌控了妻子的经济命脉。有的以'理财'为名，有的则索性不交钱就给脸色看，把妻子的经济权利全部掠夺，而性格软弱的女方往往为了面子委曲求全。"

这样的人明显高估了自己的作用。也许他们必须这样高估自己，否则，就会感到自己在婚姻中没有价值。他们需要突出自己，以免被否定。很多时候，他们确实如"纸老虎"，不仅没有从中得到成就感，而是感到疲惫，感到肩上的担子太沉重。他们也希望有人来分担，而一旦有人愿意分担的时候，他们又表现出不信任和恐惧。实际上，他们把一切都掌握在手中，是因为害怕被抛弃，害怕在家庭中无足轻重。

那些陷入"权利"欲望之中的人，并非总是最有力量的，也可能正是出于对权利的恐惧，才那么在乎权利。我们看到有些人在外面唯唯诺诺，在家里却是一个十足的"暴君"。因为只有在家里，Ta才能找到拥有权利的感觉，Ta滥用这种权利，以证明权利确实存在。

有的人在婚姻中可以说是异常霸道，说一不二，完全不在乎配偶的意见和感受，动不动就当众批评和训斥对方。

当一个人不在乎配偶的尊严时，那么很难说Ta是爱对方的。一个鄙视自己配偶的人，也鄙视着自己的婚姻。当一个人对自己的婚姻鄙视，那么也就谈不上有珍惜了。然后，婚姻或者成为"笼子"，或者已经成为"鸡肋"。

如果要想婚姻和谐，"权利"就要以一种良好的方式运作，离不开尊重、忍耐和妥协。

在一段婚姻中，无论是什么样的控制和权利斗争都是不可取的。家是两个人的家，在一个家里，谁都不从属于谁，在一个家里不是谁听谁，谁来做决策，夫妻共同生活，就应该凡事商量着来。如果你越是想控制对方，那么对方就越想逃。

当对方告诉你 Ta 的想法时，你要尽可能友好而真诚地说："无论你是怎么想的，我都支持你。"这样一来就可以主动营造亲密和谐的夫妻关系，如果你想要表达意见，那么这也会有斡旋的余地。

婚姻垃圾勤打扫

婚姻中的快乐和幸福是婚姻的养料，滋润着婚姻生活，有利于婚姻向前继续。摩擦、争吵、猜忌、指责和彼此相互发泄的怨气，都是婚姻垃圾，你要学会把它丢到垃圾箱，该回收的回收，该做肥料的做肥料。

宁先生和龙女士是一对半路夫妻，虽然没有大富大贵的生活，但两个人恩恩爱爱，日子倒也过得开心。

宁先生有一个八岁的女儿，起初当孩子在龙女士面前出现时，龙女士轻声嗔怪说："该提前告诉我的，我也好准备准备啊。"说完就进去给孩子整理房间了。

八岁的孩子人小鬼大，打心眼儿里排斥这个和爸爸住在一起的陌生阿姨，完全一副不合作的姿态。睡觉前，龙女士自告奋勇给孩子洗澡。八岁的孩子顽皮好动，坐在盛满水的盆里一刻也不消停，自娱自乐边玩边叫嚷着，不停地搅盆里的水，泼得女人湿淋淋的。

带孩子上街，龙女生想做头发，孩子想去公园，走进理发店之后才发现，孩子不见了，宁先生怪龙女士："都是你，非要做头发。"等龙女士找到孩子之后，责怪孩子不懂事，让大人着急，作势要打，抬起手来，吓唬孩子。孩子见状，哇哇大哭起来。宁先生听见孩子的哭声赶忙过来，孩子一见到爸爸哭得更起劲了，嘴里哭叫着："阿姨打我，阿姨打我。"

龙女士百口难辩。宁先生气急败坏地将她推到一旁，抱起孩子，撇下龙女士自己一个人就带孩子回家了。龙女士想跟宁先生解释什么，但宁先生不听，说："那天我带孩子回来，你就一脸不高兴，这么小的孩子也舍得打。"自那以后，只要孩子在家，宁先生就不离孩子左右。

宁先生每天都会搂着女儿陪她看"奥特曼"、"猫和老鼠"，驮着女儿在地板上爬来爬去，陪女儿玩枪战游戏……累了，就抱着女儿去睡觉，好像忘了妻子的存在。

龙女士想到了离婚，却无处可去，父母住在远隔千里的其他城市。

一天傍晚，龙女士实在忍无可忍，简单收拾了一下行李，又给丈夫发了份邮件，告诉他自己离婚的念头。然后独自一人离家出去转悠。夕阳下，一对老人久坐在路边的木椅上闭目养神，双手相握，表情恬静淡然，就这样闭着眼安静地享受着彼此的相依相伴。龙女士黯然，不免想起自己失败的婚姻，潸然泪下。过了一会儿老太太睁开眼睛，龙女士上前与她攀谈。老人说他们结婚已经52年了。他们也会经常吵架，但没有隔夜的仇，第二天就忘了。现在，他们常一起回忆经历的共同岁月。女人豁然明白，其实幸福就是能够一路走下去。

龙女士以最快的速度回到家里。一路上不断地祈祷，但愿丈夫没有收到那封信，或者他还没来得及看。回到家，丈夫惊喜而又责怪地问："你上哪儿去了，孩子都问我好几遍阿姨去哪里了？"龙女士此时一颗悬着的心才落地。

很久以后，龙女士向丈夫说起了这件事，没想到，丈夫说，那封邮件他看了，但是他将它放进了回收站。龙女士回来后，他就点去了"清空",彻底删除了婚姻中的垃圾。

现在一些人的婚姻之所以如履薄冰，稍有温度就会瓦解，只是因为婚姻除了爱情的甜蜜，更多的是锅碗瓢盆磕磕碰碰的琐碎烦恼。婚姻也会如现实生活不可避免地制造出很多垃圾——因家庭琐事争吵后心里有了隔膜，误解不能释然，产生出烦恼、抑郁、互相指责等坏情绪。婚姻中的垃圾切莫积攒，更不建议设置垃圾袋、垃圾箱暂存起来，攒的越多对婚姻的消耗越大。所以，当婚姻垃圾产生后，要养成及时随手扔掉的好习惯。如果不及时解决，遇到问题和矛盾一味地回避，以为可以自动消除，结果垃圾成山，最终腐蚀到婚姻本身。

清扫婚姻垃圾，还必须注意两点。当日事当日毕。吵架时，就事论事不翻旧账。话题延伸下去，最后都忘了为什么争吵，何谈解决问题。一定要解决争吵的问题。找到和解的方式，保证再有这样的问题不争吵。

处理夫妻争执，向同一个方向看齐

婚姻不是照镜子，你看我，我看你，而是要朝同一方向看齐。婚姻的幸福度在于夫妻之间的联结度。夫妻之间联结得越紧密，就越容易感受到幸福。加强夫妻之间的联结是婚姻生活中每时每刻都需要做的事。

婚姻生活中一般不会有什么大是大非的问题，所以矛盾或冲突不过是夫妻各自立场的问题。如果能秉持"夫妻是共同体"的原则，很多问题就会迎刃而解。

都说"不是冤家不聚头"，小慈和阿孝可能从一开始就注定是冤家。单位的阿姨们张罗着要给小慈介绍对象，小慈的条件是：一是人要长得高大英俊；二是工作单位要好；三是家庭条件要好。不久有人介绍小慈和阿孝认识，小慈不禁大失所望，毫不客气地对阿孝说："我还以为是一颗钻石呢，原来不过是一块粗糙的石头。"阿孝也不客气地回她："嘁，我还以为要配钻石的是金枝玉叶呢！原来不过如此。"小慈气得牙齿"咯咯"响。

俗话说，"不打不相识"。这两个喜欢"斗"的人竟然一拍即合，相爱并结婚。

从搭伙过日子的第一天起，他们那30多平方米的小屋就充满了火药味。不管什么事夫妻都要一比高低，一争输赢：争谁干的家务活多，谁干的家务活少；争当初到底是谁追谁；争孩子像谁不像谁；争俩人结合，到底是谁占了便宜，谁吃了大亏。

小慈斗不过阿孝，就去争取女儿的支持。小慈问女儿："你是喜欢爸爸，还是喜欢妈妈?"女儿回答"喜欢爸爸!"小慈便对女儿循循善诱："爸爸从来不给你买花衣服，不买好吃的东西，妈妈看见什么都想着你……"4岁的小孩子没有主见，很快会变换立场："我最喜欢妈妈!"

阿孝也不甘示弱拆小慈的台："妈妈是个粗心妈妈，上次给你买鞋子，结果一只大了一号，一只小了一号。"小慈立即和他唇枪舌剑："你给女儿扎的风筝飞不过10米就'倒栽葱'，还不如花5元钱买一个呢!"

朋友们戏称他们的婚姻是激烈角逐的PK台，说再练三五年，他们家一定能诞生一个"国嘴"，可以去参加国际辩论赛。小慈和阿孝报以无奈的笑。他们也觉得老是这样针锋相对地斗，会很伤感情。两个瓶子，再坚固，老是碰撞，也终会留下伤痕吧。可是，一遇到什么事，他们好强的性格又上来了，一定要争个输赢才肯罢休。

一对陌生的男女因为相爱而走到一起，他们走进婚姻的目的是为了共创美好的生活，而不是为了比试高低。将婚姻当做PK场的行为，实在是一种幼稚的竞争，这样做的结果是两败俱伤。

小慈和阿孝都是争强好胜的人，这并不是什么缺点。但对于婚姻来说，这种性格或习惯会给夫妻关系带来致命的伤害。

结婚就意味着两个人成为一个整体，幸福的婚姻建立在"我们"的基础之上的。不管遇到什么事，不管处理什么问题，都要有"我们"的意识，要有团队意识。人心齐，泰山移，再大的困难也能解决，再大的麻烦也能找出对付的办法。

两个人手牵手向前走，同样也会有一些矛盾和烦恼，但两人既然是走到了一起，而且大方向一致，也就要多一点宽容和理解，少一些挑剔和尖刻。当两个人站成统一战线，很多问题就会变得简单。

夫妻关系是整个家庭关系的基础，夫妻要形成一个唇齿相依、息息相关的共同体，如果夫妻都不能结成统一战线，而是处处敌视、攻击对方，那就瓦解了家庭存在的基础。

有了"夫妻是共同体"、"婚姻是手牵手向前走"的认识，这还只是幸福生活的基础，要将这种认识融入生活中，也还需要一些实践和练习。因此给小慈和阿孝布置三道家庭作业：

第一，如果再发生针锋相对地争吵，立即牵手，以示化敌为友。如果情绪难以平静，无法友好地说话，可以暂时牵着手什么也不说，先选对立场，然后再解决问题。

第二，平时说话多使用"我们"的代词，少使用"我"和"你"，特别是减少"我"和"你"同时出现的频率，避免将两个人人为地弄成对立面。

第三，规划共同的未来，探讨 1 年之后、5 年之后、10 年之后，"我们家"、"我们"两个人的状况。为实现 5 年目标、10 年目标，"我们"现在需要做些什么？通过这些讨论，增强俩人同舟共济的责任感。

为爱多忍耐一分钟

家宠物店里有一只非常美丽的乌龟，壳和头尾都是翠绿色的，在翠绿色的壳上有着深咖啡色的花纹。它的背高高地隆起，就好像是一个篮球的半圆，弧丝优美光滑，一点儿也不像一般的乌龟那样扁平。最奇特的是那乌龟的嘴很大，两边的线条翘起，像是一直在微笑；眼睛炯炯有神，常常一动也不动地注视着你。有一次一个旅行家经过这家宠物店，看到乌龟时简直惊呆了，他对宠物店的主人说："这辈子没见过如此美丽的乌龟，请你割爱，将它卖给我吧。"宠物店的主人同意了。

于是旅行家决定通过海运将乌龟送到自己的家里，可是没想到，由于天气的关系，这只乌龟过了三个月才达到目的地。旅行家打开箱子，发现乌龟一动不动地趴在那里。旅行家想，这么久了，乌龟肯定死了，可是没想到乌龟明亮的大眼睛突然张开了，这让旅行家兴奋不已。

过了不久，旅行家决定做个短期旅行，离开的时候，在乌龟身旁放了三把熟透的香蕉。等旅行家回来的时候，发现乌龟死了。乌龟漂洋过海，不远万里，三个月不死，在封闭的木箱子里能一息尚存，怎么会死呢？后来旅行家找了一位兽医来看，兽医说乌龟是撑死的，它把香蕉一口气吃完了。

在极度的黑暗，饥寒交迫中还能存活的乌龟，在舒适的环境下因为吃得太饱而撑死了，由此可见困危中的忍耐的力量远远大于在饱足中的节制。婚姻也是如此，婚姻中的忍耐可以让一个任性的姑娘成长为一个持家有道的妻子；婚姻中的忍耐可以让一个毛躁的小伙子成长为一个成熟大丈夫。

　　他和她结婚都已经 15 年了，有三个孩子，现在一家人和和美美，日子过得舒心又充实。这么多年来不吵架吗？也吵，只是后来大家都学会了忍耐。结婚前他们两地分居，聚少离多。她本以为，好不容易在一起了，日子应该太太平平。不曾想，朝夕相处中，她对他的不满却越来越多：她嫌他买的菜不够新鲜；她嫌他拖的地不够干净；她嫌他看电视声音太大等等，没完没了的争执，幸亏丈夫足够的耐心和忍让，才没有平地起风波。

　　"你看看你，大雨天的，怎么买了这么大一个西瓜，什么时候能吃完？"出去买菜的他刚一进家门，她就冲他嚷了起来。

　　"人家老板好心好意帮我挑的，说大的味道好，你说我还能不要？"他耐心地向她解释。

　　"味道好？你也不看看家里几个人？这么大一个西瓜，两个人要吃到猴年马月？"她越说，火气越大。

　　"吃不了也没关系，放冰箱里慢慢吃。"他依然不紧不慢地说着。

"你以为冰箱是保险柜，上次是谁吃坏了肚子？"提起冰箱，她的气就不打一处来，陈芝麻烂谷子的旧事全都涌上心头，她开始没完没了地声讨他。

"这样我们才知道，以后在家里应该储备点什么，经不起储存的东西我们就不要。"他依然慢条斯理，同时又像是话中有话地说。

而她也好像意识到了什么，再也生气不下去。

经不起储存的东西都不是最好的，因为他经得起她的再三抱怨和生气，所以他们的婚姻这么多年来才能长治久安。

婚姻就像是一杯苦咖啡。当两个人开始新婚生活时，清醇的香气随之扑鼻而来，日子久了会发觉生活并不像原来想象的那样简单。随之而来的柴米油盐的琐碎家务使两个人发生分歧，互不相让，就像咖啡一样苦，但是如果在每次争吵前能多忍耐一分钟，再忍耐一分钟，慢慢地知道两个人之间是要互相体谅、互相包容、互相磨合的。生活又归于宁静，婚前的浪漫已经开始转化为心中沉甸甸的责任，化为对对方无尽的体贴与关怀，两个人都毫无保留地将自己的心、自己的情倾注到这个家中，家也因此而弥漫着爱的味道与温馨的情调，就像泡好的咖啡一样，浓郁的香气飘满小屋。

第七章

学会理财，让你的婚姻"利滚利"

经济是婚姻的栓马桩

英国流传着一首民歌，民歌的内容是：小伙子必须在两个女子之间做出选择，一个美丽却贫穷，另一个富有却难看。小伙子娶富有的女子为妻，结果是一场悲剧：至少两个人甚至常常是三个人都痛苦而死。民歌的主旨是小伙子应该娶那个自己真正爱着的美丽的姑娘为妻。

民歌所表达的意思很明确，为了钱而结婚不会有好下场，而娶一个美貌的妻子则不会有不好的结果，但是民歌中并没有说原因是什么。难看姑娘，天生命好，拥有一大笔财富。所以你可以说，她因此不配得到小伙子的爱。但是贫穷姑娘虽然美丽，也不能成为她赢得小伙子的理由，因为她的美貌也是天生的。她们两人都是从父母那里得到了自己的财富或者美貌。既然如此，为什么小伙子拒绝财富选择美貌就是高尚和可取的，而他拒绝美貌选择财富就是低贱和卑劣的呢？

情感无疑是婚姻的基础条件，但绝非充分条件，就像林妹妹是绝对不会嫁给樵夫一样。如果从经济入手来看待婚姻，很多人认为那一定会伤感情，但当人们越来越感到经济原来像情感一样是维系婚姻的重要支柱时，婚姻离不开经济基础，经济是婚姻的保障这一观点也是不言自明了。

经济基础决定上层建筑的社会理论在婚姻上也同样可以套用，最常见的一句俗语：贫贱夫妻百事哀。说的就是这个道理，其余的各方面的都有，唯独没有经济基础的时候，家庭琐事所需要的钱就能成为感情不和的代名词，生活是多彩多姿的，这就决定了上层建筑也是丰富多样的，但它是建立在经济基础之上的。

有一位出身豪门，漂亮而又任性的姑娘，钟情于一位贫穷的青年画家。她的家庭强烈地反对他们的结合，姑娘离家出走，坚决地搬进了青年的家。在画家那间冰冷、阴暗的小屋里，姑娘眼睛明亮闪烁，坐在青年的画板面前，青年怀着深深的情感，把她的爱意印在了画面上。但是，时间一天天过去，寒冷、饥饿使得姑娘日渐憔悴，从她嘴里吐出的那神圣的三个字，也越来越微弱。终于有一天，她在这冰冷的小屋里病倒了。姑娘提着自己的小皮箱回家了。许多年以后，青年成为一位很有名望的中年画家。在他的盛大的画展上，题为"我爱你"的那张纯情恋人的肖像，依然是他的创作中最夺目的作品。这时，他当年的恋人已经是他人之妻。一位贵妇人站在那肖像面前，久久不愿离去。当画家听说，有人希望出高价买他的这幅画的时候，他虽然不假思索地拒绝了，但还是怀着好奇心，走过来看看意图买画之人。可以想象，这对儿当年的恋人，在肖像前重逢的景象：百感交集，久久凝视。

经济基础和上层建筑出现矛盾时，不要轻易而固执地选择上层建筑。也许你放弃"面包"而选择爱情时，你会什么也得不到。感情在婚姻中都得遵循经济规律，没有经济什么也无从谈起，在家庭的争吵中没有一件归跟到底不是为了经济的。由此可见，经济有时就像是婚姻的栓马桩，婚姻的幸与不幸大都维系在上面。

当然这里的经济所指的不是一段婚姻需要多少钱，现实中不乏那些钱不多，但是小日子过得有滋有味的故事，也有夫妻二人财产很多，但是婚姻并不幸福的实例。可是婚姻当然离不开经济，经济是一个家庭的命脉，没有经济，幸福的生活无从谈起，那么婚姻的经济是什么？婚姻中的经济是指，一个家庭的收入来源、开销以及理财等。如同现代社会离不开电能一样，我们也离不开金钱，绝对离不开，如果你离开了你就是圣人，所以婚姻也在由原来的感情变成现在经济的门当户对。从马克思主义哲学发展到今天的历史来看，我们是得遵守，而且必须得遵守。

婚姻走入理财时代

很多人现在忌讳在婚姻里谈钱，但钱却是我们每天都要面临的问题，如果连钱都不能谈，那日子应该怎么过。理财是为了让我们活得更快乐、更自由。随着人们的生活越来越富裕，人们的钱会越来越多。过去个人和家庭积累资金的办法就是省钱存钱，工资除了日常开支就全部存在银行里生利息，这就是唯一的投资途径。现在的股票、基金、外汇，还有各种名目的理财产品，让人眼花缭乱，难以选择。真是没有投资渠道时发愁，投资渠道多了更发愁！

无论身处豪门，家财万贯，或者小康家庭，小有积蓄，还是一穷二白，都离不开理财。身在豪门中，有数不尽的家财，理财才能让家产得到合理规划和充分利用；小康家庭懂得理财，才能争取利益最大化，将小日子过得红红火火；口袋从来没超过半年的口粮，那么你就更需要理财，才能咸鱼翻身，大展宏图。

环境和社会的大变化让我们不再轻松了，我们好像也没有单位可以依靠终身。我们知道未来是不确定的，说不定一场大病或者意外就能让自己的婚姻和家庭风雨飘摇；我们还需整天琢磨着怎么在孩子身上多投点资，或者让父母和自己"老有所养"，不至于增加子女负担。那么，现在你是否应该打点理财的主意了呢？

在北京东四四条小巷的家门口，一位银发碧眼的外国老太太整倚着门等丈夫买菜回来。这就是上个世纪有名的跨国之恋的主人公杨大爷和范·霍亨德普·米拉大妈。杨大爷叫杨宝禄，土生土长的老北京。米拉大妈出身于荷兰的一个名门望族，就连驻华大使见到她也要敬她三分。在两人牵手走过的近半个世纪的岁月里，这条老胡同见证了一位荷兰贵族小姐到一位北京平民媳妇的独特经历，见证了一段从一见钟情到白头偕老的爱情故事。而两位老人作为故事的主人公，如今也成了胡同里最动人的一道风景。用杨大爷的话来说："早已老头老太，依旧青梅竹马。"

回忆起当年，米拉大妈总是一脸幸福。1956年夏季的一天，北京大学毕业后在北京市电机总厂工作的杨宝禄下班回家，一场突如其来的大雨让他在公交车站和米拉撞出了缘分。说起当年事，米拉的中国话，便是一串串的。她说，那天下雨，自己打着雨伞在5路汽车站等车，忽然伞下钻进一个男青年。没有别的理由，躲雨呗。伞外大雨滂沱，伞下两人相视一笑。米拉有伞，所以她把男青年送回了家。

第二天，天空格外明媚，米拉听街坊说有个秀气的中国小伙子等在院外，一看，正是昨天那位。原来昨天她把地址告诉他了。米拉的大姐当时就埋怨她，放着周围那么多优秀的追求者不找，为什么偏要找个中国穷小子？米拉回答大姐："不是找的，是碰上的。我觉得这很浪漫，我就喜欢这样的浪漫。"

当时米拉随母亲、姐姐和继父一起来华，在北京已住了3年，杨宝禄是她第一个看上眼的男子汉。可那时她已经买好了回荷兰的机票。接下来的4年里，在公共汽车站埋下的爱情种子，借着一封封书信，横跨碧波万顷的大洋，在两个年轻人的心中生根发芽。

1960年1月1日，米拉和爱人携手步入婚姻殿堂，北京的胡同里多了一位荷兰姑娘。成了北京媳妇，米拉做的第一件事就是按照荷兰的传统在自己的名字前加上了丈夫的姓，变成——杨米拉。杨宝禄戏称为："羊"把大米拉回家。在这个中西合璧的家庭里，两位老人在生活习惯和文化习俗上都努力向对方靠拢。米拉爱吃中国菜，杨宝禄则喜欢西餐、油画和交响乐。

杨宝禄是靠寡母在袜厂做工，在幼儿园当老师辛苦赚钱抚养大的独子，后来又靠一名教师资助才从北京大学电机系毕业，家境的贫寒可想而知。为照顾好大家庭，大学毕业的米拉放弃了参加工作，成了一名全职家庭主妇，她跟着婆婆学做中国菜，照顾全家的生活起居。远在荷兰的母亲生怕女儿受委屈，时不时寄来些营养品，都被她当成了给婆婆、孩子们改善生活的"调剂品"了。

上世纪60年代初，随着家里人口不断增多，经济上越发紧张了，一向认真的杨宝禄开始在家中实行"计划经济"，建立家庭账本，开始了小家的理财，这让从小衣食无忧、性格大大咧咧的米拉有些接受不了。"连几分钱都要记账。每个月对账，如果差了钱，他的脸立刻就阴沉下来。"直到现在，提起记账的事，米拉还是一肚子苦水。坐在旁边的杨宝禄却一直呵呵地笑着。米拉也深知，在困难时期家里还多亏了有这个账本："那时候一个月就十几块钱，要养活一家人。如果不好好计算，日子还真不好过。"现在，杨家还保留着这个传统，家里的记账本已经有厚厚一大摞了。

其实婚姻不是你最大的财就是你最大的债。从财务的角度讲，结婚本身就是理财。凡事预则立，不预则废。对婚姻财富的规划正是对家庭负责任的表现，任何事情事前的防范远比事后的救济成本要小得多，双方在理财中都可以得到自己的保障。婚姻理财的作用就是将一些规则透明化：夫妻之间将来将按照一种什么样的财富模式来生活？夫妻的日常消费体系是怎么构成的？你对财产的管理权和支配权有多少？未来你将得到什么样的预期收益？人们都希望能和自己的另一半百年好合，理财更是婚姻幸福美满的重要因素。

理财误区逐个数

很多人对婚姻中的理财或者是还不了解，或者很盲目，这些都是理财方面的弱点。盲目冲动、斤斤计较、随波逐流、突击消费的事时有发生。想要理财成功，首先就要认识理财有哪些误区：

1. **认为钱少没法投资。**

小财更要理。刚结完婚的年轻夫妇，积蓄不多，觉得理财这个问题离自己似乎还很遥远，就那么点钱有啥可理的。努力赚钱，不乱花钱，有钱就存银行，这是大多数人对于理财的认识。其实，财不论多少都需要理，特别是小财更要打理。

小尤和小孙是大学同学，都刚结完婚。小尤在上海工作，月薪平均 7000 元，小尤是租房，每月需交 2200 元房租。小孙与小尤情况差不多，但是小孙已经拥有两室一厅的房子两套。而这完全取决于小孙的理财观念。

他先是在工作最初的几个月省吃俭用，按揭了一套两房一厅，而后他自己住一室，租出去一室，那一室户的租金基本上可以用来按揭。这就叫以房养房。不久，他又用自己的存款购得了一套按揭房，又是租出去，又是用房租来交按揭金。于是，工资差不多的，小孙已经有了两套房子了，可是小尤却还在租房子住。

理财不是有钱人的事，小财更需要理，理得好，往往事半功倍，提前使你的家庭达到财务自由。

2. 埋头储蓄。

"钱多了，就代表理财效果有了。"一些人认为，理财不可靠，存钱才是王道。牛先生经营自家小店十几多年，辛苦赚的钱多数存在银行，他从来没想过购买什么理财产品。

把钱全以储蓄存款的方式存入银行来理财是不合理的。如果遇见通货膨胀，那么银行里的钱就会贬值，客户必须要提高投资收益才能抵御通胀，所以专业理财方案和合理的资产配置才能为理财加分。

3. 只买不理。

小唐在一家外企上班，一个月工资有 15000 元。由于工作忙，关于理财，她是"有闲钱没时间"，所以她一直坚信长期投资的理念。她买过不少理财产品也投资过股票，但是几乎是"竹篮打水一场空"。

长期投资其实不代表是对某一产品持有较长年限，而是投资者应养成的一种长期投资习惯。理财其实要讲与时俱进的，长期理财不一定就是最好的。不同时期，投资方向和风格都要随之改变。适时也可以选择一些短期产品。

4. 为了理财而理财。

为了能够拥有更多的财富而拼命地工作、拼命地赚钱，却不知道积累财富的意义何在，这种生活方式是自己成了金钱的奴隶，而不是金钱的主人。

也许在五年前，"理财"对大部分人来说还是个稍显生涩的词语。但在经历中国理财市场这几年间的爆发式增长后，"理财"的观念可以说是深入人心了。然而，从对理财漠不关心，到现在不知不觉中有些人却又走入了一个新的误区，那就是为了理财而理财，每日每夜为钱财奔波劳碌不得自拔，却忽视了理财的根本要义是让生活更加美好。理财固然是为了生财，但这并不等于说，这便是理财的根本目的。财富对于每个人、每个家庭的重要性自然毋庸置疑，但培根曾经说过："金钱好比肥料，如不散入田中，本身并无用处。"尽管坐拥大笔财富，却不知如何使用它，不知如何用财富让自己的生活更加完美，为了理财而理财，这不能不说是一种新的误区。

那么理财的要义究竟是什么？理财的目的并不是财富越多越好，数字的堆积除了给我们带来一种所谓的"安全感"之外，并没有太大的意义。真正的要义在于在拥有同样多资源的基础上，动用理财这种工具，让我们获得更多享受生活的机会。比如通过积极的理财投资，让我们的储蓄获得更高的保值增值效果，确保我们在今后丧失收入能力后仍然能够保持较高的生活水平；比如通过合理地分配财富，让我们提前达成各种生活的目标，保障这一生中优越的生活。

5. 只要赚的多，理不理财无所谓。

当下高收入群体中也存在着大量不会理财、不愿理财的人士。大部分人都抱着的观点就是：反正我挣得多，即便大手大脚地消费都花不完，何苦还难为自己制定理财规划呢？这样的家庭往往已经不用为买房、买车、结婚等高开销项目发愁，但需要注意的是，当下挣得多并不代表一辈子挣得多。特别是许多经商的群体，也许生意好的时候可以赚个盆满钵满，但不能忽略其存在的不稳定性。也许现在挣得多，那么十年后呢？二十年后呢？乃至退休后呢？是否能依然保持目前的生活品质？因此，资产管理也讲究可持续发展，而理财则是最有效的方法。

6. 盲目投资无主见，躲不开的"羊群效应"。

投资没有主见，盲目听别人的话，跟随别人的投资行为，导致选择了不适合自己的投资方式或投资产品。很多新手尚未掌握基本投资知识就急于开始投资，并对周围一些获得较好收益的投资者、专业证券机构存在"崇拜心理"，导致他们在进行投资决策时都出现了仅听别人推荐就购买某只股票或追随大多数人购买同一只股票的情况。而即便是一些老股民，也会出现从众心理，或者以小道消息为投资风向标，结果遭遇惨跌。

片面追求"快速致富"，片面追求"短高快"，是很多个人投资者的通病。

但我们必须明白，任何投资行为都存在一定的风险，投资者只有在了解自己、了解市场的基础上做出适合自己的投资决策，才是对自己负责任的表现。任何盲目听从他人意见或"随大流"的行为，非但不能降低投资风险，反而容易给自己的投资带来更大的损失。

轻易听从他人意见、盲目跟随市场热点，也是投资者对自己的判断、决策能力缺乏自信的表现，而要想树立自己对投资决策能力的自信，投资者就必须学习并掌握相关股票、基金、债券和保险等投资理财知识。

同时，平时也要多关注国际国内的重大政治、经济事件，多和周围朋友沟通一些投资技巧，而非直接跟随他人的投资动作，学习和吸取别人身上的一些经验教训，做到过滤后为我所用，形成适合自己的投资风格，配置适合自己家庭资产状况和风险承受度的投资品种，而不要和别人去盲目攀比。

7. 消费时喜欢买有优惠的商品。

在消费时，很多人为获得一些额外的赠品或优惠，都愿意积极参与，其实付出的常常是更大的代价。

小溪去商场购物，用自己的信用卡在百货公司购物，每消费满1000元就有礼品送，买的越多送的越多。前几天小溪已经去过一次了，赠品是一套床上用品，但是她还想要一套小型储物盒。

小溪觉得这样很省钱，平时自己买套床上用品少则几十元，多则几百、几千元，这次百货公司送的可是名牌，不就等于省了很多钱嘛。于是，小溪为了得到赠品，要先消费满一定的数额，她的名牌床上用品是消费 3000 元后获得的，而如果想要那套精美的小型储物盒，就必须再消费满 2000 元。由于一些商品不参加此次活动，例如化妆品、家用电器等等，其实小溪的选择的范围很小，基本局限在服饰、鞋帽方面。就像她第一次买的商品一样，大部分是服饰，虽然衣服已经很多了，但是想想衣服总是要穿的。虽然有些衣服，小溪自己不是很中意，但是为了凑够金额，还是买了。

这么一来，小溪为了得到赠品包括一套名牌的床上用品和一套储物盒，估计总价值最多不会超过 800 元，而为了获得如此价值的赠品，她必须消费满 5000 元。实际生活中，我们很少有如此精准的消费，一般都会超支一些。可见，为了这几百元的赠品，我们起码要花上 5 倍甚至更多的钱，这样的买卖到底是否划算呢？

有的时候消费、购物总会需要一些冲动，但不能太多，过多就可能失策。面对商场、银行推出的优惠活动，我们应该先算算性价比如何。

平日最常见的是消费打折、价格直减的形式，过年过节时优惠幅度会很大，这时候我们不妨先问问自己商品是否实用，是不是已经有同类商品了，不然买回家"晾"着也是一种浪费。

总之，省钱之道并非买了便宜的商品、享受到折扣优惠，或是获得难得的礼品，而是把钱花在真正实用的地方，尽可能多地满足实际需求。

在婚姻理财中只有避开误区，才能看清理财的本质，才能使理财成为婚姻的保障。

婚姻理财齐步走

结婚，意味着一种全新生活的开始。美满幸福的家庭离不开正确理财，那么，怎样才能根据夫妻双方的实际情况，建立起合理的家庭理财制度，把家庭收入由小变大，起到保值增值的作用呢？这就离不开制定财务规划。结婚对两个人的生活改变非常大，没有规划就不能做到"开源"与"节流"。因此。在蜜月结束后，两人就应该开诚布公地坐下来聊一聊，今后应该怎么理财，至少应该有一个5至10年的目标。有了目标，就清楚了今后要改善什么、什么时候实现、怎么去实现。有了规划，最好是做一个账本，消费记账便于管理。

婚姻和理财齐步走，也就是说，理财伴随着婚姻的始终。你不理财，财不理你。目前，"理财"得到越来越多家庭的重视。在家庭生活中，怎样才能协调理财计划呢？

1. 关于财务信息公开的问题。

夫妻之间常常存在谁来管钱的的问题。

> 董太太是全职太太，平时掌握着经济大权，当朋友问她："你们家有多少钱，自己知不知道？"董太太说："知道。"朋友又问她："那你先生知道你们家有多少钱吗？"董太太说："不知道。"朋友惊奇地问："可是以后万一你有点什么事，你先生岂不是不知道你们家到底有多少钱？"这时，董太太才恍然大悟，回家后第一件事就是把家里的存折密码、买的基金以及家里一共有多少钱说给丈夫听，让他知道。

夫妻之间最好的管理钱财的办法就是实行财产透明化，万一有什么意外，也不会使得家产旁落他人，或者让对方陷入财政危机。

2. 花钱有计划。

钱是用来花的，舍不得用钱等于没钱。家有积蓄，手中有钱，但总是舍不得花，节衣缩食，生活得十分拮据，是典型的"守财奴"，即使有再多的钱也是枉然。有些老人平时省吃俭用，恨不得一分钱掰成两半用。即使有很多的钱，但舍不得用，不能用钱享受美好的人生，就和没有钱一样。花钱时要有计划，做好开支预算，把每月的支出预算出来，比如按揭款、水电煤话费、伙食费、交通费和文化支出等，将这些费用预留出来，这是家庭的基本开支，一定得心中有数；其次，还得为将来小宝宝的出生预存部分抚养教育费用，免得到时措手不及；而平时的一些额外收入，比如年终奖、加班费等可存入活期账户以应付人情往来等不时之需。

但是我们也要注意一点，一定要量入为出。

美国研究者曾经针对美国身价超过百万美元的富翁，完成了一项有趣的调查。他们发现，高收入的家庭不一定会成为富翁，比较富有的通常是那些低支出的家庭。调查显示，富有的家庭很少换屋、很少买新车、很少乱花钱、很少乱买股票，而他们致富的最重要原因就是"长时间内的收入大于支出"。

3. 购房购车三思而后行。

一些人在结婚时没有自己的住房，那么婚后什么时候买房，买什么样子的房子；买房之前买不买汽车，档次较高的还是经济型，这些问题都应该在婚前协商好。房产是普通人一生中最重大的一项投资，随着房价的不断攀升，购房族的压力越来越大。但是，买房子与否的关键因素是经济能力，买房一定要量力而行，不要过度借贷买房，更不要榨干双方父母的钱来买房。

4. 及早购买保险。

这是一般的小家庭最容易忽视的一步，但也是对保障家庭幸福而言极其重要的一步。人生的各个阶段所承担的责任不同，因而所需要的保障也不同。成家不久的年轻人既要辛苦打拼事业，承担长达几十年的房屋贷款，又要面对日益年迈的父母和逐渐长大的孩子。在漫长的几十年人生路上，彼此都是对方倚重的支柱。任何一方的不测，都会导致家庭安稳幸福的严重倾斜甚至坍塌，所以合理并且及早地规划保障非常重要。

5. 参加金融投资。

目前投资渠道和投资品种都很多，可以根据自己家庭收支的变化情况、预期生活目标、风险承受能力等选择适当的理财手段，比如投资国债、开放式基金、货币市场基金等以获得比储蓄更高的收益。

6. 适当的负债有益。

一个家庭没有负债不是什么值得炫耀的事情，反而证明你对自己的生活是不负责任的。为什么不想想，负债和投资其实是伙伴呢？中国人觉得，欠着钱过日子，心里总是有负担的。但不欠债的生活只有这样的可能——挣多少钱就只能过多少钱的日子；把收入都用于生活、消费，没钱投资，错失取得高额回报率的机会。

可以选择这样的生活，即适度负债，释放一部分现金。利用投资的回报率抵消负债的利息，负债不但没压力，还会因为进行了合理投资而变得"引人入胜"。

张林就是一个很好的例子，婚后至今工作4年多了，平均月工资8000元。2002年比较看好上海的房地产行情，结完婚手里没有资金，于是和妻子一起向亲戚借了15万元首付买了总价55万元的房子一套，余款40万元采用等额本息还款法20年还清。2005年，用几年的收入还清了15万元借款，并且购买了一辆15万的轿车，折价后市场价格9万元，而现在张林的房产也升值到了100万元。

张林平时对于理财市场颇为留心。2006年初，觉得股市行情不错，投资股票，可是融资融券业务的真正落实尚需时日，张林手上没有余钱，面对股票市场高额的收益率，张林算了一笔账后发现，扣除贷款的利息成本或手续费用之后，股票的净收益仍很高，值得贷款进行投资。

张林觉得通过典当行进行贷款程序简单、快捷，而且相对银行贷款的难度低。于是，以其上海牌照的小轿车为抵押，向当地的典当行申请贷款。经过典当行的评估，该车价值为9万元，所以张林申请到了7万元的贷款，并投入股票市场，进行短线操作，目前7万元已经升值为16万元。

适当的负债有益，不但充分利用了其资金的杠杆效应，使资金得到了较好的增值机会，同时自己也享受了舒适的生活。但是做投资决策时，要注意一点，当投资收益率高于贷款利息率时，负债是利用别人的钱赚钱，否则，很容易进入"负翁"而非富翁一族。

理财就是管钱，收入像一条河，财富是一个家庭的水库，花钱如流水。理财就是管好水库，开源节流。

婚姻理财的多元化投资

理财面前人人平等，理财关系到每一个人，每一个家庭。今天，拥有100万元的家庭一旦选择全部存银行吃利息，那这个家庭不用10年时间就会变穷，因为货币是有时间价值的。而10年前那个只凭1万元进入股市的家庭，现在可能已经拥有了一套市价100万元的房产。

每个家庭，每个人的婚姻在一生中都应该享有经济上的保障和富足，都应该尽早获得财务自由，而其中理财的理念和技能就显得至关重要。无论你现在的经济状况多么糟糕，如果你真想做的话，你就能扭转这种状况。是的，财富是无法复制的，但获得财富的理念是可以学习的，而理念也许就是最重要的。

在资本市场上，门外汉永远多于精通者；想投资的人多过已经开始投资的；收益少的永远多过收益高的；投资失意的永远多过点石成金的。为什么他们赚到钱？那些财富像长眼睛一样，涌向那些少之又少的人手中。他们怎么赚到钱的？一天之内，从820元到56万元，资本市场创造的神话使平民也能成就梦想。我们如何赚钱，我们又怎样理财？

1. 要有一定的储备金。

手中要有一定的储备金，至少要保证留有足够你一年的花销。

黄鹤结婚之后，先是进了一家软件公司，之后又跳到了一家大型的留学中介。算起来工作已3年了，按说挣的钱对于年轻人也不算低，但是始终没有存下钱来。丈夫几次跟她说，一定要用工资的五分之一用于储蓄或者投资。这样的话，万一以后有个什么突发事件，或者想要进修，就不会太被动。每每这个时候，黄鹤总是说："我知道，但是现在一个月到手的就只有3500元，每个月房租1000元，吃饭1000元，买书买碟500元，交通300元，再加上电话、购置衣物、朋友聚会，怎么能省下钱，月光是不用说了，不做"负婆"就不错了。再说了，不趁着年轻的时候好好玩，每个月存个五六百块钱有什么用。最重要的是要找个好工作，否则再怎么省钱也没有用！"

可是，最近黄鹤却深刻体验到储蓄的重要性了。去年9月，黄鹤打算换一个工作，于是和丈夫商量后就辞职了。原先她觉得找工作是一件轻而易举的事，不料一直没有找到合适的。黄鹤一个月后就处于弹尽粮绝的境地了。她跟丈夫打趣地说，现在成为彻头彻尾的"负婆"了。早知今日，当时就应该听丈夫的，多少每个月存一点钱，至少现在基本的开销不用完全依靠丈夫，不会为下一步着急找工作而烦恼。

很多人一不小心，就成了"月光一族"。节俭是困难的。寻求更好的工作、追逐更高的收入，是年轻人对钱财最核心的思考。虽然流动资产回报率低，但是无论如何，都要存有一定的储备金，才能在任何情况下，都不会太被动。

2. 自身投资很重要。

有个名人曾说过："对于自身的投资是最大的投资。"自身投资分两个方面：硬件方面就是要做好身体素质的锻炼，也就是健身理财，这一点已经得到越来越多人和家庭认可；软件方面就是要拓宽知识面，不断学习，提高自己。

小张和小刘既是同事又是当年的大学同窗。小张脑袋瓜精明，人缘不错，工作期间还做了兼职，并且理财有术，积蓄颇丰。

而小刘似乎有点"败家"，对好友的提醒充耳不闻，工资分文不攒，全花在了买书和参加各种培训上，并且还举债数万元读MBA。后来，他拿到MBA证书跳槽去了一家外企担任高管，工资立马翻跟头，比原来高出十多倍。而小张则非常后悔"把钱放错了地方"。

看来，知识就是财富，此言不虚。

3. 房产是项必要的投资。

放在几年前，普通老百姓很少会注意到房产投资的。总是觉得只要有一套住房能供自己结婚、生孩子、养老就满足了，顶多以后条件好了，再换套大的。总觉得买房子那是外地人的事情。因此，只有少数先知先觉的人在房产投资中获利丰厚。

王先生就是成功房产投资中的一位。他的江山是自己打拼出来的，20岁不到就一个人从浙江跑到上海来打拼。最困难的时候，回家的车票是自己跟妻子一块儿凑的钱。好不容易现在小有成就，在上海拥有了自己的企业，而且发展得很不错。

十几年来，由于钱财得来不易，因而十分看重，但他不是守财奴，钱放在那里不用就很容易缩水。"结完婚之后，考虑到家人和孩子的教育所需的花费，我非常注重钱财的保值和增值。2000年公司发展逐渐步入正轨，那个时候最大的想法就是如何能保值。房产投资起码有个自己的物业，这应该算是最好的保值方法。于是我把资金的80%都投资在了房产上，当时投资的房产数量有5处之多，还包括两个商铺。现在商铺每个月的租金就足足可以还房贷了。"

"投资意识也是需要积累的，我就曾因为要某一个好的楼层，而多花了20多万元，其实现在想来的确有些不值，若当时能够用这20万元再买一套房子，也许增值的速度更快。之后又进进出出过几套房子，现在基本上都翻了一番了。两套在浦东新区的房产，现在的价格甚至翻了两番。我和妻子现在正在考虑要不要把我们现在住的那套房子卖掉，买一套更大的。"

王先生还说："我也尝试过做股票投资，但是由于企业要打理，没有精力，另外总觉得风险太大。我不愿意让自己的钱和命运掌握在别人的手里，所以时间不长就抛出了。我觉得房产对于长期投资而言，收益不错，而且非常必要。"

一项调查显示，对于占中国城市人口5%的新富人群来说，房地产投资是他们最钟爱的投资产品。的确，随着经济的增长，城市人口的增加，从长期的角度看，房地产投资不失为一项稳健而必要的投资。

4. 分散投资很重要。

"把你的财产看成是一筐子鸡蛋，把它们放在不同的地方：万一你不小心碎掉其中一篮，你至少不会全部都损失。"对于这个理念，估计大家都耳熟能详，那到底是否如此呢？

这个理念最初来自1990年诺贝尔经济学奖的获得者马克维茨。他认为：关注单个投资远远不及监控投资组合的总体回报来得重要。不同的资产类别，例如股票和债券，二者之间可能只有很低的相关性，就是他们的表现彼此关联不大。比如2005年股票表现不佳，债券表现出色。而2006年的情况正相反，我们看到了疯狂的股市和沉寂的债券市场。

鸡蛋必须放在不同篮子的主要目的是，使你的投资分布在彼此相关性少的资产类别上，以减少总体收益所面临的风险。

5. 养老规划尽早开始。

鸟儿尚知未雨绸缪，人类更是深明其理。人生不同阶段面临不同的理财需求和理财目标，而养老规划是人生理财规划中最重要的一部分，也在理财规划中排在首位，是每个人都要面对和必须考虑的事情。退休后能够过富裕、有尊严的生活，无忧无虑地和老伴享受晚年的金色时光。需要未雨绸缪，尽早开始养老规划。

中国财富管理网CEO杨晨先生指出，退休规划是贯穿一生的规划。为了使老年生活安逸富足，应该让筹备养老金的过程有计划地尽早进行。社保养老、企业年金制度，以及个人自愿储蓄，是退休理财的金三角。

筹备养老金就好比攀登山峰，同样一笔养老费用，如果25岁就开始准备，好比轻装上阵，不觉得有负担，一路轻松愉快地直上顶峰；要是40岁才开始，可能就蛮吃力，犹如背负学生背包，气喘吁吁才能登上顶峰；若是到50岁才想到准备的话，就好像扛着沉重负担去攀登悬崖一样，非常辛苦，甚至力不从心。同样是存养老金，差距咋这么大呢？奥妙在于越早准备越轻松。

买保险——另一种理财方式

有一个调查显示，说起理财，八成白领都不会选择保险，他们都认为保险的回报率太低。其实，他们是误解了保险的作用。风险投资、股票投资也许体现的是钱生钱，而保险则反映了钱省钱。买保险才是有责任感的体现。这个责任感源自于一个假设：如果你不幸罹难，你的家属怎么办？你是否为他们想好了足够的退路。所以购买寿险的主要原因是保护你和依赖你的人。万一不幸的事情发生，而你再没有能力或机会保护他们的时候，保险公司可能会站出来扮演你在财务上的角色，它至少能为陷入经济困境的家人减少痛苦。

而同样的逻辑也为你解决了另外一个问题：目前很多爸爸妈妈为孩子买保险，到底该不该买？显然在这些脆弱的小生命肩上尚未烙下"责任"的痕迹，相反，他们时时刻刻依赖着你们，你需要给自己买份保险的理由远远超过给孩子。

越来越多的人认同了保险的作用，保险体现着爱，体现着责任。钱生钱固然重要，钱省钱也很关键，保险就是让你花较少的钱来获得较大的保障。至于要购买多少保险，没有标准的答案，但如果追根溯源，你承担的责任多大，保额就该多大。

老郑和太太都是白领，两人收入水平相当，月均5000元左右。不久前，他们的宝宝刚出世，这个一脉单传的小家伙可真是全家人的宝贝。别的不说，单从父母为他买的保险就足以见得。

老郑说，孩子刚出生时他们就接到很多保险公司的电话，有的推荐寿险，有的介绍健康险，对保险不甚了解的他们一直迷迷糊糊团团转。"那时候觉得这家讲得挺有道理，那家说得也不错，最后一来二去就买了很多"。如今，一年花在宝宝身上的保费就要六七千多元，包括寿险、意外险和健康险。"现在又有保险公司打电话给我介绍教育金保险，说要从小给孩子储备教育金，我也觉得蛮有道理的，应该会考虑吧。"

如果真像老郑所说，再为孩子投保一份教育险，那么估计每年的保费就要万元了。而这对用心良苦的父母本身却没有什么保险保障。老郑和太太除了有社保之外，单位还提供了门急诊医疗险，每年5000元以内的门急诊治疗费可以报销，除此之外别无其他。"我们两个身体都不错，买保险不是浪费钱嘛，倒是孩子体质弱，要多些保护。"

保险的作用其实并不是防范风险、抵抗灾难，而是在风险过后提供一定的经济支持。换言之，投保并不能降低风险发生的概率，只能为出险后的家庭经济提供一定帮助。

从保险的这一作用出发，我们就能明白，为什么"家庭支柱"才是最需要保障的人。因为家庭支柱一旦倒下，对家庭经济的影响将是最大的，此时整个家庭就需要借助保险来"恢复元气"。

买保险就是买生活的保障，因而要慎重。通常需注意以下6点：

1. 不要偏听偏信。

保险公司是经营风险的金融企业，《中华人民共和国保险法》规定保险公司可以采取股份有限公司和国有独资公司两种形式，除了分立、合并外，都不允许解散。所以，大可放下门第之见买保险，但重点要看公司的条款是否适合自己，售后服务是否更值得信赖。

2. 不要盲目购买。

每个人在购买贵重商品时，都会货比三家，买保险也应如此。尽管各家保险公司的条款和费率都是经过中国保险监督管理委员会批准的，但比较一下却有所不同。如领取生存养老金，有的是月月领取，有的是定额领取；大病医疗保险，有的是包括10种大病，有的是只防7种。这些一定要看清楚、弄明白，针对个人情况，自己拿主意。

3. 不要光听介绍。

保险不是无所不保。对于投保人来说，应该先研究条款中的保险责任和责任免除这两部分，以明确这些保单能为你提供什么样的保障，再和你的保险需求相对照，要严防个别营销员的误导。没根没据的承诺或解释是没任何法律效力的。

4. 不要心血来潮。

首先考虑自己或家庭的需要是什么，比如担心患病时医疗费负担太重而难以承受的人，可以考虑购买医疗保险；为年老退休后生活担忧的人可以选择养老金保险；希望为儿女准备教育金、婚嫁金的父母，可投保少儿保险或教育金保险等。所以，弄清自己的保险需要再去投保是非常重要的。

5. 不要考虑人情。

保险是一种特殊的商品。一件衣服或一套家具买来了，如不喜欢可以不穿不用，也可以送人，而保险则不能转送。有些人买保险，只因营销员是熟人或亲友，本不想买，但出于情面，还没搞清条款，就硬着头皮买下。以后发现买到的是不完全适合自己需要的保险险种，结果是不退难受，退了经济受损失也难受。

6. 不要只图便宜。

俗话说"一分钱一分货"，保险也是如此，不能光看买一份保险花多少钱，而要搞清楚这一份保险的保险金是多少、保障范围有多大，要全方位地考虑保险责任。

培养增值金钱的习惯

如果你正要开始或是已经在思考什么是健康的理财观念，那么你就已经有了一个好的开端。可惜，多数人在开始时都不考虑长期、健康的理财观念，或许是不了解它的重要性，自以为可以处理好一切事情。

以下将要介绍的6种习惯，如果能够遵循其规则，完全可以引导一个最初起步的人学会如何很好地控制其经济状况，这些规则会使你相信从现在就开始制定理财计划绝对是个好主意。而且越早开始就越容易达到目标，即使是很小数目的投资都是值得的。

1. 记录你的财务情况。

如果没有持续的、有条理的、准确的记录，理财计划是不可能实现的。所以记账是很有必要的，如果坚持每周记账一次，每个周末整理一下小账本，看看你的收入、支出、目前拥有的资产以及信用卡透支的情况，划出不合理的支出，下星期就能做出相应调整。

2. 明确你的价值观和经济目标。

了解自己的价值观，可以确立你的经济目标，使之清楚、明确、真实，并具有一定的可行性。

缺少了明确的目标和方向，便无法做出正确的预算。

没有足够的理由约束自己，也就不能达到你所期望的 2 年、20 年甚至是40 年后的目标。

3. 确定你的净资产。

一旦你的经济记录做好了，那么算出你的净资产就很容易了——这也是大多数理财专家计算财富的方式。

为什么一定要算出净资产呢？因为只有清楚每年的净资产，你才会掌握自己又朝目标前进了多少。

4. 了解你的收入及花销。

很少有人清楚他们的钱是怎么花掉的；甚至不清楚自己到底有多少收入。没有这些基本信息，你就很难做到：

（1）制定预算，并以此合理安排钱财的使用；

（2）清楚什么地方该花钱；

（3）在花费上做出合理的改变。

小潘今年26 岁，工作半年，未婚，月收入42000 元左右；小章今年25 岁，工作3 年，未婚，月收入24000 元左右。按常理说小潘每月收入42000 元，比小章多18000 元。他应该比小章更有钱才对，事实真是这样吗？他们两人都是月初发薪水，结果半年后，小章存下了56400 元，小潘只存下了不到9600 元。这是怎么回事呢？看看两人的收支情况就很清楚了。小潘在衣食住行上的每项花费都比小章高得多，除了这些基本消费之外，在旅行、健身、购置自己喜爱的电子产品方面，还有一大笔娱乐享受的消费，粗略估算，基本消费加上娱乐消费，小潘的42000元收入所剩无几。而小章虽然月收入不高，但一切从简，基本消费只有12000元，又没有抽烟喝酒等其他嗜好，除了每月花费1600元左右买书。这样算下来，小章每月的开销大概在14000元，半年能节余60000元，除去一些别的开销，小章半年下来存了56400元，之后他又把其中的48000元转成了1年期定期存款，每年到期续存。

5. 制定预算，并参照实施。

"财富"并不是指你挣了多少，而是指你还有多少。听起来，做预算不但枯燥、烦琐，而且好像太做作了，但是通过预算你可以在日常花费的点滴中发现到大笔款项的去向。

6. 削减开销。

很多人在刚开始时都抱怨他们拿不出更多的钱去投资，从而实现其经济目标。其实目标并不是依靠大笔的投入才能实现。削减开支，节省每一块钱，因为即使很小数目的投资，也可能会带来不小的财富。

随着时间的推移，储蓄和投资带来的利润更是显而易见——所以开始的越早，存的越多，利润就越是成倍增长。

拓展你财富的来源

如果你只饮用包装水，只租房不买房，只打的不买车；整夜上网而不会为了自己的健康去牺牲嗜好，总是改不了丢三落四的毛病；曾经恋爱很多次，但从不会爱得死去活来；从不会为养家、供楼、养老而去存钱，对喜欢的商品从来不计较价格；除情人节外从不喜欢任何一个其他节日，认为只要需要不在乎做任何工作。那么，你一定是一个新新人类了。

新新人类有自己的创业思路，财富来源也会与众不同。

黎先生夫妇就是有着自己独特的创业道路。

踏入墙体彩绘行当，黎先生表示"纯属意外"。美院毕业后，他曾在网络公司做过3年美工。由于擅长手绘，黎先生一直不喜欢和电脑打交道。辞职后，闲来无事就在自家白墙上涂鸦。怀旧有趣的"超级玛丽"墙，温馨浪漫的藤蔓花草墙，每间屋子都被他涂了个花花绿绿。在上网搜索适合墙上作画的颜料时，黎先生得知，曾风行欧美街头的涂鸦文化已经登堂入室，发展成国内装修行业里颇受年轻业主追捧的墙体彩绘艺术。这一发现让黎先生兴奋不已。随后和妻子商量后认为，年轻人经济基础不雄厚，又追求时尚，贴壁纸这类传统装修手段对他们来说缺乏新鲜感，而且价格不菲。而一幅使用环保颜料的墙体彩绘花费不多，却足以成为点亮空间的风景。经过一番思量，两人决定从墙体彩绘开始创业。从事手绘一直是黎先生的梦想，黎太太不会画画，但她毕业于对外经贸大学财务管理专业，工作之余她完全可以胜任业务联络和财务管理。对于创业前景，黎先生很有信心。

去年9月，正值家装旺季，夫妻档的墙体彩绘工作室开张了。小两口儿自制了工作室主页，并分头到小区论坛和博客上发帖招揽生意。工作室刚成立不久就接了个生意。由于人手不够，黎先生找来个同行合作。不曾想，对方为盈利，廉价雇佣在校学生，将客户的墙涂得乱七八糟，客户非常气愤。黎先生立刻抽调自己的画师重画并免单，才解决危机。"做品牌，服务和口碑远胜眼前的经济利益。"黎先生说。黎先生先后从美院聘请了10余位具有10年以上手绘经验的画师，并续接了一些商业墙绘，比如给化妆品店的墙上绘时尚女孩，为网吧涂满动漫人物等。

黎先生坦言，墙体彩绘这个行业比较新，没有可供借鉴的成功模式，因此创业之路很辛苦。"不过潜在客户很多，就连儿童医院为消除孩子的恐惧心理，也会找我们画卡通的墙体彩绘。"黎先生表示，他们希望积累更多案例，以开发更多大客户，争取树立专业的墙体彩绘品牌。

就这样一次看似偶然的搜索，让黎先生找到了创业方向，催生了黎先生创业的决心和行动。当机遇降临在有准备的人身上，才会产生一系列奇妙的催化反应。

对很对人来说拓展的财富来源是一件很奇妙的事，去年开始，城镇居民收入多元化趋势开始加快。具体表现为财产性收入占人均收入比重大幅上升。工资以外的各项收入约占30%。中国很多家庭已经告别仅靠挣工资积累财富的阶段。想要财富的快速积累，需要你拓展财富的来源。

第八章

当事业和婚姻短兵相接

走在婚姻与事业的天平上

每个人都有自己的家庭，但是不一定会有自己的事业。家庭与事业之间有矛盾，有理想有事业的人不一定会有幸福的家庭。为什么会这样？成功人士为了自己事业每天都在忙碌着，由于工作的繁忙忽略了家人的存在，与家人之间的沟通接触少了，因此就产生了家人之间的不理解与矛盾。许多成功人士为了自己的事业，失去了自己的家庭，他们为事业付出了太多的心血，可是为家庭仅仅付出一点点而已。他们的事业是辉煌的，而家庭却是失败的。婚姻与事业就像是天平的两端，稍微偏颇，人生的天平就会倾斜。很多人都在事业与婚姻的对撞当中犹豫，不知道自己到底该把脚迈向哪一方。由此还产生了两种截然对立的观点，势同水火形成了相对峙的两个派别。

选择家庭的人说生活是很美的，可是过日子却很累。那是因为选择家庭，就表示你既要善于烹调美味佳肴，同时又善于烹饪生活，自然也包括爱情。家庭第一，事业第二。没有了温馨的家庭，要事业有什么用？

倾向事业的人说：一个人一定要独立，坚强，决不依靠别人。走入家庭只是丰富你人生角色，一个人只有兼顾到事业和家庭，保持经济和精神双重独立才可以称得上是有独立人格魅力的人，才能得到社会的认可。作为新时代的人，不管是男性还是女性，都应该以事业为重。没有良好的事业基础，就没有组建家庭的必要物质基础；没有良好的事业心，就没有高贵的责任心；没有艰难的创业观，就不会明白家庭的可贵处。

事业和婚姻是人生当中最重要的两个部分，在激烈的言辞交锋当中人们更多考虑的是如何维持人生的一端，而似乎很少有人去思考在这种冲撞当中寻找到一个平衡点，更多的是在冲撞当中无力的哀叹。

钱苗是一家酒店的经理，她喜欢自己从事的职业。结婚后，丈夫曾建议她在家做一个"全职太太"，可是钱苗认为在家做一个家庭主妇，等于是在浪费自己多年来积累的知识。而且，像自己这样喜欢在商海里搏击风浪的女性，也只有融入到职场才会获得一种成就感。

很多人觉得她没有女人味。对她常常有这样的误会：既然"女强人"是坚强的，她就不需要别人的帮助和关怀。于是，手提重物无人殷勤代劳；身体不适，无人关心探问；心情郁闷，无人细听倾诉。无论同事还是朋友总在小心翼翼地照顾她的"自尊"。其实，他们都不明白她的内心仍然像所有的女性一样柔软脆弱，渴望来自朋友和家人的关怀。

而最令钱苗感到不能忍受的是丈夫对她的态度。他认为，事业让钱苗丧失了女性的特有的魅力。他不能想象一个在职场上指点江山的妻子，在回到家后能给他递上一杯热牛奶，送上一句温柔的问候。于是对钱苗冷脸相向。不但丈夫，孩子也逐渐与她产生了隔阂。钱苗为了工作而整日忙碌，没有时间关心孩子的生活和学习，孩子对她的冷漠越来越强，他们生疏得完全像两个世界里的人。

难道，一个人结了婚就应该在家庭与工作的夹缝中难堪地忍受？

俗话说："商场得意，情场就必然失意。"许多人对此都感同身受：事业和家庭之间仿佛有着不可调和的矛盾，偏向任何一方你都有可能失去另一方。一方面希望有一个成功的事业，另一方面又希望拥有一个美满的家庭。可是，对很多人来讲，成功的事业往往是要以忽略家人为代价的。而要拥有美满的家庭，就很可能要牺牲事业。在这种情形下，人要做出选择是件很痛苦的事。

其实将事业和家庭对立起来的观点是片面的，如果家庭是船，那么事业就是帆。没有帆，船不能远航，没有船，要帆也没用。有的人只要家庭，没有事业，活得平平庸庸；有的人光有事业，没有家庭，是人生的一大缺憾！要想家庭和事业都顾全，确实很难，所以要因人而异，这就需要你在家庭和事业之间寻找平衡。成功的人不应该是一个一成不变的角色，而应是一个可以胜事业和家庭双重角色的高手。谁说事业成功的人不可以拥有一个好家庭，在事业和家庭上偏向任何一方的观点都不可取。

你大可以尽力把两方面都要做到完美。正如"60/40 理论"：拿出 60% 的精力去做好关键工作，花40%的精力去打点自己的家庭。你要做的是，当你从一场马拉松式的谈判中解脱出来的时候，要马上转化角色，把职业装收进衣橱，换上一件再普通不过的休闲装，把你满脑子的工作话题变成一句句殷勤问候。一句温存关照，胜过你在职场上面对下属时的万钧雷霆。面对你的柔性战术，对方的怒气会在瞬间灰飞烟散。

选择，需要你量体裁衣

就按传统来说，婚后的大部分男性都选择在外面打拼养家，大部分女性都会选择留在家里相夫教子。

夏梦说："钱是当两样必须失去一样时，最明智的保留。因为张爱玲也说，'钱就是钱，可以买到各种自己所要的东西。'但前提是：钱必须是自己赚来的，花起来才胸襟坦荡，不必看别人的脸色。"

当年，夏梦走出校园，赚到第一个月的薪水时，她惊讶地发现自己可以像男人一样有钱，当她自己掏腰包买下看中的价格不菲的连衣裙时，她感受到了"自己动手，丰衣足食"的快乐。

哪怕是结婚以后，努力赚钱，在职场上打拼就成了夏梦的保留嗜好和疼爱自己的生活方式。

夏梦努力工作，积极炒股，在熊市的时候转头炒楼，像老太太一样算计债券多年后的回报，赚到了第一桶金以后，夏梦曾热心于开店，做工作室。即使赔了也不怕，因为她还年轻，有着坚不可摧的勇气和信心，吸取教训后仍旧可以让自己的钱包渐渐鼓起来，更何况自己非常享受从失败走向成功的快感。

其实，在很小的时候，夏梦就记得妈妈整日在她耳边唠叨，女人一定要独立、坚强，要有自己的事业。现在，自己不仅把自己养得滋滋润润，更是让自己的家庭过上了充裕的生活。

　　在事业和婚姻上，夏梦觉得自己只有站在事业的高度，才能像橡树一样站在和男人比肩的高度，她义无反顾地选择了事业。很多人在面对婚姻和家庭的问题时会陷入两难的境地，那就需要你选择角度，量体裁衣，看看自己适合什么。

　　最关键的一点是弄清楚自己想要的是什么。当你发牢骚说："太糟糕了，我工作得太辛苦。我没有时间体育锻炼，没有时间与家人团聚，我几乎要崩溃了。"要承认是你自己选择了这种生活方式。如果要得到生活的平衡，不妨认真思考一下对于自己来说什么是最重要的，自己所追求的最高目标是什么，如何才能使自己感到幸福。这一切完全由你自己决定，什么东西排在第一位，什么东西放在最后，然后按照这个排列去生活。有意思的是，在局外人看来，这些人无论选择哪一个，似乎都是被迫做出的决策，都做出了牺牲。其实不然，这是谬误。如果你把追求事业上的成功作为自己一生最高的追求，为了实现这个目标需要投入几乎全部的时间和精力，所以选择自愿不要孩子和家庭是完全可以理解的，用不着有任何内疚感和负罪感。事实上有了孩子而无暇照顾他们，让孩子受到过度的冷落和忽视，孩子得不到应有的母爱，这是一件很残忍的事情。从这个角度来讲，倒不如不要孩子，这样就可以毫无顾虑地把心思全放在工作上，要知道能够实现自己的理想是很另人振奋和激动人心的。

　　与这些追求事业成功的人不同的是，你也许更看重家庭，把家庭放在工作前头，在结婚生子后不再工作或只从事兼职，以便更好地照顾自己的家庭。看到孩子们茁长成长，爱人的事业一帆风顺，你会感到很幸福，因为这里有你的很大功劳。无论你选择事业还是家庭，只是做了自己想做的事情，没有什么值得可惜的。如果已经厌倦了商场上那种紧张忙碌的生活，不如卸甲归田，重新审视一下自己的生活目标，放松一下自己。要知道和爱你的人在一起会感到充实和温馨。所以个人的意愿很重要。有些人有强烈的做父母的欲望，有些人则没有。如果你本身做父亲或母亲的欲望不是那么强烈，最好是服从内心的呼唤。无论是否选择结婚生子，这都是一种积极的个人决策，做的是个人想做的事情，得到的是自己想得到的东西，并没有牺牲什么。

　　兼顾事业和家庭但不要同时进行。一个人的时间、精力、能力毕竟是很有限的。每天仅有二十四小时，在这方面投入的多，在那方面就投入的少。

不想花费很大精力去寻求工作与家庭间的平衡，那么就不妨先立业后成家或结婚后才进入职业角色中，一个一个地去实现自己的目标。

平衡工作与居家

事业与家庭是你生活的两翼，只有两翼对称，你才不会失重，才能够展翅高飞。不要因埋头事业而忽视家庭，也不要因操持家庭而放弃事业。事业与家庭虽然有时候会有冲突，但并不矛盾，处理得当就会相得益彰。平衡家庭与事业，做事业与家庭的双赢家，才能收获真正的幸福。人们都明白事业是为了家庭，家庭是为了事业，二者相辅相成。因为家庭，自己可以不必一个人去面对事业；因为事业，自己的家庭可以更加稳固。家庭是事业的后盾，有了温馨的家庭，事业才能蓬勃发展，无后顾之忧。兵法有云："兵马未动，粮草先行。"可见历来军事家对后勤保障是多么的重视。这条军事理论用在人生道路上道理是一样。当一个人在事业上受到挫折，回到家里，那种温馨感是很好的抚慰。能让人重新振作精神，从头再来。事业是家庭的保障。事业有成，必然物质丰富，如此就能促进生活质量的提高，生活质量提高了，也就促进家庭和睦，也就是说事业是家庭这个后勤部门的充电器。有了了好的事业，便高枕无忧。综上可见，家庭和事业两者是辩证统一关系，缺一不可，缺了家庭的温暖，事业上很难进步，缺乏了事业的充电和保障，家庭也很难维持。

处理好工作与家庭的关系，需要一种平衡的能力。你要能站在跷跷板的中间，保持两端的平衡。其实，你该掌握一种平衡术。工作和家庭几乎构成了个人生活的全部，价值观不同，对它们重要性的判定也会有差别。无论你更偏向哪方面，你都不能忽视另一方面。事业和家庭就像是人的两条腿，两条腿走路才能走得踏实、长远。工作出色可以为家庭提供更好的经济保障；家庭幸福也可以为工作创造稳定的"后勤"。家庭和工作虽是完全不同的人生领域，但又是密不可分的。只有事业与家庭都成功，才算是真正的成功。假如你只是事业成功而家庭不幸，你就不可能幸福。而假如你事业失败，一家生活没有着落，你也不可能幸福。家庭和事业是幸福钱币的正反两面，只有合二为一，幸福和成功才算真正实现。可以想象一下，你在事业上蒸蒸日上，但你的家庭却一片混乱，另一半和你离婚了，孩子变坏了，你的家里冷冷清清，连个说话的人都没有。即使你在事业上获得巨大的成功，又有何人与你分享呢？你不敢回家，害怕孤独，于是你就更加疯狂地工作，你也就获得更大的成功。然而，你快乐吗？你幸福吗？当你看到别人的家庭其乐融融时，你会不会很惆怅？你会不会觉得自己丢失了很重要的东西？是的，你丢失了家庭，也丢失了幸福。有钱不一定就有幸福，但没钱一定不会幸福。当你和你的家人整天为吃饭穿衣而发愁，当你眼睁睁地看到你的孩子因为贫穷而耽误受教育，你难道还能感受到生活的乐趣吗？你还能够体会到家庭的幸福吗？

蔡女士是一家外资企业的部门经理，有一次与几个很久没见面的朋友聚会，一个晚上她给自己的先生打了好几次电话。熟悉她的朋友都知道，她的先生比她大5岁，她在事业上很成功，而且也很得先生的疼爱，大家都问她是怎么做到家庭事业两美满的，蔡女士很认真地回答说："在外面你怎么叱咤风云，回到家里你始终是你丈夫的妻子，婆婆的儿媳，孩子的母亲，男人的自尊心需要女人去给他维护。我俩刚结婚的时候，我的工资就比他高，但是我一直瞒着他，他那时加上奖金一共是2500元左右，我已经有4000了，可是我跟他说，我只有1600。后来他知道了这件事，挺感动的，我知道他有压力，几次去做生意都没有成功，但是我们一直没吵过架。后来婆婆乡下的房子要拆迁，就搬来和我们一起住，老人家很和气，有时就算我明知道事情要怎么做，也常向婆婆服软。比方说，我老公和婆婆都是北方人，我是南方人，我就向婆婆讨教北方菜怎么做，老人家嘛，就是喜欢自己被人需要。有一次，孩子病了，吃了药还不见好，婆婆不知道从哪里弄来了一张中药方子，吃了几个疗程，没想到孩子奇迹般的好了。老人家的经验有时比我们这些年轻的父母强很多啊！在孩子方面我也是很有耐心，工作中遇到什么事，我从来不会带回家，更不会拿孩子出气，答应孩子的事，我从来都遵守承诺。其实事业和家庭并不矛盾，就看怎么来平衡。"

平衡事业和家庭不是一件容易的事，不仅需要你的聪明才智，还需要你的坚持不懈。你应当合理安排自己的时间和精力，在保证完成工作的同时，经常和家人沟通以寻求相互理解。

1. 家庭和事业要齐头并进。

古人说先成家后立业；现代人则信奉先事业后家庭。这都是片面的。事业与家庭不存在谁先谁后的问题，它们是并列的关系，需要你同时经营。如果经营得当，你就能在事业与家庭之间自由地穿梭，你就能在平衡中感受到人生的无限幸福。不要心存幻想，先干事业后理家庭，或者先经营家庭后打拼事业。很多时候当你做完了前者，你会发现来不及做后者了。所以，你要放弃这种先后的想法，应该树立起同时双赢的意识。也许在不同时期你会有不同的偏重，但请你记住，偏重不等于偏颇。事业与家庭可以相互促进相得益彰。很多人都认为，男人因成就事业而成就家庭，女人因成就家庭而成就事业。听起来似乎有些道理，但男人真的只要事业成功就能家庭幸福吗？女人真的埋首家庭就可以幸福吗？没错，成功的男人似乎更容易获得幸福的家庭。但我们应该知道，如果他的家庭幸福，那一定是他用心经营的产物，而不是事业成功的结果。如果他只是一味地埋头工作而忽视家庭，那么他的家庭迟早会忽视他甚至背叛他。成功的事业只是为他提供一种可能，能不能真正获得幸福还要靠他执著于此的努力。

2. 学会及时转换角色，避免"角色固着"。

所谓"角色固着"就是沉溺于某个角色之中，不能及时转化到其他的角色中去。要善于区分工作和家庭角色的不同要求，在家庭中要学会以柔制刚，及时沟通，谋求家人对自己工作的支持和理解。

3. 要调整和完善自我，要对自己的生理和心理特征，以及自己的情绪状况有客观的评价能力和理性的掌控能力。

许多人在外面发号施令、勇于奉献惯了，回到家，对孩子和爱人常常不是有一种"委屈感"就是有一种"负罪感"，如果不能及时调整好心态，就会使家庭气氛变得紧张和压抑。

4. 可以通过有效的职业生涯设计帮助自己处理好事业与家庭的矛盾。

例如，夫妻双方可以通过合理的设计，使双方在人生的不同阶段对家庭投入不同的精力和承担不同的责任，每个人都可以在职业的冲刺阶段和巅峰阶段得到更多来自对方的支持和理解。这种双职业生涯的设计可以使家庭成员的整体绩效实现最优化。

事业和家庭的平衡是一种挑战，它需要我们劳心劳力、知难而进。如果你不积极主动地寻求事业和家庭的和谐平衡，你的生活终将一片混乱，得不偿失。其实人生就是一个不断平衡的过程，你必须要把自己的精力有计划地加以分布，如此你的人生才是和谐的、圆满的。平衡不是一句空话，也不是一个神话，只要努力，你就有可能实现。

平衡是一种动态的平衡，不断地从一种平衡走向另一种平衡。我们无法企及一种一成不变的平衡状态，而是需要持之以恒地努力维持平衡。自身变了，环境变了，原有的平衡状态自然就会被打破。如果你不善于调整，不能营造一种新的平衡状态，你的生活就会陷入混乱。

家庭是社会的细胞，在构建和谐社会的框架里，只有家庭和事业的和谐才是社会和谐的基础。

用婚姻成就事业

每一个成功男人的背后都有一个好女人，而每一个成功女人的背后都会面临一个艰难的抉择。

对于大多数家庭来说，家庭是事业的后盾。古人云"修身、齐家、治国"，将"齐家"放在"治国"之前，意思很明确，你要做一番大事业、成就大功名，就得先齐家。一个人若是连家也打理不好，那么 Ta 何以出去治国平天下。有一份好的工作并不代表一个人的婚姻也同样成功，可是如果一个人没有和谐美满的婚姻，那么他在事业上也不会出色。如果你想生活得幸福美满，安心在事业上发展，一定要有一个美好的家庭。家庭，提供你安全感，让你感到温暖。家庭是一个避风港，是休息和恢复活力的地方。幸福的家庭是成功的基础，但是切记，美好的家庭是自己营造出来的，它的成功就在你的掌上。

现在许多朋友总是感叹自己的婚姻不尽人意，但这恰恰是每个人必修的一门课程，如何化繁琐为简单，化痛苦为快乐，化干戈为玉帛，化争吵为和谐，化疏间为亲密，化冷漠为热情，这将是一门艺术，学好了这门艺术能给我们的事业带来莫大的助力。

Fl车坛不缺少车模、美女，有层出不穷的花边和绯闻，但已经7次夺冠的舒马赫，虽是相当有实力的车手，在争取胜利的过程中，却与绯闻绝缘，和睦的家庭是他获得好成绩的基础。

意大利车手费斯切拉是个彻底的"顾家男人"。每次比赛前，他只有听到妻子鲁娜的声音才能消除一切紧张。在一次澳大利亚站赛季结束后，第二次取得个人分战赛冠军的他没有参加车队的庆祝酒会，而是立即赶回千里之外的意大利罗马，看望生病的儿子。他因此耽误了到马来西亚适应场地。但他并不后悔："只有看到儿子度过危险期，我才能身心状态极佳地投入到比赛当中。"

哥伦比亚车手蒙托亚因为终结舒马赫五连胜和"破坏"巴里切罗家乡夺冠被誉为"法拉利敌人"，如此"战绩"与他的爱情滋润分不开。蒙托亚和妻子康妮几年前结婚了，那时康妮还在马德里上大学，蒙托亚一有空就飞到马德里陪伴爱妻。后来，为了支持丈夫，康妮几乎每站比赛都到赛场。不少人开高价邀请康妮做模特拍广告，都遭到她的拒绝，她不希望"因为我出风头而影响他的事业"。

英国车手巴顿是Fl史上最年轻的拿分车手，在英国他是最受女性欢迎的钻石王老五。自从邂逅英国小有名气的歌手兼主持人露易斯之后，他便修身养性杜绝一切绯闻，专心"经营"他和露易斯的感情，不久正式订婚。有了未婚妻的激励，巴顿的赛车成绩一路飙升，成为目前F1车坛最炙手可热的新星。

家庭对一个人事业上的帮助从上面的事例中可见一斑，那么为什么家庭对一个人的事业有这么大的帮助呢？家庭是享受天伦之乐的天堂，是身心疲惫与烦恼时休闲与开心的圣地，是暴风雨来临时的安全港湾。常言道"金窝银窝不如自家的小窝"。在家自由自在，不受他人干扰，不需看别人的脸色，孩子声声甜甜的叫称，令你感到无比的快乐，妻子和丈夫几句问候关怀的话语，使你深感无限的欣慰，在家的感觉真好。家庭是事业的后盾和动力，你在事业上遇到的压力和困难有你的另一半帮你分担，那么压力就不再那么沉重。如陈以靳是王家卫成功背后的女人。自嫁给王家卫后，她就为他的所有电影担任出品人。王家卫拍摄第一部作品《旺角卡门》时，她东奔西走，劝说电影公司老板投资，物色香港第一流的人才为他做班底。在王家卫成名后，陈以靳又力邀代表香港最高水平的摄影杜可风、美术张叔平，和王家卫合作成为"三剑客"。除了参与王家卫电影制作，陈以靳还常提出好的创意。熟悉王家卫的人都说，没有陈以靳，成就不了今天的王家卫。

家庭作为社会生活的基本的单位，仍然具有事业所不能超越的重要性，而且事业上的成功终究是要回归到家庭上来的。

用你的事业为婚姻保驾护航

事业是家庭的支柱，若没有事业来支撑家庭，那么，家庭生活就很难正常运转，家庭关系则容易发生动摇，甚至导致家庭的解体。事业有三层涵义：其一，为家庭生活提供财富保障；其二，体现自身的人生价值；其三，为人类社会共同进步作出应有的贡献，这三者构成了人生事业的总和。

事业在人生中占有极其重要的位置，人生只有开创自己的事业，才能为家庭创造与积累财富，为事业长期稳定的发展解除后顾之忧与烦恼，为长期的生存与营造美好的家庭生活奠定丰厚的经济基础。美国作家爱默生曾经说过："家庭是这样一个地方，家庭是一块乐土，工作是家庭的肥料，而家庭的每一个成员就是这块乐土上的耕耘者。"

家庭离不开衣、食、住、行的基本需求，这些需求必须有经济来源才能得到满足，而每个家庭成员的事业是家庭经济的主要来源，事业上带来的收入决定着家庭生活幸福的基本因素，家庭成员的经济收入对家庭有很重要的作用。

　　麦洁和丈夫长罗是大学同学，毕业后俩人一起进入一家行政单位工作，接下来，买房、结婚，双喜临门。几年后，夫妻两人以优异的工作业绩：麦洁提拔为副局长，而长罗晋升为人事处长。事业正处于蒸蒸日上的紧要关头，麦洁突然发现自己怀孕了，麦洁为了事业，不想要这个孩子，而双方父母均竭力反对，大家互相僵持着。这时丈夫长罗作出了一个意外的决定，他说："麦洁，这个孩子寄托了我们的未来和希望，从今天开始所有的家务活我全包。为了你的事业和孩子，我就放弃人事局派我去作为储备人才培养。"就这样，长罗一直在照顾孩子和支持自己的妻子。在麦洁34岁的时候被提拔为局长，而他们的儿子也健康快乐地生活，马上要上小学了，自从麦洁当上了局长以后，为了适应新的角色，尽快树立自己的威信，简直变成了一个工作狂，她和丈夫除了工作的沟通，几乎没有感情的交流。这时，麦洁有一个出差，本来按日程周末可以回到家里，却因为有事耽搁了。此时，长罗打电话说："麦洁，我真的希望明天你回来，有重要的事要办。"没想到麦洁烦躁地说："家里的事你自己看着办吧，没必要等我。"当时，麦洁没想到的是周末是他们的结婚纪念日，丈夫本想利用这个日子来为他们的婚姻作最后一次努力。可是麦洁丝毫不领情，两天后，麦洁回到家，阴着脸对丈夫说："这是一份离婚协议，你签字吧！"直到此时，丈夫才意识到没了工作，自己的婚姻也岌岌可危了。

　　维持生计就得工作，工作能使生活变得充实、有意义、有价值；工作是生活的一部分，也是非常重要的一部分；工作是一种现实，它不可能尽如人意。因此对工作要有一个信念：认清自己工作的价值，投以最大热忱，好好工作，把事业做好，做到位。也只有这样，事业才会成功，家庭才会美满和谐，生活才觉得丰足欢喜。在一个家庭中，你的工作需要做部署：

首先，制定个人的生活和职业发展规划，应该将影响自己的方方面面的因素都尽可能考虑在内。婚姻稳定之后，要学会分析自己的现状，确定自己在哪里发展，自己拥有哪些资源；然后，你要确定自己的事业目标，在这个过程中，因为你并不是一个人在生活，而且你的决定可能会对你的家庭产生重大影响，所以你必须与家庭成员进行充分的沟通，使大家尽量能够达成一致并取得家人的谅解和支持。确定目标后，你还必须制定出达成每一个目标的时间表和优先顺序，并协调某些目标之间可能存在的冲突。

其次，你要找出目标和现状之间的差距，找出可行的解决办法。比如希望能在 35 岁之前成为专业领域内的技术专家，但现实的情况是家庭需要你投入更多的精力，使你无法腾出更多的时间谋求专业上的提升。为了解决这个矛盾，你可以寻求父母的帮助，或请保姆来帮助你减轻生活负担，将节省下来的时间用于工作和学习，同时安排适当的时机与家人相聚。当然，遇到实际问题时这样解决还是有点难度的，我们也可以寻求专业的职业咨询机构来帮助我们。

除此之外，你还要学会停下来时常给自己一个小结。关于过去的工作，还需要哪些方面的改进、提高？除了能够有时间读一些对自己有帮助的书籍，还可以报一个短期或长期的学习班，对与将来工作有关的知识进行"充电"，是明智的选择，也是必要的补充等等。

女人要争取自己的事业

在家庭和事业面前，很多女人很难做到两全，女人很容易为了家庭而放弃自己的事业。也有女人觉得自己嫁了个有钱的男人，可以不用工作，依然可以丰衣足食，这样的想法常常是危险的。太过依靠男人，女人在家中的地位就会处于劣势，她一定会输得很惨，活得毫无尊严，更不会有幸福可言。作为女人，任何时候都不要为自己的不自立找借口，女人的生活重心可以不是自己，但是一定要掌握生活重心的主宰权，女人只有靠本事说话，才会底气十足。女人应该有自己的事业，哪怕赚的钱仅能够养活自己；也要有自己的生活圈、自己的朋友，这样才不会脱离社会。

就算你极其幸运地嫁给了一个有财有德的"钻石男人"，眼前的幸福生活即使不会如昙花一现，那种仰人鼻息的生活也没有多大意思。依附于男人生存的女人缺乏底气，是不争的事实，一个女人如果长期被男人供养，就很难被别人尊重。英俊富有的男主角对无所事事的女主角呵护有加，那是电影电视里才会有的情节，生活中抱着这样的愿望是很不现实的。

所以说，工作对于女人很重要——什么让女人觉得安全？事业！什么样的女人是真正独立的女人？经济独立的女人！更加努力地去爱一个人，并不一定就能得到爱情。但是更加努力地去工作，就一定会有成就！

工作为女人营造了更宽广的交际圈，使心灵得以驰骋，在繁忙的工作中，人们进行交往、交流，以至交心，会形成情趣相近的交往圈，分享快乐，分担忧愁，学人之长，补己之短，使心灵得以舒缓，心理更加健康，生活更加充实。在工作和学习中女人应该不断加深自身修养，宽容，豁达，大度，善解人意，干练而又不失温柔。同样的相貌，同样的穿着，因为有了知识的内涵、内在美的支撑而显现出女人高雅的气质和独有的魅力。

工作还使女人时尚。只有工作，女人才能更好地接触社会，把握时代的脉搏，才能与时俱进，享受精彩人生，由此看来，女人"嫁得好是靠不住的，还是靠自己"，干得好"才比较踏实"，干得好又"嫁得好"当然更好。自己拥有常识和本领、技能和事业，女人就有了自立自强的资本，也就有了获得美好爱情婚姻的基础。那些抱有"嫁得好"幻想的女同胞们，还是唱唱《国际歌》吧！丢掉对迅速过上舒适生活的幻想，脚踏实地，和男性一起角逐，在事业上去精心描绘那一片属于自己的"半边天"。海市蜃楼般的"嫁得好"很美，但还是努力地"干得好"更保险些。所以，女人不要做依附于男人的藤类植物。

一个女人，是不能没有事业的。事业让女人拥有在这个世界上立足的底气。大凡在职场的女性，每天都是神采飞扬、朝气焕发，原因就是事业让她们更加自信，让她们充满活力。女人有能力才能左右自己的婚姻。有事业的女人生活多姿多彩，健身啊，美容啊，购物啊；而家庭女性的话题则全是围绕老公、孩子；有自己事业的女人，会变得更加自信，充满活力，外面的环境与事物会让聪明的女人更聪明！走出一味的柴米油盐酱醋茶，让新鲜事物充实生活，因为游走在职场当中才能体会到工作的艰辛和压力，才能更理解事业中男人的烦恼，也许还能为他排忧解难，成为他的支柱；事业可以缔造一个完美好强的女人，现代社会中，有知识，有智慧的优雅女人们，用满腔热忱去经营事业。事业让优雅女人一直处于潮流先锋，心态永远年轻；事业使女人能真正把握自己，并获得从容自信，最后使女人的周身散透出超然的气质，使女人从人群中脱颖而出。有事业的女人知道善待自己，善待他人；有事业的女人有一种不一样的吸引力，事业可以让女人妩媚生动、光彩照人，让女人更坚强更有勇气去面对生活中所遭受的艰难困苦，在挫折面前不低头，坦然地去面对。事业让女人相信自己可以克服所有的困难，并不断地完善自己。

　　梅林今年31了，现在是一名全职太太。可是丈夫一直希望她能工作。梅林曾经在一个非常压抑的国企工作过两年，当时他们那个国企还算是带点垄断性质的，那两年不少人是削尖了脑袋想进去，可是梅林却觉得学不到任何东西，也看不到任何自己的前途。如果说在学校读书时候的梅林还是野心勃勃的话，在那个国企混上几年后，她也变得随遇而安了。可是，还不仅仅是这样，工作中发生了许多不愉快的事，工作让梅林非常非常地不开心。从此，梅林就非常讨厌工作，当起了全职太太，一当就是五年。

　　也许是之前的工作经历给了她那样的感受，她非常讨厌工作，看见有人说工作带给他们快乐与满足感，梅林就非常不理解，因为工作只能带给她痛苦与泪水。可就是在这样的情况下，丈夫却一直要求梅林上班。他说，哪里都是一样的，人要学会自己调节。可是梅林不相信。梅林开始试图找工作。在网上投了无数的简历，都是石沉大海。参加了一次又一次的公务员考试，每次都能上线，但最后都没有了下文。梅林现在已经感觉到自己与时代已经脱轨了，一次次的失败让她的自信心更加受挫，现在的梅林不是不想工作，而是没法工作。

　　女人若是放下所有的工作，专心为男人为家庭，生小孩，这不仅容易使之变得狭窄，继而失去自我，不仅这样，往往很多的时候，女人的这种默默付出与承受得不到男人的感激和尊重。男人其实是非常挑剔的，他希望他家的女人是完美的：长相最好是绝对美人，厨艺最好绝对高明，学识最好知书达理，另外，最好服侍得他舒舒服服，端茶倒水，说倒底，绝对合格的保姆。所以，女人们，为了你的幸福，为了家庭的幸福，去争取自己的事业吧！

随着时代的进步，一方面在社会上来说，女人已经走出家门，和男人一样工作赚钱来养自己，养家；另一方面，在家庭来说，女人仍是家务劳动的主要承担者，表面来看，好像是女性地位提高了，但是，加在她们身上的担子也更重了。一个女人，如果想和男人一样在事业上做出成绩，同时还要保有幸福的家庭，那么她所付出的努力和艰辛，要比男人多得多。别的不说，单指对人类的繁衍这一项，无论科技怎样进步，迄今为止，还没有一样东西，可以代替女人的子宫，所以说，一个成功男人的背后，一定会站着一个好女人，可是一个成功女人的背后，只有自己的努力和奋斗。所以在精力有限的情况下，很多女性选择把大部分精力放在家庭上，伺候老人，照顾孩子，支持老公的工作，让自己投身在无止无休的家务劳动中，久而久之，事业上就难免会停步不前甚至退步。在事业上，社会地位上与自己的老公逐渐拉开距离，因为长时间的埋头在家长里短中，在思想和境界上，就很难与伴侣沟通了。这时候，如果运气好，遇到的是好男人，家庭生活幸福，还算不错，所有的付出都有了回报，如果遇上的是陈世美之类的男人，那人生将多么灰暗啊。所以，女人不要为了家庭放弃事业，更不要把未来的前途、幸福押在男人身上。香港女作家亦舒曾说过这样一句话："我们所能依靠的，不过是我们的一双手。"这句话虽是激励女性要自强自力，但或多或少也露出了现代都市女性的心酸与无奈。

因此，一个女人，在任何情况下，都应该提升和体现自身的价值，这种体现，不单指爱情的甜蜜，生活的幸福，还要有事业的成功。一个女人，如果把全部的精力都投放在家庭生活中，满脑子的柴米油盐，那么她的魅力一定会大打折扣。相反，一个只有事业而没有幸福家庭的女人，其身也会缺乏一种温柔的底蕴。所以，女人的事业和家庭，也一样是相辅相成的。女人在社会上追求和男人平等，在家庭生活中也应该一样，无论是在对老人的照顾，对孩子的教育，对家务事的处理上，都应该要求伴侣和自己一起分担而不是自己独立承担。把自己的事业看成和他的事业一样重，让自己成为自己的重心，生活的重心，让自己成为生活中的太阳，照耀自己的生活，惠及家人。

所以，女性一定不要放弃自己的事业，要让自己的家庭和事业相辅相成，相得益彰。

第九章

让婚外恋成为别人的传说

婚外恋是一种情感补丁

说到婚外恋就不得不提社会的现状：经济的高速发展，带来了丰富的物质生活，但是人和人之间的联系却越来越少，和经济的发展正好相反，人的心理世界越来越孤独，物质上的极大满足和精神上贫乏的巨大反差，使得很多人对婚外恋跃跃欲试，认为婚外恋可以给自己心灵打个补丁。

现实当中存在各种各样的婚外恋，基本上可以归纳为几类，婚外恋的成因也就略见一斑了。

1. **情感补偿型。**

这也是婚外恋中最常见的。在家里和另一半性格不合、谈话不投机等都是原因。

张先生是个情感丰富、爱好广泛的业余歌手，妻子是个木讷的工厂工人，常常上晚班，和张先生的作息时间完全颠倒。张先生平时喜欢自己写写歌，听听钢琴曲。但是这些在妻子看来是不务实的表现，夫妻俩为此吵了不少架。妻子指责张先生好高骛远，不脚踏实地；张先生说妻子不懂艺术。无法感受婚姻温暖的张先生在某次歌友比赛中邂逅了评委李小姐。他倾慕她的知性和对艺术的感悟能力，她喜欢他的才华和对理想孜孜不倦的追求，一来二去，两人不知不觉坠入情网。李小姐给了张先生在妻子那里无法得到的温暖，张先生感觉自己不仅找到了真爱，而且也找到了知音。

2. **事业合作型。**

这种情感最容易发生在同事或者在事业上有共同追求的男女的之间。

肖女士自办了一个总裁培训公司，丈夫由于能力问题无法给予她更多的帮助。业务急剧扩张的肖女士十分需要培训讲师能够固定下来。在一位朋友的介绍下，她认识了某大学经济系教授秦先生，秦先生表示自己在大学的课程并不紧张，可以长期在肖女士的公司任讲师，并还给肖女士介绍了几个国内知名的培训讲师，在秦先生的鼎力相助之下，肖女士的事业蒸蒸日上，在同行里鹤立鸡群，她觉得自己的事业不能离开秦先生了。同时随着二人合作的默契，情感上也日久生情。就这样，在事业的撮合下他们陷入了情感的泥潭难以自拔。

3. 同病相怜型。

一人处于不顺心的状态，在家人的不理解或者得不到家人安慰的前提下，找到了一个有同样感受的人，就容易出现同病相怜式的出轨。

齐先生和赵女士均为某厂下岗职工。一个偶然的机会，二人在一次共同的面试中相识，两人在患难之中仿佛找到了倾诉的对象，两人常在一起发牢骚，抱怨生活，又相互安慰，相互扶持，一起想办法再寻出路。共同的命运使他们同病相怜，又都因爱人和其他亲人的不理解而苦恼不已。在这样一种相同境遇下，他们的感情逐渐接近，感到只有对方能够理解自己，逐渐引为知己，发展成为情人关系。

4. 精神恋爱型。

精神恋爱是纯精神的而非肉体的爱情，是追求心灵的勾通。

毛先生在结婚前就和大学时的一位女同学常女士一直保持着朋友关系，两人在一起无话不谈，常女士可谓是毛先生的红颜知己，毛先生很多心理话和烦心事都只说给常女士听。毛先生结婚后，两人的联系也未曾中断过。婚后，毛先生和妻子感情不和，一直不断争吵，并无幸福可言。毛先生经常找常女士诉苦，有一天毛先生的妻子发现自己的丈夫和常女士在一起之后，大发雷霆，可是毛先生说，自己并没有出轨，自己和常女士之间只是交往很深的朋友关系，自己从未做过对不起妻子的事。但是毛先生的妻子指责他，精神出轨也是出轨。

5. 同情怜悯型。

很多婚外情都是从同情开始的。

刘先生是一家公司的行政助理，由于刘先生和妻子工作繁忙，就请了一个保姆照顾家里。原本没有氛围的家一下子有了热腾腾的晚饭，有了干净床单和利落的衣橱。有一次刘先生去外地出差，天气突变，回来时不小心患了重感冒，发起高烧来。幸亏有保姆热菜热汤地服侍，刘先生很快就痊愈了。慢慢地刘先生和保姆的话多了起来，刘先生了解到，他们家的保姆来自偏僻的山村，原本成绩优异的她应该呆在学校过着无忧无虑的生活，但是她为了弟弟能上学，过早地就放弃了学校的生活，扛起了生活的重任。善良的刘先生立即倾囊相助，保姆哭倒在他的怀里。美丽单纯而又楚楚可怜的保姆很快吸引了刘先生，面对妻子他又心存愧疚，对保姆又放不下，刘先生不知该如何了结这段"情缘"。

婚外恋是现代人婚姻的第一大杀手，很多人把婚外恋比喻为婚姻的沼泽。在这极其危险的沼泽面前，许多人义无反顾地飞蛾扑火。婚外恋离不开情感的需要，它的成因是复杂的。

很多人在自己的婚外情被揭穿后，表示不愿离婚，把自己当时的出轨归结为一时糊涂，而自己还是愿意回归家庭的。从这个意义上来讲，婚外恋更像是一道饭后的甜点，不能当正餐吃，但是可以换换口味。有时，婚外恋也是情感的补丁，如果一件衣服补丁打多了，不仅不美观，而且分辨不出原来的衣料，而情感的补丁打多了，迟早有一天是会变味的。

在大多数女性看来，似乎男性总是婚外情的罪魁祸首，婚外情是男性的专利。但是，婚外情毕竟是男女双方"共同参与"的事情，而且发生婚外情时，多是与夫妻情感上的某些疏离、矛盾或缺失有关；人的情感是复杂的，两性之间的情爱，恐怕也不能简单地用"好"与"坏"来评价。

婚外恋，伤害有多深

如今，有很多人把婚外恋当做一件流行而且非常浪漫的事情，因为婚外恋以其独特的本身，满足了人们的美丽幻想；催化了婚姻中男女不甘沉寂的心；点燃了人性中不太安分的情感躁动；爆发了道德以外压抑太久的激情，从而最大限度地给人的心灵带来强烈的震撼和眩晕。其实，这种诱惑就像是个"魔窟"，往往带着很浓的浪漫色彩，又经常以"真爱无敌"的种种理由，让太多的婚姻男女以爱的名义一个个往里跳，将婚外恋进行到底。

的确，正如所有婚外恋者的辩护："我们毕竟只是一个平凡的人，感情来的时候，我们怎么能抗拒得了？"归根结底，婚外恋是在"恋"上一种叫人惊天地、泣鬼神般生死相许的浪漫理由。这恰恰是婚外恋者飞蛾扑火的死结所在。

妮与丈夫是大学同班同学，感情一直非常好。毕业后他们的恋爱终于修成正果，婚礼上丈夫单腿跪地发誓一生一世爱她一个人，这个声音言犹在耳！但她的丈夫，现在居然背叛了这个誓言！

妮还有两个月就临产了，但是这时候她的丈夫却和他单位一个新来的实习生有了暧昧，并且他利用手中的权力特意安排那个实习生跟他一起出差，目的就是跟她朝夕相处。那个时候，妮还被蒙在鼓里，抱怨丈夫的单位太不近人情，在员工妻子待产时还安排出差，她挺着笨重不便的身子，替丈夫仔细地打包行李。妮怎么也不会想到，这个出差机会是丈夫自己主动申请的，并且还替那个实习生也争取了一个名额。

临产时，丈夫把妮送到医院，借口说单位有事不能陪她。不久，孩子出生了，他是在接到消息后才赶来的。沉浸在生女喜悦中的妮顾不上责备他，倒是他妈妈嘀咕了几句："工作有那么忙吗，连媳妇生孩子还往单位跑？"

妮出院后在家坐月子，刚开始总是接到一些莫名其妙的电话。要么是打通了不说话，要么就是响一声立即挂断。让妮感到奇怪的是，这种骚扰电话只有丈夫在家并且关机的时候才会打来，而且通常出现这种情况丈夫就会找个理由出去一趟。粗心的妮在这种情况持续很久并且形成一种规律时，才觉得有些不对劲。于是妮开始留心起来，记下所有骚扰电话，一有机会就查看丈夫的手机通话记录，终于有一次在他的电话上发现了一个熟悉的号码，与打到家里的骚扰电话是同一个号码，而且通话时间长达几十分钟！

妮就算再粗心，这时候也知道这绝不是一个简单的骚扰电话。那天丈夫一回家妮就开始审问，丈夫在完全没有心理准备的情况下，只好老实供述了自己外遇的事实。妮听后感到非常气愤，特别是得知自己在待产时，丈夫居然与那个女的在一起厮混，简直想立马杀死他们！

那一次丈夫的态度还算诚恳，他自己也表示一定会跟那个女人断绝来往，一心一意做个好丈夫、好爸爸。妮原本执意要与丈夫离婚，可是当看到怀里娇弱得像小猫一样的女儿时，她的心就软了。

生活重新恢复到正常轨道。转眼间他们的女儿已经两岁了，妮的工作量也越来越大，在没办法的情况下狠下心，把不到入托年龄的女儿放到了幼儿园全托。他们的生活一下子轻松了很多，至少不用每天打仗一样赶着回家了。

这次丈夫又要出差了，对妮说要去上海开几天会。丈夫走后的前几天，每天都会跟妮通电话发短信，情况也很正常。但是在说好回来的前一天，丈夫跟妮发短信说手机要没电了，现在已经上了火车，就不联系了。妮想明天也应该到家了，就没怎么在意这个事情，但是事情总有个意外，就在第二天女儿突然发起高烧，妮急着想通知丈夫下了火车直接去医院，却打不通他的电话，这才想起丈夫说手机没电了。情急之下打到丈夫一个同事那里，想问问跟他出差的还有谁，那位同事却说他们出差的昨天就回来了，妮听到这个消息，心瞬间沉到谷底，丈夫再次欺骗了她。既然瞒着自己，肯定是有不可告人的目的。她给丈夫发了一条短信，告诉他女儿所在的医院，然后静候他的到来。丈夫果然一会儿就到了，装作风尘仆仆的样子，一进来就要去看女儿的病情。妮拦住了他，把他叫到病房外，一字一句地问他到底去了哪里。这一次，丈夫仍然没有任何心理准备，被她问得无言以对。

妮这次没有像以前那样优柔寡断，非常坚决地选择了离婚，因为妮知道他的情人还是那个女人，那个一直没断的女人。

一旦发生婚外情，其结局大都以离婚结束，甚至更多地伴随着血泪和毁灭，没有心中所想的十全十美的结局。那些电影电视中的潇洒镜头基本都是唬人的，多多少少带有异想天开的杜撰色彩，只会误导人们更加深信不疑地为婚外恋寻找各种浪漫的借口，变得更加肆无忌惮。在这一点上能够看出，婚外情是一剂难缠的毒药，它让身陷其中的男女不能自拔，唯恐失去"真爱"这一纯粹浪漫的理由，让人变得失去理智，最后完全疯狂，到头来，成为婚外情的死结。从现实生活中引爆的种种婚外情事例证明，在目前浪漫的婚外恋中，"恋"到最后，定会上演成一部部可笑的自欺欺人的独幕剧，既可悲又可怜。

在现实社会里，婚外情是不道德、不光彩的，要遭受社会道德和舆论的谴责。无论出于什么动机，自己的亲友也不会赞成婚外情，特别是受伤害的配偶，那妒火中烧、怨恨交集的局面，实在不好收拾。这种嫉妒心和憎恨感，加上本人的负罪感，往往在精神上造成很大压力，从而摧毁了正常的婚姻生活，同时给家庭和亲友也带来了很多矛盾和痛苦。

而且，男女偷欢肯定需要花费金钱，这将直接给家庭正常的经济生活造成危机。假如没有相当的经济收入，用情不专者的配偶及其子女，不仅在精神上，而且在物质生活上也会陷入不幸。

再者，用情不专者的情人要是个未婚青年，则会因此被剥夺幸福婚姻的机会。有外遇的人解除原有的婚姻关系，与自己的情人偕百年的现象几乎很少，除非配偶一方突然死亡。用情不专者要解除婚姻关系谈何容易，一个人作出离婚的选择比作结婚的选择要难得多。未婚者总是指望对方不久之后能够离婚并与自己结为夫妻，正是这种愿望诱使 Ta 年长月久地保持着与对方的暧昧关系。可是这种充满希望的等待，结果往往是令人失望的，只能使未婚者本人丧失青春的美好时光。

生活虽然是平淡的，但是感情却不能跟着平淡，多花一点时间陪在爱人身边，常用心与之沟通，相信爱情就可以保持恒久状态了。其实人活的就是一种心态。如果一不小心，感性战胜了理性，执意地选择了不属于自己的爱情，最终也只会以伤痕累累收场。只有调整好自己的心态，用心地爱这个家，忠诚自己的伴侣，生活才会更美满。婚外情，还是学会拒绝为好。

婚外情是朵带刺的情花，你别碰

不知道从什么时候开始，婚外情开始铺天盖地的充斥着我们的视野：报纸上、网络上，甚至电视剧里，似乎都离不开这个话题。大街小巷，书刊报纸，影视里传唱最多的就是一个又一个不同版本的婚外恋。仿佛没有经历过就是人生最大的缺憾，很多人充满期待地冲了进去，最后，又万分凄惨地带着一颗破碎的心试图挣脱出来。被万分同情的弱势的一方，即受伤的大多数女性，似乎都是相对婚外情而言的"婚内情"，因为那个所谓的第三者，打破了他们"一家人"平静的生活，抢走了那个在法律上属于她的人的心。

这是一份令人瞠目结舌的调查报告，香港一项调查显示，有婚外情的受访者中，近 40% 的婚外情始于婚后 7 年至 10 年，其中一半最终选择离婚。90% 的受访者表示，在证实对方有婚外情之前，已经有所怀疑，例如隐藏电话数据、迟回家及经常为小事争吵等。他们在证实配偶有婚外情之后，会立即产生极大的负面情绪，例如伤心、感觉被出卖，甚至有自杀的倾向。

在婚外情事实公开后，约 70% 的被访者曾期望结束婚外情并与配偶重修旧好，但最终只有极小数可以做到。这说明婚外情的结果，往往与当事人的期望有很大出入，最终不得不以分居或离婚收场。

一个可怕的事实是：婚姻危机正在向婚龄 3 年左右的夫妻逼近。结婚 3 年，随着夫妻双方了解的透彻，各方面的差异开始凸显，新鲜感也没了，"审美疲劳"成了婚姻的杀手。紧接着，婚姻就会提前触礁，女人或者男人就会很自然地把目光投向另外一份感情。

　　杨雪曾经有个人人羡慕的家庭，事业有成的丈夫，活泼可爱的儿子，杨雪不用出去朝九晚五地上班。但是做了家庭主妇的杨雪，觉得自己一个人在家里实在无聊，就开始上网。没想到生活因此而改变。网聊三个月之后，杨雪认识了比自己小五岁的大学生，一个网名叫做长青子的网友，就是和这个长青子，杨雪打破了不开视频的原则，开始和他视频聊天，慢慢地杨雪被长青子的青春活力吸引，只要和长青子聊天，杨雪的每个细胞都是快乐的，自己平淡的生活慢慢起了涟漪。只要有时间她就上网，每一次上网的第一件事就是看长青子的头像是否亮着，每当长青子不在线时，杨雪就会感到莫名的失落和惆怅。终于有一天，长青子明白无误地告诉杨雪，自己喜欢杨雪。杨雪顿时感到久违的恋爱的快乐，心里就像是灌了蜜一样。但是杨雪上网越来越勤，对家务越来越提不起精神，对家人的关心越来越少的这些变化都没有逃过丈夫的眼睛，丈夫明示暗示好几回，让她不要总是沉迷网络，而忽略了家庭。深陷网恋的杨雪根本听不进去。有一天，儿子突然问杨雪："妈妈，你会和爸爸离婚吗？"杨雪震惊了，离婚？儿子说："爸爸说你不爱他了，还问我要是你们离婚，我愿意跟谁。爸爸说你们的婚姻快要失去灵魂了。"杨雪突然意识到了问题的严重性，离婚是自己从来没有想过的事，也突然想起丈夫曾经的劝告，但是自己也是真心喜欢这长青子。就在不久前，长青子邀请杨雪见面，杨雪知道，一旦迈出这一步，那么自己的婚姻，就会万劫不复，她现在也不知道怎么办。

这是一种多么令人感慨的现实——一对男女由相识到相爱，再到结合组成家庭，生儿育女。这原本是多么美妙的事情呀，可是激情过后变成了平淡，爱情转化成了亲情。很多人感觉到没有往日的温暖，生活变得平淡如水。于是，婚姻危机就在此时出现了。现代生活千姿百态，先进的交通和通讯工具在不同程度上都为婚外恋提供了便利和滋生的温床。一个人只要是有了这种念头，那么可以寻找的机会比比皆是。办公室恋情，网恋，一夜情等等，不同形式的恋情数不胜数。那么谁又会是牺牲品呢？有人说是家里不知情的另一半，有人说是当事人，有人说是第三者，其实，都是受害者。

其实对于婚外恋来说，很多人都是真正付出感情的。如果只是游戏，那么不会有这样大的伤害，也不会这样难以割舍。人对于得不到的东西更容易产生巨大的占有欲，婚外恋到了一定的程度总会经历由暗到明的转变，谁都不甘心真正做个"地下工作者"。在欲望的怂恿下，接着开始了血淋淋的争夺大战，在亲情和爱情，现实和梦想，道德和信仰之间苦苦地挣扎着，徘徊着。最终的结果往往是两败俱伤，没有血缘维系的关系是最不牢靠的，所以，大多数人理智地放弃了。

婚外恋将带给很多人伤害，首当其冲的就是出轨者自己，作为出轨的人，将背负难以偿还的情债，自己的另一半和第三者之间，无论选择谁，都会亏欠另一个人，其次就是给家庭带来的伤害，因为可能因此失去了爱人，失去了家庭。由爱生恨，一场战役还没有真正开始，主帅就已经弃甲归降了，这样悲惨的下场，让人无法接受。其实，婚外恋作为一种社会现象，在某种意义上来说，只是一种补充和调剂。可惜人是感情动物，一旦触及感情，谁都不能幸免。成熟的人只会做该做的事情而不是想做的事情，而婚外恋的高发群体恰恰就是有着相当社会地位和成熟魅力的人们。那么究竟有几个人会为了所谓的爱情放弃一切呢？成年人最怕的就是改变。很多年积累起来的东西一旦面临瓦解，是非常可怕的。从头再来，年龄和精力都是不允许的，更何况还要面对全社会的谴责呢？很悲哀，也很无奈，人总不能够脱离了社会生活下去，现实是一道无法逾越的鸿沟。真是有心无力，再三思量，到了最后也只有放弃这一条路了。

看清楚一件事情的本质，也就失去了想犯错误的勇气和意义。只是很多人还看不清楚，毕竟有些事情只有亲身体验过了才懂得取舍，才知道错。也许婚外恋只能是一场游戏，谁破坏了游戏规则，就要被驱逐出境。

男人追求婚外情人是一种猎奇，而女性则大多是因为对婚姻的不满足。

女人是感性的，有些女人一生都在追求浪漫。当婚后和丈夫的激情逐渐沉淀，如果此时再有一个男人施展自己的温情攻势，女人就很容易掉进温柔的陷阱。但女人必须学会成熟地处理这类感情，因为在情场上，婚外恋往往是一朵带刺的玫瑰——也许片刻的柔情可以让你重新找回失落的浪漫感受。但你要明白，当一切都变得熟悉起来之后，等待你的还是对这场风花雪月的失望。你要明白，幸福就是踏实地生活。

当你开始觉得平淡的婚姻就像是一张褪色的枯纸时，当留在心里的只是倦怠和不耐烦时，心里可能会冒出一个大胆的想法：找个情人，寻回自己失落的爱情。但一时间的迷茫可能造就长时间的痛苦，所以，当你厌倦自己婚姻生活的时候，在第一时间应该做的是如何激活死气沉沉的婚姻，而不是把自己投向另外一份毫无安全感的情感。

婚姻危机冷处理

如果家庭生活其乐融融，完美无缺，没有几个人愿意冒着千夫所指的风险去外面拈花惹草，一个人的外遇总是由许多外在因素所诱发的。外遇的诱因多发生在以下几个婚姻历程的危险期。

1. 孩子出生时。

从爱情的角度来讲，如果结婚是考验爱情的第一个门槛，那么孩子就是第二个。不少夫妻，在有了孩子以后，往往把时间和精力全用到了孩子身上，每每忽视了伴侣的感情需要，尤以女性为甚。所以，一些"玩性"未泯的丈夫便容易烦躁不安，悄悄地向其他异性寻找安慰。

在有孩子之前，小薇与丈夫志趣相投、心意相通，是出了名的默契夫妇。然而，当婚后第三年，小薇生下女儿以后，两人的关系立刻变得不同于以往。像很多初为人母的年轻妈妈一样，小薇几乎把全部精力都投注在女儿身上。而受冷落的丈夫开始找借口晚归，说是应酬，其实是出去花天酒地。整天忙得晕头转向的小薇不仅毫无察觉，还一味责怪丈夫。起先是埋怨，渐渐上升为争吵和长期的冷战……

对孩子施爱是必要的，但这并不意味着应放弃对丈夫感情的持续投入。那样，不但会冷落丈夫而影响夫妻关系，而且也会给家庭罩上一层阴影。在此我们不妨分享一下一个小小的秘诀：你可以细心地引导丈夫加入并享受照顾孩子的过程，而不是因为嫌他"笨手笨脚"，而将他打入"冷宫"。一旦他从养育孩子的过程中获得乐趣，便不会太计较你对他的疏于照顾。

2. 两地分居的时候。

在竞争激烈的现代社会上，每个人都必须居安思危，不断充电，学习掌握新知识和新技能，才能让自己永远拥有竞争力。然而，当夫妻双方因工作的原因而分居的时候，也往往是婚姻最易出现危机的时刻。

在亲友艳羡的目光中，年轻漂亮的唐晓芙和一个广告公司的老总结婚了。结婚半年后，唐晓芙深感所学不足，加上嫁给丈夫后经济条件优越，便决定去国外充电进修。然而，等到唐晓芙充电一年后回来，却发现自己虽然仍对丈夫怀有感情，但已很难交流。眼界开阔了的唐晓芙对人生和事业均有了新的见解，希望追求一种和谐的生活状态，而丈夫仍然视公司的成功为唯一的生活目标。比如第一次激烈争吵，便是因为唐晓芙希望新年去海边度假，而丈夫却认为任何生意都不可错过，坚持要陪一个客户在市内游玩。两人都很有个性，由开始的争吵至后来的冷战，最终以离婚收场。

因工作上的原因而分居，本身并无不妥，但如何适应分居带来的一系列变化，如价值观、人生观的改变，夫妻双方都需及时调整。如果因一方取得进展，而牺牲了原本和睦的感情，未免太过遗憾。所以，把你分居时的收获及时与爱人分享并鼓励爱人充电，是一件非常重要的事情。

3. 双方事业蒸蒸日上时。

当事业蒸蒸日上时，往往会使年轻的时代宠儿欣喜不已。全情投入的同时，却忘了自己的家庭也如同公司一样，也需要悉心经营。

艾丽的丈夫升了职，半年后她也在公司里当上主管。为此，两人都有一种"时不我待"的紧迫感，整个生活重心都向各自的工作偏移，一整天互不相通电话稀松平常。一天，艾丽的"闺中密友"找她哭诉：自己和男朋友一起开公司，几年下来赚了很多钱，刚刚开始松了口气，男朋友突然卷款而去。追查之下才知对方另交了女朋友，拿了钱出国去了……"闺中密友"的可怕经历吓坏了艾丽。一天，丈夫回来得很晚，艾丽一直没有睡，坐在沙发上等他。这时她突然觉得，拥有这个丈夫、这个家，真是多么幸福的事啊！从那以后，艾丽修正了对工作的态度，将更多的时间用来与丈夫沟通、相伴。

4. 家庭发生变故时。

当家庭发生重大变故时，比如妻子失业、丈夫破产、亲人离去等，人难免就会心情跌宕、茫然若失。如果这时得不到另一半强有力的关怀与支持，就很容易使感情从家庭中出走。

海伦的幸福婚姻有目共睹：温情体贴的丈夫，活泼可爱的女儿，新添置的价值20万元的私家车，装修完毕正待入住的200平方米的宽敞新居……但天有不测风云，没想到3岁的女儿突然因病夭折。在巨大的悲痛之下，海伦整天埋怨丈夫没有照顾好女儿，这使丈夫不堪折磨，只好逃避，外出喝酒、赌博、夜不归宿，直至有了婚外情，弃家而去。

当发生类似的家庭变故时，任何指责、埋怨、愤恨、挣扎都是于事无补的，夫妻应该互相鼓励、互相慰藉，携手共渡难关，才能让婚姻经受住变故的考验，每一个步入婚姻殿堂的人，都希望自己的婚姻之路能够一路顺风，长长久久。可是你有没有想过，面对外面花花世界中的灯红酒绿、莺歌燕舞，有多少男人能在日复一日、平淡无奇的生活当中仍然甘之如饴而岿然不动？

当有一天一个人在配偶身上再也找不到成就感的时候，那颗骚动不安的心便会把他们引向外遇的漩涡。外遇，一个不和谐的音符，把婚姻的脚步彻底搅乱。当然，并不是所有的外遇都会成为婚姻的终结，面对外遇，你应该有力挽狂澜的信心，运用巧妙的手法，尽量使你的婚姻走出外遇的危机。

要不要揭穿对方外遇的真相

谁 也不愿意自己的另一半有婚外情，然而，在现实生活当中，如果遇上了这种令人苦恼的事，是无法回避的，只能认真考虑该如何正确对待。要不要立即扯下对方婚外情的面纱呢？

有的人发现对方有了"外遇"后，便出门骂，进门吵，大闹三六九，小闹天天有，想把对方骂回头，这是一种不切实际的做法，辱骂并不能提高对方的觉悟。虽说可能有一时的抑制作用，却不能解决根本问题。弄得不好，会使对方丧失"自尊"以及对昔日生活的留恋，干脆破罐子破摔，关系反而搞得更僵。有的人一看骂不回头就动手打，其实，第三者能够插足，往往就是因为夫妻之间在感情上有了裂缝，再拳打脚踢，岂不使感情裂缝更大了吗？这样，越打会使对方离第三者越近。最后，离婚是唯一的解决方法。

浩和晓结婚已经 3 年了，在别人看来非常幸福的婚姻其实并不幸福。晓从来都不知道浩内心的苦恼，浩又是个爱面子的人，在同事和朋友面前，他永远会扮成婚姻幸福的样子，但其实在他的内心深处，对这个婚姻一点都不满意。

晓不论从哪方面看都是一位优秀的妻子，她温柔、勤快、苗条，还有着一份很体面的工作，并且极爱丈夫，但唯一不足的一点就是对丈夫的不了解。浩喜欢看电影，一个人看电影很寂寞，看完了总想谈谈感觉，但一看到晓赖在沙发里看肥皂剧的样子，就懒得开口了。浩对此感到十分郁闷。

看似美满幸福的婚姻生活，在这 3 年后出现了诱惑：浩的单位里新来了一位女同事，虽不算漂亮，但是浩却动摇了，并且深深被她吸引。"太让人震惊了，我看的所有电影，她都看过！我们常在 QQ 上聊电影，一聊就是一两个小时。"浩说。

虽然浩并没有明目张胆地与情人来往，但晓就像很多妻子一样，具有一种灵敏的本能，及时发现丈夫的异常。晓受传统思想教育影响，把婚姻和家庭视为人生的全部，如今得知丈夫有外遇，这消息对她来说无疑是晴天霹雳。晓感到非常伤心，但她并没有马上捅破这层纸，而是忍着痛苦，更加用心地照顾丈夫和这个家庭，希望能感动丈夫并挽回丈夫，保住这个两人共同建起的婚姻堡垒。

已经过去几个月了，晓的一切努力并没有成功，丈夫不但没有回心转意。反而发展到经常夜不归家。即使回来，对晓也愈加冷淡。晓也已经无法忍受了，开始同一般夫妻一样不停地吵闹，原本看似幸福的家现在已经彻底破裂了。每天的吵闹让浩的脾气变得越来越暴躁，甚至有时候对晓动手。两人都感觉已经走到了尽头，离婚是唯一的出路。

许多夫妻一旦发现配偶不忠便失去理性，言行过激，以致最后只好以离婚作为解决问题的唯一手段。采取以下措施，可以帮助那些处于关系破裂边缘的夫妻重新言归于好。

1. 切忌草率行事。

受欺骗的一方在痛心屈辱之余，会理所当然地立即行动，而没有考虑一时冲动的鲁莽行动是事后无法补救的。

有些人错在迫不及待地冲出门去把配偶不忠之事说给朋友们听。可是你必须知道，假如你这样做而后来你们仍言归于好，你便面临双重障碍：既要修补你们的婚姻关系，又要修补你的配偶与你的家人以及朋友之间的关系，因为你的家人和朋友亲眼见到你所受的创伤，理所当然地会恨你的配偶。

在这个阶段，受蒙骗的一方应该放慢步调，避免反应过激。如果你想挽救婚姻，最好的办法是先冷静下来，不要草率行事。

2. 莫要以牙还牙。

一位女士察觉到她的丈夫有外遇后，为了报复丈夫，自已也找了一个情人，并且公开与他同出同进，还见人就说："是我丈夫对我不忠才把我推下海的。"她这样做的心态是：你能搞婚外恋，我也能！以此来显示她有能力在一切问题上与她丈夫"平起平坐"。

另一种要不得的做法是：遭配偶蒙骗过的人自以为有一种道德上的优越感。有些妻子在丈夫婚外情结束以后的 10 年还一再旧事重提，利用丈夫有外遇的事来抬高自己的身价。有的还趁机抢夺家中的"一把手"地位。很不幸，这种态度使你俩不可能补救双方关系，重新携手前进。

没有什么比报复性的婚外情更糟糕了。由于你违背了自己一向遵守的道德准则而造成的心灵创痛，可能会在你的有生之年，一直在你的灵魂深处作祟。

3. 让对方觉得自己很重要。

一旦发现配偶有婚外情，你对婚姻的基本认识可能便随之土崩瓦解。在此之前，两人可能曾被对方的理想和浪漫所倾倒，可是现在必须以更世故和更务实的态度来面对现实，并开始重新评价对方的优点和缺点。

一位中年女士在她丈夫不忠的 3 年期间，仍想方设法来挽救他们的婚姻。虽然她的四个子女都已成人并自立，她仍一再努力和丈夫修好，结果她发现丈夫还是和情人幽会。这使她领悟到，正是因为她的宽宏大量使丈夫得以持续那段婚外情，她不得不去创造一种不以她丈夫为中心的新生活。

这一招果然有效，逼得她丈夫不得不有所收敛，最后彻底放弃婚外恋，两人终于言归于好。这位女士后来回忆道："在这段婚外情以前，我们已经陷入了恶性循环，我丈夫一回到家就对着我大叫大吼，而我就掩面哭泣，最后还是我屈服。现在我可以平等地和我丈夫对话，而且我很在乎我自己。"

4. 被发现后不可继续隐瞒。

有位妻子坐进丈夫汽车的时候，发现有一只小提包嵌在驾驶座和旁边的乘客座位夹缝里，提包内除了化妆品外，还有一张妩媚少女的照片。她转过身问结婚已 20 年的丈夫："这是什么？""我不知道。"丈夫结结巴巴地回答，但最后还是承认了，与那女人有染。

接下来，那位妻子要求知道种种细节：他是怎样认识那女人的，在哪里偷情，他送了她一些什么样的礼物等，最后丈夫老老实实地回答了她的一切问题。他解释道："最初我有所保留，是因为不想伤害她，但是纸总包不住火的，如果我的一句谎言被戳破，事情只会越来越糟。"

假如你的配偶逼着你"坦白交代"有关外遇的一切经过细节，你最好和盘托出，不过也要考虑到对方的感觉，及时地承认自己的错误。在这痛苦阶段，你的耐心有助于重建沟通和信任，这对婚姻能否维持下去关系重大。

总之，理想化、浪漫化的婚外情奠基于幻想，而非现实，幻想是很难持久的。有些人认为偷情有一种浪漫的冒险感，更认为可以在情人身上发现配偶所没有的一切优点。但是，我们要清楚，男女之间真正的亲密关系基于实实在在的相互了解，彼此看到且能接受对方的缺陷，这在偷情中是无论如何都无法做到的。

爱人有了外遇，无疑给家庭蒙上一层阴影。然而，一旦驱散了阴影，温暖的阳光又会沐浴着家庭的生活。没有什么比人的感情更复杂更微妙，也正因为如此，我们要相信马卡连柯的话：爱情也是可以恢复的。

趟过"七年之痒"的沼泽

"七年之痒"一直是个热门话题，也是一个无法回避的话题，不论是玛丽莲·梦露演绎的《七年之痒》，还是刘青云、刘嘉玲联袂主演的香港浪漫都市爱情影片都曾描述已婚男女的情感困惑。

最近正被感情困惑的阿霞对好朋友兼大学同学小兰说："我发现现在我和丈夫已经无话可说了，两个人在一起可以一天不说一句话。他对我的一切都不再关心了，我们结婚正好7年，难道这就是人们所说的'七年之痒'吗？这样下去，以后可怎么办呀！"

小兰却笑着说："别太担心，我都结婚10年了，这个'七年之痒'也体会过，其实并没想象中那么严重，互相理解一下，想开了就过去了，婚姻就是这样现实，永远不会像恋爱那么浪漫。"

小兰是大学同学中出了名的贤惠太太，结婚10多年了，与丈夫依然是感情很好，当他们每天晚饭过后手牵着手在小区里散步时，真是美煞旁人。

小兰跟丈夫相识于大三夏日的某一个黄昏，携手至今。说起"七年之痒"，小兰说，在10年的婚姻生活中，她也曾经迷茫过。当学生时代的风花雪月变成了婚后的柴米油盐时，原来的激情渐渐退却，相爱已成一种习惯，自己也曾为此有些失落。

而两人性格中的差异也渐渐显露出来，毕业于中文系的小兰生性浪漫，喜欢唐诗宋词等古典文学，闲来无事也喜欢写点文章，但理科毕业的丈夫平时却最不喜欢文学，在家没事就喜欢上网，或是打开电视收看财经节目，为此她曾心里很迷茫。小兰喜欢旅游，每次她一提出门旅游的建议，丈夫总说旅游景点乱哄哄的都是人，没什么好看的。

而那段时间，丈夫经常很晚才回家，说是公司加班。但小兰却无意中从丈夫的朋友处得知他是在朋友家打牌，当时她生气而又有些失望，甚至想跟丈夫大吵一架。冷静下来后，她决定坐下来与丈夫好好谈谈。

那天晚上，小兰独坐在客厅里等丈夫，开始犯困时，她决定熬些粥。打开冰箱却只剩一副鸭架子，原是朋友从北京出差回来后送她的烤鸭，鸭肉已吃完，只剩一副鸭架，上面还残存着一些肉，吃起来没什么味道，扔了却又可惜。

小兰把鸭架剁好煮成了粥。丈夫回到家时，粥也煮好了。她察觉到丈夫眼中的愧疚，却佯装不知，只是盛了粥端到他面前。此后，丈夫再没出去打牌。

小兰说："从这以后，我也没再去想爱情变成鸡肋的问题。熬那锅鸭架粥时我就已经彻底明白了，每段爱情，在时间里都会由激情洋溢的'爱情麻辣烫'，渐渐变成'食之无味，弃之可惜'的鸭架，舍弃取决因人而异，用时间和心思熬成一碗喷香营养的鸭架粥，却又可以滋养细水长流的爱情婚姻。"

美国统计："王子公主快快乐乐结婚3年以后，有25%的夫妻说他们还是幸福快乐的；有 25% 的夫妻认为是在婚姻专家及心理医生的辅导下勉强维持的；有 50% 的则认为是无可奈何地勉强忍耐着，有人说生不如死，有人说希望赶快解脱夫妻关系。"

这个统计似乎表明，每一顿爱情大餐都有面临变成鸡肋的可能性。结婚久了，新鲜感丧失。7 年前抱得的美人，经过几千个日夜的耳鬓厮磨，美人变成了糟糠；多年前嫁得的如意郎君，经过 7 年层层的盘剥，白马王子成了满身陋习的眼中钉；曾经是花前月下浪漫牵手的一对，现在却为了些鸡毛蒜皮的小事成了吵架对手……

于是，情感的"疲惫"或厌倦使婚姻进入了"七年之痒"的大坎，如果无法选择有效的方法摆脱它，婚姻的天平就会失衡、倾斜。

因此，女人要用自己的智慧去摆脱"七年之痒"的困惑，将婚姻进行到底。

1. 婚前预防。

据统计，出现问题的婚姻中，当初草率结合的占了很大的比例。因此，一个人在恋爱的时候应该保持较为清醒的头脑，用理性的目光对待婚姻生活。

如果可能的话多听听周围朋友的意见，如果能够得到婚姻专家的指导则更能使婚姻增加理性的成分。

2. 为自己的潜意识注入奉献理念。

千万不要挑剔 Ta，更不要寄希望于重新塑造 Ta。而应常常自问：我能够给 Ta 带来什么——无忧的物质生活？充实的精神食粮？细心的照顾？幸福感？日常生活中还要发自内心地为 Ta 做些什么，哪怕是最小的事情，一个拥抱、一个笑容、一个亲吻，让 Ta 体会到你的温情。

3. 留下空间。

许多婚姻在束缚与反束缚中走向灭亡，于是许多人提出要给对方留有空间。无论是谁，在婚外保持正常的朋友圈子，不要将婚姻作为自己唯一的精神寄托。在交往中还要不断提升自己的人生智慧，不断调整自己，以求适应婚姻。

4. 调整期待。

过高的期待会与现实形成反差，造成双方的压力。或许你的爱人不一定是你结识的异性中最好的、最优秀的，但可能是最适合你的，可是这就足够了。

总之，婚姻发"痒"并不可怕，喜新厌旧也是人之常情。就像一本好书，读第一遍时的激动、新鲜和悬念在以后读时都会淡化，聪明的你要不断往其中注入新的内容，添加新的活力，使之常读常新。

避开爱情倦怠期

相信有很大一部分人都有过这样的感受，不论是多么喜爱的事物如果当你不停地反复看，反复听，反复做，慢慢地当你又要面对它的时候，你的第一反应是这一切是多么的平淡而又无趣。原先的美感已经消失，取而代之的是单调乏味。在日常生活中这种现象我们通常叫做"心理饱和"现象。

同样就像我们的婚姻生活，让我们每天面对着一成不变的人和一成不变的家庭琐事，很多年以后，不论当年有多少情深意绵，时间也已经把它变成了白开水。这就是婚姻专家们所说的"爱情倦怠期"。

现代婚姻容易出现危机，与心理饱和也是分不开的。夫妻俩结婚几年或十几年，一直在一起生活，对方的一举一动一言一行，自己都了如指掌，彼此之间渐渐失去了当年的新鲜感，似乎爱情已过了保质期，浪漫早逝，温情不再。

阿峰和阿虹相恋3年。两人在恋爱时亲密无间，经常看电影、逛公园、说情话，发短消息，恩爱无比。那年夏天，阿峰单膝跪地，捧着鲜花和钻戒，彻底征服了阿虹。于是两人开始张罗着结婚，并于当年国庆节踏入了婚姻的殿堂。

初入婚姻之门，两人很是激动，蜜月期情意绵绵，颇有"只美鸳鸯不美仙"之感。但是，当婚假休完，两人正常上班以后，情形就变了。阿峰工作挺忙的，公司离家又远，每天回来都感觉很累，谈恋爱时的那种生龙活虎的精力似乎不复存在了。往往吃过饭，洗漱过后，上床看一会儿电视就睡着了；有时兴致来了，也会上上网、打打游戏。阿虹感到，老公对自己的爱不像以前那么多了。有时问他几句，他只会回答"是"与"不是"，仿佛没有什么兴趣，也不太愿意回答。有一次，阿虹问阿峰："我们周末回我妈家好不好？"阿峰答道："是！"阿虹有些火了，说："我问你好不好，你怎么回答'是'，'是'什么意思啊？你是不是烦我了，哼！我看我们谈恋爱的时间这么短，我这么快给你追到手，你不珍惜了吧？"阿峰听了，也不相让，说："你不知道我工作很累吗？一点也不知道体谅我，这些小事，你安排一下不就行了。"阿虹听了，更加生气了，于是两人就吵了起来，之后一段时间他们便陷入了冷战。虽然后来没事了，但彼此心中留下了心结，经常会为一些生活琐事产生口角，还常常冷战。阿虹知道他们彼此还爱着对方，但婚姻却一直在这种危机中。

在婚姻生活中，导致"心理饱和"现象产生主要有四个因素：孤独感、单调的生活、缺乏情感交流和吸引的消失。

孤独感是导致婚姻中"心理饱和"现象产生的主要心理因素。每个人都有孤独感，这种感觉是与生俱来的。如果没有人共同分享生活中的乐趣与感受，这种感觉就会更加地强烈。强烈的孤独感会转变成对婚姻的失望和愤怒，并容易产生寻求外界抚慰的心理。

单调的生活是导致"心理饱和"现象的又一重要原因。家庭生活如果总是在同样的时间以同样的方式周而复始地进行。每个人都会丧失新鲜感，会不可避免地感到乏味和厌倦。而与其相比，外界的诱惑则更具冒险性，更有新鲜感和刺激感。这对于不甘寂寞的一方来说无疑是巨大的诱惑力，而反过头来看自己原有的婚姻时只会更加不满。

夫妻间若长期地缺乏感情交流是滋长婚姻"心理饱和"的第三个因素。事实上，夫妻间的和谐关系是靠思想信息的交流形成并维护的。它包括互相的尊重与欣赏，夫妇若缺乏情感交流，其隔阂便会浸渗到生活的各个方面，使双方渐渐疏远，由相互看不惯直到相互厌倦，"爱情厌倦"心理就由此产生了。

至于吸引力，这是夫妇双方保持相互爱慕所不可缺少的重要因素。不少人却认为，自己同对方一起生活多年，互相熟悉也无秘密可言，就无需保持端庄的仪态，因而失去了自己特有的魅力，使对方逐渐产生厌倦的心理。还有一些人则认为，只要自己有功于家庭，对方就不会，至少从道义上讲是不敢嫌弃自己，因而不注意自身的修养和提高，使夫妻间拉大差距，造成情感的不和谐。此时，"爱情厌倦"心理也就在所难免了。

因此，若要防止婚姻产生"心理饱和"，就要保持婚姻生活的新鲜与活力。

第一，树立配偶第一的原则；第二，尽量使家庭生活丰富多彩。记得生日、结婚纪念日等有纪念的节日。这样，双方就会燃起对爱情、对生活的新的追求。第三，经常地赞美对方。事实上，这是给对方的精神支柱，是对方获取幸福的源泉，交流情感为什么要吝啬赞美之词？第四，努力提高自己各方面的修养，是保持吸引力的重要手段。别林斯基说："爱情是两个相似的天性在无限感觉中和谐的交融。"夫妻既是一个共同生活的整体，又是两个独立的人。它不会因一方的提高而"带高"另一方，只有双方共同提高，才是婚姻稳固和谐的基础。

未雨绸缪，以守为攻

以一双犀利的慧眼及早地发现对方在外面拈花惹草，是结婚后的男女所必备的能力。但遗憾的是，即使你有一双超级无敌的慧眼，等你找到足够的证据去揭发 Ta 的时候，木已成舟，危机已经到来。难道结婚的目的就是为了捉奸？所以，与其有一双慧眼，倒不如未雨绸缪，用心经营，以攻为守，把危机远远地挡在门外，岂不是上上策？下面就告诉你几招婚姻攻略：

1. 完善自己，让"家花"比"野花"要优秀。

在大多数情况下，已走入围城的男女之所以喜欢在外面拈花惹草，是因为"家花没有野花香"。同样是"花"，"家花"为什么一定要输给野花？如果家花做得足够好，甚至比野花还要"香"，还有多少人甘愿冒着被千夫所指的风险去采那朵并不出色的野花？所以，从现在开始，不断地完善自己，让自己更香。更惹人采，才是预防婚姻危机的最佳方案。下面就教你几招：

（1）以鼓舞代苛求："一个人若受到苛求，Ta 情愿住到露天的屋顶上，也不愿回到家里来。"喋喋不休的苛求让人愈发沉溺于不良嗜好之中，如果你能接受一个"真实的另一半"，以鼓舞代苛求，那么你的 Ta 将成为世界上最快乐、最爱你的人。

（2）随时赞美 Ta：假如你真爱你的 Ta，现在就告诉 Ta，假如你感受到 Ta 的好处，随时赞美 Ta。每个人都爱听甜言蜜语，无论男女都同样需要这样。即使 Ta 并不完美，但是你要让 Ta 知道，至少在你心目中，Ta 是最完美的。

（3）满足 Ta 的口腹之欲：没有一个人喜欢一年到头吃"家常便饭"。你必须在烹饪艺术上下一番功夫，以博取 Ta 的爱。当 Ta 发现离开你 Ta 不可能吃到一顿称心如意的晚餐时，Ta 这一辈子就会跟定你。

（4）妻子保持窈窕的身段：所有的丈夫都希望他的妻子是一个曲线玲珑的女人，如果你的吨位超重，你必须立即采取行动来消除身上那些不受欢迎的脂肪，否则，恐怕你整个人都不会再受欢迎了。

（5）衣着翻新：没有比长年累月穿同一件衣服、同一件睡袍令人意兴索然的了。而精心刻意的穿着可以带来罗曼蒂克的气氛，使 Ta 对你永远保持新鲜的爱情。

（6）争取时间，做事有计划：一个做事无秩序的人绝对不可避免成为一个被对方厌烦的弃妇弃夫。如果你每天花几分钟把待做的事按先后计划一下，就可以省去许多无谓的忙乱和焦躁。只要你切实利用时间，你就可以完成一切对方所期望于你的事务。

（7）量入为出：不要埋怨 Ta 赚钱不够多，要在有限的收入中审慎支出，依照预算处理家庭财政。使经济生活安定乃是减少夫妻龃龉的好方法。

（8）保持自信：若你不能爱自己，你就无法爱别人，也无法让人爱你，因为你一无可取，也一无可予。你接受你爱人，同时也要接受你自己，自信能让你做到你想做的任何事。

一个人若想在自己爱人的眼中出类拔萃，其实很简单，并不需要去什么高级的补习班学习深造，只需在日常生活中稍加注意即可。有些事情说起来很复杂，做起来其实很简单，只要用心去做，每一个细节上的完善都会使你的魅力大增。

2. 给你的婚姻上一把坚固的锁。

在婚后的生活中，几乎每一个人都想把握住对方的一举一动，梦想 Ta 一下班就回家，不惹事生非，不拈花惹草，开了工资悉数上交。随时报告钱的动向，等等，可见婚后人们的掌控欲是非常强的。尽管 Ta 的初衷都是好的，无非是给婚姻上把锁，防盗，防潮，防分裂。可是这种主观上略显"霸道"的行为，效果一定尽如人意吗？

实际情况是一个人的控制欲常常令对方反感不已，但更令人反感的是 Ta 实施自己的控制的手段。在试图控制自己的爱人时，Ta 常常不经意地侵犯了对方的隐私，比如对方晚归时，如果没有给 Ta 一个令 Ta 满意的答案，Ta 就要疑神疑鬼，进而搜查手机、邮箱。一旦查到蛛丝马迹，就兴师问罪。

10 多年前，亚杰背着一个小背包和 500 块钱来深圳闯天下。10 多年过去了，亚杰和本地女孩禾苗成了家，有了一对龙凤胎——两个活泼可爱的小孩，房子也买了，收入不错，生活安定，这让那些和他一起打工的朋友羡慕不已。但是近段时间，一向和睦、从没有红过脸的亚杰经常和禾苗吵架。劝得多了，朋友们才明白，根源是亚杰在老家那个迄今为止尚未嫁人的女同学。

原来，禾苗一次无意中看到亚杰从前的照片，发现有个年轻漂亮的女孩和亚杰合过影，于是放心不下，苦苦追问。亚杰觉得应该和相濡以沫的老婆无所保留，于是就向老婆坦露了自己的过去，照片中的女孩就是亚杰的初恋对象。本来以为这样坦白地对老婆说，老婆会理解，就不会再疑神疑鬼了，可问题反而越闹越大。尽管亚杰和女同学早已不往来了，但禾苗仍然担心他们旧情重燃，对丈夫的承诺一点儿也不信任：禾苗成天瞪大眼睛盯着亚杰，翻亚杰的电话记录、看亚杰的短信，还偷偷查看亚杰电脑上的所有聊天记录，甚至她每天都要不厌其烦地打十几个电话问他在哪儿。久而久之，双方都烦了，便动不动把"离"字挂在嘴上。

对丈夫的不信任让禾苗的行为几近疯狂，也导致了一个本来美满的婚姻逐步走向解体。

还有一些人的做法更让人哭笑不得，那就是盯紧对方的钱袋子。大概是此招屡试不爽，于是众人多有仿效，面对愈演愈烈之势，对方或乖乖就范，或狗急跳墙走私，捣弄出一些家庭悲剧虽属意料之外，细想其实又在情理之中。

之所以选择这样的招法，道千说万还是人们自己给自己制造出了情感失重感和信任危机感。当然大背景的演变是有些人希望用钱寻欢，也加重了他们的心理负担，实乃不得已而为之。若想锁住你的婚姻，让它长长久久，一味强硬地施加自己的个人意志，胡乱地控制和猜疑并不是万全之策，事实证明，最坚固的那把锁是信任和理解。

3. 关爱，婚姻生活最永恒的粘合剂。

营造甜美的婚姻，拴住对方的心，关爱是有力的武器之一，关爱有时需要智慧，家庭生活有时也需要精心的策划。

安琦是一位作家，虽然经常在报纸刊物上发表一些文章，却影响不大。可是在家庭生活中，他却感觉到了前所未有的幸福温馨。

有一段时间，连安琦自己都不知道什么原因，沉默寡言的他总是能收到亲戚朋友的礼物，他十分得意，年轻漂亮的妻子则显得有些嫉妒。

情人节到了，令安琦做梦也想不到的是，他竟然收到了一束娇艳的玫瑰。而且，玫瑰还是花店的员工亲自送到的，绝不存在送错的可能。满面狐疑的安琦，发现花束中还有一张卡片，写满了滚烫的情话。面对妻子充满问号的眼睛，安琦无奈地说："我也不知道是怎么回事，我是跳到黄河也洗不清了。"不料妻子却笑了："呵，想不到，我的老公还有人牵着挂着，看来我们家的秀才魅力不减，当初我真的没有挑花了眼。"安琦暗暗感激妻子，也暗暗感谢送他鲜花的不知姓名的姑娘，是她使自己又感到了被关爱的温暖。

怪事接连发生，安琦的一位校友兼文友，不知道为了什么，突然送给安琦一套名贵的西装，安琦坚决不收，朋友却扔下就走，还说："我也是受人所托，你不要，我怎么给你处理？"倒是妻子想得开，说："不是偷来的，也不是抢来的，你就穿上又能怎么样？"

转眼半年过去了，安琦接到了那位朋友的电话："安琦，那套西服怎么样啊？"安琦回答说自己根本没有穿过，朋友沉吟了一会儿，说："好吧，我告诉你，那套衣服是嫂子买的，她不让我告诉你，她说你收到一个陌生人的祝福一定会很开心。衣服虽然很贵重，但嫂子的心更贵重，它是金子做的。"

面对这么聪明、这么懂得体贴人的爱人，哪个人能视而不见、无动于衷？所以不要因为已经是夫妻，就觉得表示出对对方的关心是多余的；不要因为工作忙，就忽略了给予对方关心；更不能因为生活压力大，就无心去对对方表示关心。相互的关爱，彼此的关心是夫妻间的健康维生素，是夫妻生活的调节剂，是让两颗心紧紧粘在一起的最永恒的粘合剂。

跟"小三"斗智斗勇

如果真出现了第三者，你该怎么办？大哭大闹？睁只眼闭只眼？找小三谈判？不妥，你要用明智的手段，跟破坏你家庭的人斗智斗勇。把 Ta 打倒的同时，抓回对方的心：千万不要以为这场战争的关键是小三，其实 Ta 只是根导火线，关键还在对方手里。

有一次，荷西要去外面工作 11 天，三毛为了节省路费，就没与他同去。结果 11 天以后，他回来了，说爱上了一个女孩，若不是自己已经结婚了就一定会娶她的。

三毛建议，要不自己先回台湾一年，让他们在一起生活。如果以后不合适，她还会回来；如果他们生活得很好，她就选择退出。也或者，让那女孩子也来，三个人一起生活，怎样？

他一下子扑到三毛怀里哭着说，也许那是瞬间的爱情，灿烂却只是瞬间的，不像他们的爱已经有恩与情扎根了。三毛也哭了。

两年后，荷西去世了，有天三毛在地里种菜，发现远处站着那个女孩。三毛不顾种子撒了一地，狂奔着朝那女孩而去，两个女人拥抱在一起痛哭。对于一个深爱自己丈夫的女子，除了感激和温暖还能有什么呢？

后来，荷西生前的一个摄影师朋友希望接纳三毛，但三毛把那女孩介绍给了那位摄影师。再后来，他们生了个小男孩，为了纪念荷西，他们给孩子起名叫"荷西"，小男孩叫三毛"中国妈妈"。

三毛说，人只要还选择活着，那就要尽量让生活更加绚丽。

没错，这是三毛的故事。在他们童话一样的婚姻里，也遭遇过第三者。这不是委曲求全，而是在了解对方的基础上"以退为进"。毕竟每个人都有选择的权利，如果 Ta 就是爱上了别人，你无法限制别人的选择。可是，适当的处理，不仅会让 Ta 回心转意，而且还会让你们的婚姻更加牢固。这里面要把握好个度，总的说来，有这么几条经验：

1. 不能慌。

虽然遭到背叛的滋味不好受，但不好受也得忍着，小不忍则乱大谋。谁让你爱 Ta 呢。一切以"消灭"小三为目标，万不可以一时之气误了事。可别一受打击难以自持，先哭个天昏地暗，然后要死要活地觉得自己没戏唱了。但凡 Ta 还没挑明，你就有机会。

爱人面前，只能更好，不能更坏。先想想自己，是不是这段时间对 Ta 关心不够？还是自己最近不太注意仪表？Ta 是一时新鲜还是动了真格的？把这些事琢磨透了，然后制订一个详细的"规划"，一步步实施。一般情况下，对方在出轨的初期，必然会有愧疚感的，只要 Ta 对你还有感情。而这，绝对是你打赢这场仗的关键。所以，如果这个时候你对 Ta 越好，Ta 就越不好受；在"小三"那里，也体会不到太多激情和快乐。因为，Ta 总会想起你的好、Ta

的背叛。

还有一点，这种事情，如果没必要，不要让太多人知道。对你、对 Ta、对别人，都有好处。万一 Ta 一看事情败露，索性扯破脸皮，爱怎样怎样，你想拉都不好拉了。而且，这也间接提高了小三的警惕心，你有什么招可就不好出了。就得在大家都不注意的情况下，把事办利索了，而且，无关的别人知道了，不会真心地同情你，搞不好还在背后幸灾乐祸。等你们夫妻俩合好如初，他们也会时不时地提醒你："虽然 Ta 当初……可现在好了……"你是听还是不听？

2. 吸引 Ta 注意。

你跟 Ta 处了那么多年，肯定知道 Ta 好哪一口儿。什么样的打扮、什么样的情调、什么样的时刻最有感觉。把自己收拾得更耐看，把 Ta 的视线和心统统拉回来。

有些以前你不好意思做的，现在就豁出去试试吧。Ta 喜欢你给 Ta 洗脚，你就偶尔洗洗呗；Ta 愿意回家时吃到你亲手做的夜宵，你就做一次，别老让 Ta 吃快餐。当 Ta 惊喜地注视着你的时候，你已经成功了第一步。

3. 知己知彼。

先把小三的底摸透。比如，Ta 是想要名份还是要钱？Ta 只是纯粹地喜欢你的爱人呢，还是想利用 Ta 达到什么目的？Ta 是因为缺钱迫不得已呢还是因为寂寞？这样你才能对症下药。

有个妻子，发现自己的老公有了情人。这小三跟老公在一起，是因为"崇拜"他，只想跟着他，可以不要名份。

妻子不动声色，心里已经有了底。显然，这场婚外恋，是一场"崇拜"的闹剧。丈夫人到中年，发现了一个崇拜自己的纯情女生；而女孩，发现了一个让自己崇拜到愿意做情人的地步的中年人。那么，对丈夫来说，重塑崇拜、破除新鲜感；对"小三"，多让她看看一些不值得她崇拜的毛病。

有一天下午，丈夫接到妻子的电话："今天晚上有没有应酬？"

丈夫很奇怪，其实他是约了"小三"吃饭的。但他毕竟是一个有责任感的男人，就表示没太急的事，但不确定，家里有事可先回去。妻子一听，就有了底，就是有大事呢，回家；没大事呢，会"小三"。于是就说："我在工作上遇到了点事，自己处理不来，想跟你商量一下。"

丈夫很奇怪："你不是一向自己处理工作上的事，不用我插手吗？"

妻子："以前那是怕给你增加负担，累着你。你可是家里的顶梁柱。这不现在急了嘛。"

丈夫一听，感觉顿时很良好，说："待会给你打电话，没事就按时回家。"

半小时后，妻子接到老公电话："回家。"

妻子在心里冷笑。当然，她也知道，以往的婚姻生活中，自己的"强"和过分"独立"伤害到了丈夫。她习惯自己处理好所有事情，以为可以让丈夫轻松一点，但殊不知，男人也需要适当的依赖。他很喜欢那种被需要的感觉。如果你什么事都不用他操心，他可能很失落。丈夫按时回家，"帮"妻子解决了问题。以后，丈夫慢慢发现，妻子突然间对自己依赖起来，许多事都想听听他的看法。这样，他就"忙"起来了。自己事多，家里又"需要"他，可得常回家。而且，他发现，不再那么独立的妻子，身上多了一种说不出的味道，越看越好看。虽然情人年轻漂亮，又"崇拜"自己，但毕竟还没建立很深的情感牵连，而"小三"那边呢，在妻子的刻意为之下，也发现这个男人，根本不像自己想象中那么"不食人间烟火"。经常无故爽约，说是工作，其实是回家了；袜子经常穿反，老婆要不给他纠正他永远不会发现；无故怀疑下属，面上笑着说相信，其实总不放心人家等等。没多久，"小三"不见了，丈夫开始天天回家。

4. 跟"小三"交涉要不卑不亢、心平气和。

气死也别在"小三"面前发飙，至少还减少 Ta 的得意呢。

5. 适当的时候拉外援。

要知道，一个成年人，非常会权衡哪些重要。Ta 不会轻易就放弃现在的一切，包括 Ta 的另一半。所以，Ta 不会在第一时间轻易让另一半下堂。除非那"小三"非常牛，让 Ta 无法割舍。那么，你只要多用一些 Ta 非常在意的东西对付 Ta，Ta 必然会有所触动的。

6. 讲究风度。

有人说了，都啥时候了还讲风度？讲，得讲，而且得讲到明面上。让爱人看到也无妨。去撕"小三"的脸之类的事万不能做，吵到对方单位上也不妥。

"小三"又不是铜墙铁壁，Ta 是钻了你的空子。跟 Ta 斗智，别动不动就用武力解决。遇上"小三"，就见招拆招。有人说了："与小三斗，其乐无穷。"

不在沉默中爆发就在沉默中灭亡

关于爱情，我们总是偏重于它的纯洁性。关于婚姻，却并不总是纯白色，婚姻在忘我相爱的人眼中是神圣不可侵犯的，他们因为置身于爱情的纯白色中，所以，自然会以为过渡到了婚姻也不会改变颜色。殊不知，婚姻因为其时间的长久性和法律赋予其使命的特殊性，在漫漫岁月大浪淘沙般的侵蚀下，由纯白色到为灰色腾出一点空间却是一个渐变的过程。

尽管婚姻有道德、伦理和法律的维护，却并不是一座坚不可摧的堡垒。放眼看来，由婚外情导致的婚姻裂变比比皆是。对于一个恋家而又痴情的人来说，恐怕最难于令人接受的就是另一半的情感背叛了。已婚的人在遇到自己心仪的对象时，感情的天平就会在不自觉间倾斜。于是 Ta 可以找很多理由去为自己辩解。而当另一半出轨的时候，又该怎么做呢？当然不能武断地提出离婚，同时也不能逆来顺受，睁一只眼闭一只眼，作出正确的抉择还需要一系列的观察和判断。

夏晨是五年前加入了北漂行列，来北京投奔了姐姐，由姐姐介绍在北京的一家地产公司做销售。明涛作为销售经理出现在夏晨的世界里。明涛经常陪刚来北京不久的夏晨遍游北京的历史名迹。明涛给夏晨姐姐的印象也不错，在姐姐的默许下，于是两人就正式交往起来。两人上班都比较忙，但是一到晚上明涛就送夏晨回家，初来乍到的夏晨虽然感觉在北京生存很不容易，但是有了明涛的陪伴，而感到自己并不孤独。

交往半年后，夏晨和明涛结婚了。婚后的生活是幸福的。他们在城市的郊区租了两间房。每天，两人都一起上下班，一起苦心经营着自己的小家。明涛仍然很疼夏晨。每天下班总会给夏晨买点小礼物。婚后的甜蜜生活让夏晨陶醉了，认为自己在品味着人间最美好的婚姻。

就这样，他们度过了温馨的两年。传说中的婚姻冷淡期一直没有出现。夏晨暗自庆幸，也许嫁给了世界上最钟情于自己的人。这样过一辈子，还会有什么遗憾呢？

但也许是宿命，也许是规律，一切都在一个月前开始改变。到了发薪的日子，迟迟不见明涛来"上缴"。夏晨忍不住盘问他。他磕磕巴巴地说晚些日子发。显而易见他在撒谎。

"你怎么也学会撒谎了，看你脸红得像什么样？"夏晨开玩笑道，"是不是留着钱给什么人啊？"

"你胡说什么？!"明涛突然暴怒着摔门而去。留下了满脸惊诧的夏晨。

这是他们结婚以来第一次吵架。那一夜，明涛一直没有回来，夏晨睁着眼睛等他到天亮。夏晨还是原谅了他，认为他只是一次偶尔的莫名发火。可残酷的是，明涛从此渐渐地变了。不断地收拾着自己，过去需要三番五次催促才会换下的衬衣，现在却会很自觉地更换。脚下的皮鞋也擦得锃亮。以前按时上下班的他突然变得忙碌起来，常常是在深夜才回家。

夏晨沉默了。她自欺欺人地认为明涛是在为了这个家而四处奔波。

事情终于还是暴露。夏晨在明涛的电话里看到了不止一条暧昧短信。夏晨觉得自己一个乡下妹，要是没有明涛的照顾，现在还不知道能不能在北京立足呢。一旦自己戳破这层窗户纸，那么自己的婚姻就必须要面临艰难的抉择。而自己对他，对这段婚姻却又是这样留恋。于是她选择继续沉默。明涛回来得越来越晚，回来也不和夏晨多说一句话，好像夏晨根本不存在，直到像第一次吵架时那样彻夜不归。留下夏晨，一次次睁着眼睛泪流满面地到天亮。

人的性格是不同的，面对另一方的婚外情会做出不同的回应。有人隐忍了事，想赖以保全支离破碎的家庭，就像是张爱玲小说《心经》中的许太太，为了留住丈夫，居然默许自己女儿的恋父情结，最后呢，丈夫和别的女人私奔了。由此可见，当小三来袭时，沉默不是解决的办法，沉默就意味着纵容，是懦弱的代名词。当面临这些情感风波时，应该勇敢地站出来，把对方的桃花劫挡回去。婚姻是自己的，自己才是婚姻的战士，当婚姻被第三者虎视眈眈时，不在沉默中爆发就会在沉默中灭亡。

给你的婚姻洗个澡

许多人经不住外界的诱惑，这是事实。不要总为别人的悲欢离合而牵肠挂肚。如果有一天，你身边那个一向被你信任有加的人也因未能抵御住诱惑而犯下了偷欢的过错，而让原本好端端的婚姻陷入危机，对此，你会有什么样的反应？

大部分朋友遇到这种情况都会忍不住地火冒三丈，无论对方怎么道歉似乎远远不足以发泄心中的怨恨，于是，"离婚"二字便会脱口而出，并且说到做到，大刀一挥，所有的情丝乱麻一刀两断。

难道离婚真的是拯救婚姻危机的灵丹妙药吗？

许多已冲出围城重获自由的离婚男女，悲哀地发现，他们冲动之下错误删除的"婚姻程序"已无法再次恢复。

　　水灵和丈夫是自由恋爱的，结婚后他们的感情一直都很好。两年后，他们的儿子出生了，需要人带，水灵便辞去工作，在家做起了全职太太。丈夫是一个能干又顾家的人，下了班就回家，实在有应酬推托不了，他也总是带上水灵，或者把去向"交代"得一清二楚。

　　直到有一天，水灵无意中从丈夫的衣袋里看到了"她"的情书，才知道事情的严重。当时水灵大脑一片空白，根本不相信丈夫会做出这样的事，但眼前的"情书"白纸黑字清清楚楚地昭示着他们的爱情。一天的时间，水灵就那样坐在地上，手拿着"证据"，所有关于第三者的故事都汇总到她的脑海里……

　　晚上，丈夫回来后，水灵便愤怒地提出："离婚！"丈夫很痛苦，他不希望跟水灵离婚，他祈求水灵给他一次机会。但水灵给不起，想到他与那个"她"的事，水灵就觉得"恶心"，于是，她很坚决地到法院递了申请。

　　很快，水灵便"如愿以偿"地同丈夫离了婚，并且争取到儿子的抚养权。之后，水灵一个人带着儿子过。没有丈夫的日子，她既当妈又当爹。为了不把大人的伤害带给孩子，她编织了一个又一个的谎言。但这只是身体的累，心里的苦更让水灵不堪重负——每当夜阑人静，和丈夫在一起的幸福时光总像过电影一样在她眼前重复放映……她这才发现，自己其实还是很爱丈夫的……

　　事实上，水灵的丈夫也很后悔，后悔自己当初的冲动。可惜覆水难收，他们谁都不愿向对方服软，拉下面子说复婚的事。

　　是的，就许多角度而言，离婚并不见得是解决外遇问题的好办法，因为你可以对任何人说，你不再爱 Ta，你会找到更好的。但你骗不了自己，你会意识到无论你多么生 Ta 的气，无论你有多么懊恼与愤怒。你心里还是不愿意离开 Ta，失去 Ta。何况，城堡中的战火一旦点燃，受害最深的是孩子，这甚至已成了一个带有普遍性的社会问题。

　　所以，当婚姻发生外遇的危机时，千万不要因为一时冲动而轻易地走出围城。为了最大限度地减少离婚对自己以及子女所造成的伤害，同时能给自己多一点想清楚的时间，不妨采用一个解决问题的折中办法——试离婚。

也许"试离婚"这个词对于许多人来说还很陌生，许多人光知道有"试婚"一说，"试离婚"为何物他们还不是很清楚。

"试离婚"，就是在夫妻双方都同意离婚的情况下，不急于从法律上履行离婚手续，在生活上先真正"离"一段时间，给婚姻一个缓冲区，使双方在远离婚姻生活的各种常规内容的环境下，体验没有另一半的生活，同时，也使双方能够冷静地对婚姻进行反思，对另一半进行再认识。不管结果是离还是不离，都给了彼此充分的考虑，这样才不草率。

从这点来讲，"试离婚"的现实意义远远超过了曾被许多前卫男女视为时尚的"试婚"。"试婚"也许会对当事人造成一定的伤害，而"试离婚"却对有矛盾的夫妻有利而无害。

文清与妻子感情一直很好。但婚后的第3年，问题来了，他和一个刚来到公司的女大学生一块去外地出差，没有把持住，和人家谈工作竟谈出了感情。事情传到妻子耳朵里，她对男人的所有美好信念顷刻间轰然坍塌。后来，尽管丈夫跪着向她认了错，声称自己是一时糊涂，还发誓说再也不会干那样的事，可她还是无法原谅丈夫，坚持要离婚。

正好赶上他要出差3个月，于是，他向妻子提出建议：不如趁这段时间，先进行"试离婚"，等他出差回来后再一起去办手续。虽然妻子想马上结束这段婚姻，但想到可爱的女儿，想到与丈夫一起曾经度过的欢乐时光……最终还是答应了。

在这3个月没有丈夫的日子里，妻子才慢慢地冷静下来，以前丈夫对她的好重新在脑海中一幕幕闪现。"要是失去了他，我的生活会怎样？"她一遍遍地问自己。她第一次感到丈夫在自己的生活中仍是那么地重要，她差点为自己的意气用事付出沉重的代价。

在丈夫出差归来的那一天，妻子到车站去接他，就这样他们又重修于好了。丈夫暗自庆幸：幸亏当初做出了"试离婚"的明智决定；而妻子也暗自庆幸：幸亏他出差了这3个月！

茫茫人海，芸芸众生之中，偏偏能和 Ta 手牵手走过红地毯，这缘分来之不易，怎能说散就散，说离就离，说断就断？婚姻是神圣的，美好的生活是两人共同创造的，出了问题为什么不能理性地面对？离婚并不是唯一的选择，给婚姻留条后路吧！